한국어 어휘론

한국어 어휘론

최경봉 · 도원영 · 황화상 · 김일환 · 이지영 지음

한국문화사

한국어 어휘론

1판 1쇄 발행 2020년 1월 10일
1판 2쇄 발행 2022년 1월 28일

지 은 이 | 최경봉 · 도원영 · 황화상 · 김일환 · 이지영
펴 낸 이 | 김진수
펴 낸 곳 | 한국문화사
등   록 | 제1994-9호
주   소 | 서울시 성동구 아차산로49, 404호(성수동1가, 서울숲코오롱디지털타워3차)
전   화 | 02-464-7708
팩   스 | 02-499-0846
이 메 일 | hkm7708@daum.net
홈페이지 | http://hph.co.kr

ISBN 978-89-6817-832-0 93710

2018년 6월, 의미론, 사전학, 형태론, 코퍼스언어학, 국어사를 연구하는 다섯 사람이 모였다. 모임의 목적은 국어국문학과와 국어교육과 학생들을 위한 어휘론 입문서를 써보자는 것. 다섯 사람은 주력하는 연구 영역이 달랐지만, 어휘 문제에 특별한 관심을 보이며 자신의 연구를 전개해왔다는 공통점이 있었다. 그리고 어휘 문제에 관심이 컸던 만큼, 모두 기존 어휘론 입문서에 나름의 아쉬움을 느끼고 있었다.

그럼 어떤 입문서를 세상에 내놓을까? 목차와 서술 방향을 토의하면서 그려낸 입문서의 모습은 이랬다. 새로운 연구 경향을 담으면서도 쉽게 읽힐 수 있는 입문서. 어휘론의 영역을 분명히 보여주면서도 어휘론이 언어학의 다른 영역과 어떻게 연계되고 있는지를 보여줄 수 있는 입문서. 우리말 어휘의 과거와 현재를 살피면서 어휘와 어휘론에 대한 인식의 지평을 넓힐 수 있는 입문서. 어휘론 입문서의 모습을 이렇게 그려놓고, 우리는 각자의 영역에서 탐구해 온 어휘 연구의 성과를 어휘론의 내용 체계에 맞춰 새롭게 구성했다.

어휘 의미론을 전공하는 최경봉이 1장 '총론'과 3장 '어휘의 의미'를, 형태론을 전공하는 황화상이 2장 '어휘의 유형'을, 국어사를 전공하는 이지영이 4장 '어휘의 변화'를, 코퍼스언어학을 전공하는 김일환이 5장 '어휘의 조사'를, 사전학을 전공하는 도원영이 6장 '어휘와 사전'을 집필했다.

자신의 연구 주제와 관련한 내용을 서술하는 것인 만큼, 각 장의 초고는 집필자의 관점과 문제의식에 따라 구성되었지만, 각 장에서 드러난 쟁점을 토론하고 이견을 조정하는 과정을 거치며 초고를 일신하는 원고가 만들어졌다. 그리고 한 학기에 걸쳐 한편으론 교수자의 관점으로, 다른 한편

으론 수강생의 관점으로 서로의 원고를 읽고 다듬었다. 이러한 조탁의 과정을 거치면서 다섯 사람의 글이 『한국어 어휘론』이라는 한 권의 책이 되었다.

언어가 인간의 마음과 세상의 모습을 반영하는 것이라면, 언어 연구의 핵심은 어휘를 연구하는 것이라고도 할 수 있다. 어휘의 사용 양상을 살펴보는 일은 곧 우리가 세상을 어떻게 바라보고 있는지를, 그리고 세상이 어떻게 움직이며 변화하는지를 가늠하는 일과 명확히 연결되기 때문이다. 그런 면에서 보면 어휘에 대한 탐구의 중요성은 특별히 강조할 필요가 있다. 이 책의 독자들이 이러한 문제의식을 공유하면서 어휘에 대한 이해의 폭을 넓힐 수 있기를 바란다.

2019년 12월 9일
지은이 씀.

차례

6. 어휘와 사전 _ 255

1. 총론

1.1. 어휘론의 연구 대상

어휘론은 '어휘(語彙)'를 연구 대상으로 하는 언어학의 한 분야다. 어휘론의 연구 대상이 이처럼 분명함에도, 그간 어휘론이란 분야에서 무엇을 어떻게 연구해야 하는지에 대해서는 분명하게 합의된 바가 없다. 왜 그랬을까? '어휘'라는 용어를 이해하는 관점의 차이 때문이다. '어휘'를 어떻게 이해하느냐에 따라 어휘론의 연구 대상과 범위가 달라졌던 것이다. 어휘의 정의와 관련한 관점은 두 가지로 나누어 볼 수 있다.

❑ '어휘'의 정의와 어휘론의 연구 대상(1)

어휘의 정의와 관련한 첫 번째 관점은 어휘를 '단어들의 집합'으로 규정하고 이를 '단어'와 개념적으로 구분하는 것이다. 이처럼 어휘를 '단어들의 집합'으로 규정하면, 어휘론 연구는 두 가지 차원으로 이루어지게 된다. 첫째는 어휘의 수량적 구성을 파악하는 연구이며, 둘째는 집합을 이루는 단어들을 특정 기준에 따라 분류하거나 단어들 간의 관계망을 파악하는 연구이다. 첫째는 '어휘의 계량'에 대한 연구로, 둘째는 '어휘의 체계'에 대한 연구로 부를 수 있다. 따라서 개별 단어의 구성과 생성 규칙, 또는 단어의 의미 변이나 의미 변화 등은 어휘론의 연구 대상에서 제외된다.

어휘의 계량과 관련한 대표적인 연구로는 '어휘량 및 출현 빈도를 파악하는 조사 연구', '기초 어휘 및 기본 어휘를 선정하는 연구' 등을 들 수 있다. 어휘의 체계와 관련한 대표적인 연구로는 '어종(語種)이나 사용역(使用域, register)에 따라 어휘를 유형화하는 연구', '문법적 기능 혹은 개념에 따라 어휘를 분류하는 연구', '어휘군 내에서의 단어 간 관계를 파악하는 연구' 등을 들 수 있다. 이때 어휘의 유형, 분류, 관계 등에 대한 정보는 상호 관련된다. 따라서 이에 대한 연구도 상호보완적으로 이루어지는데, 어휘의 유형화와 분류 그리고 어휘 간 관계 설정을 위한 연구는 결국 어휘를 정리하고 체계화하는 작업으로 귀결된다고 할 수 있다. 이에 따라 어휘론의 연구 대상을 정리하면 아래와 같이 나타낼 수 있을 것이다.

어휘론의 연구 대상(1)
1. 어휘의 계량 : 1) 어휘량 및 출현 빈도, 2) 기초 어휘 및 기본 어휘
2. 어휘의 체계
  1) 어휘의 유형: 어종에 따른 유형(고유어, 한자어, 외래어 ...), 사용역에 따른 유형(높임말, 비속어, 완곡어, 은어, 방언, 전문어 ...)
  2) 어휘의 분류: 문법적 기능에 따른 분류(품사 분류), 개념에 따른 분류(의미 분류)
  3) 어휘의 관계: 어휘장, 유의 관계, 반의 관계, 상하의 관계 ...

❑ '어휘'의 정의와 어휘론의 연구 대상(2)

어휘의 정의와 관련한 두 번째 관점은 단어의 의미가 그와 관련된 단어들의 관계망 속에서 결정된다고 보는 구조주의 언어학의 관점과 상통한다. 단어의 의미가 다른 단어와의 관계 속에서 결정되는 것이라면, 한 단어의 존재는 '집합으로서의 어휘'를 전제하고 있다고 할 수 있다. 따라서 이러한 관점에서는 개체로서의 '단어'와 집합으로서의 '어휘'를 구분하는

것을 중요하게 생각하지 않는다. 일상 언어생활에서 '단어'와 '어휘'를 굳이 구분하지 않고 이를 통칭하는 말로 '어휘'를 사용하는 빈도가 높은 걸 보면, 이러한 관점은 언어 관습에도 부합한다고 할 수 있다.

이처럼 '어휘'를 폭넓게 정의하게 되면, 자연히 어휘론의 연구 대상도 달라진다. 첫 번째 관점에서 제외하였던 부분, 즉 개별 단어의 구성과 생성 규칙, 단어의 의미 변이나 의미 변화 등을 어휘 집합의 관점에서 살펴볼 수 있는 여지가 생기는 것이다. 그렇다면 어휘론은 '단어의 형성', '품사', '어휘의 계량', '어휘 유형', '의미 관계', '단어의 의미 변이', '단어의 의미 변화' 등과 관련한 문제를 연구 대상으로 삼게 된다. 특히 단어의 의미 변이와 의미 변화가 어휘 체계와 연관되어 이루어진다는 점을 감안하면, 개체로서의 단어를 어휘론적 관점에서 살펴야 할 필요성은 분명해진다. 이러한 점을 고려하여 어휘론의 연구 대상을 재설정하면 다음과 같이 나타낼 수 있을 것이다.

어휘론의 연구 대상(2)
    1. 개체로서의 단어
        1) 단어의 형태: 단어의 구성, 단어의 형성
        2) 단어의 의미: 단어의 의미 변이와 의미 변화
    2. 집합으로서의 어휘
        1) 어휘의 계량: 어휘량 및 출현 빈도, 기초 어휘 및 기본 어휘
        2) 어휘의 체계
        ① 어휘의 유형: 어종에 따른 유형(고유어, 한자어, 외래어 ...), 사용역에 따른 유형(높임말, 비속어, 완곡어, 은어, 방언, 전문어 ...)
        ② 어휘의 분류: 문법적 기능에 따른 분류(품사 분류), 개념에 따른 분류(어휘의 의미 부류와 분류 체계)
        ③ 어휘의 관계: 어휘장, 유의 관계, 반의 관계, 상하의 관계, 부분·전체 관계 ...

위에 제시한 '어휘론의 연구 대상'을 보면, 어휘론은 단어 혹은 어휘의 생성과 저장 그리고 사용과 관련한 모든 사항을 연구하는 것임을 알 수 있다. 이런 점에서 어휘론은 '머릿속 사전(mental lexicon)' 혹은 '어휘부(lexicon)'에 대한 연구라고도 할 수 있다. 이 책에서는 어휘론이 '머릿속 사전(mental lexicon)' 혹은 '어휘부(lexicon)'에 대한 연구라는 관점에서 어휘론의 연구 대상을 구체화하고 이와 관련한 연구 내용을 설명할 것이다.

❑ 어휘론의 연구 대상 설정 문제와 어휘론의 연구 대상(3)

'어휘론의 연구 대상' (1)과 (2)를 비교해 보면, '개체로서의 단어'를 어휘론의 연구 대상으로 삼을 수 있느냐가 논란의 대상이 됨을 알 수 있다. 따라서 '개체로서의 단어'를 어휘론적 관점에서 탐구한다는 것의 의미를 분명히 할 필요가 있다.

'어휘론의 연구 대상' (2)에서 볼 수 있듯이, '개체로서의 단어'에 대한 탐구는 '단어의 형태'와 '단어의 의미'에 대한 탐구로 나뉜다. '단어의 형태'에서는 어근, 접사 등 단어 구성의 단위에 대한 것과 단일어, 파생어, 합성어 등 단어 형성의 특징이 다루어질 수 있다. 그리고 '단어의 의미'에서는 의미 변이로서 단어의 다의성 문제가 다루어질 수 있을 것이다. 그런데 이러한 주제는 형태론과 어휘 의미론에서 전통적으로 다루어 오던 주제다. 그렇다면 이를 형태론과 의미론이 아닌 어휘론적 관점에서 다룰 때는 어떤 점이 달라지는 것일까?

첫째, '개체로서의 단어'를 설명하는 관점이 달라진다. 어휘의 집합체를 체계성의 측면에서 보면, 하나의 단어를 원소 'x'가 아닌 집합 '{x}'의 차원에서 새롭게 정의할 수 있다. 즉, 어휘 집합이 수많은 하위 어휘 집합으로 구성된다고 할 때, 가장 하위의 어휘 집합은 하나의 단어를 원소로 하는 집합이 되는 것이다. 이를 어휘부의 구성이란 관점에서 설명하면, 위의 설명에서의 '단어'를 어휘부의 등재소인 '어휘소(語彙素, lexeme)'[1]

로 대체해 "가장 하위의 어휘 집합은 하나의 어휘소를 원소로 하는 집합이 되는 것"으로 바꿔 쓸 수 있을 것이다.

둘째, 논의의 귀결점이 달라진다. '단어의 형태'와 관련한 어휘론적 논의는 어휘 유형론으로 귀결될 것이며, '단어의 의미'와 관련한 어휘론적 논의는 어휘의 의미 부류나 관계에 대한 논의로 귀결될 것이다. 특히 단어의 다의성은 문장 내에서의 단어 간 결합 양상과 긴밀하게 연관되는데, 단어의 결합 양상으로 다의적 의미 변이의 폭을 설명해야 한다면, 단어의 다의성 논의는 결합 관계에 있는 어휘의 의미 부류나 의미 관계 등에 대한 고찰로 귀결될 것이다.

'어휘론의 연구 대상' (1)과 (2)에서 거론되지 않은 사항 중에 어휘론의 연구 대상으로서 중요한 의미를 띠는 것이 '사전'이다. 앞서 언급한 것처럼 어휘론의 연구 대상을 머릿속 사전 혹은 어휘부와 관련지으면, '어휘론(lexicology)'의 연구 대상은 '사전 편찬론(lexicography)'의 연구 대상과 겹쳐질 수 있다. 어휘론에서 사전을 탐구하는 것은 사전 편찬론의 관점에서 어휘론의 연구 대상을 구체화하는 것이며, 동시에 사전 편찬론과 어휘론의 차이를 부각하는 것이기도 하다.

또한 위에서 제시한 어휘론의 연구 대상을 언어 사용의 차원에서 보면, 이는 어휘력을 신장하는 방안과 관련지을 수 있다. 어휘력의 신장은 결국 어휘의 선택과 사용에 관계하는 지식을 체계화하여 습득함으로써 이루어지는 것이기 때문이다. 따라서 어휘론은 단어 형성론, 품사론, 어휘 의미

---

1) 김광해(1993: 45)에서는 '어휘소'와 '형태소'가 명확히 구별되는 것이라 하면서, 어휘소를 '공시론적으로 어휘부 또는 사전에 등재될 수 있는 형태소(또는 형태소군)'라고 하였다. 어휘소가 어휘부 또는 사전을 구성하는 '어휘 항목(lexical item)'이라는 점을 '어휘소'의 핵심적 개념으로 삼은 것이다. 이러한 견해에 따르면 '뛰어가다'의 언어 형태는 형태소로는 4개(뛰-, -어, 가-, -다), 어휘소로는 5개(뛰-, -어, 가-, -다, 뛰어가-)로 이루어졌다고 할 수 있다.

론, 사전 편찬론 등에서의 주제들을 어휘 체계의 문제로 귀결시킴으로써, 어휘력 신장의 방법론으로 응용될 수 있다.

이상의 논의 내용을 반영하여 어휘론의 연구 대상을 최종적으로 정리하면 다음과 같이 나타낼 수 있을 것이다.

어휘론의 연구 대상(3)

1. 어휘의 계량 : 어휘량 및 출현 빈도, 기초 어휘 및 기본 어휘
2. 어휘의 체계
   1) 어휘의 유형
   ① 어종에 따른 유형(고유어, 한자어, 외래어 ...)
   ② 사용역에 따른 유형(높임말, 비속어, 완곡어, 은어, 방언, 전문어 ...)
   ③ 어휘의 형태에 따른 유형(단일어, 복합어, 접사, 관용어 ...)
   2) 어휘의 분류
   ① 문법적 기능에 따른 분류(품사 분류)
   ② 개념에 따른 분류(어휘의 의미 부류와 분류 체계)
   3) 어휘의 관계: 어휘장, 결합적 관계, 계열적 관계(유의 관계, 반의 관계, 상하의 관계, 부분·전체 관계, 동음 관계2)...)
3. 사전

위에서 설명한 '어휘론의 연구 대상'(3)은 공시적 관점에서 제시한 것이다. 따라서 '어휘론의 연구 대상(3)'은 통시적 논의를 추가하여 완성될 수 있다. 어휘의 유형, 분류, 관계 등 어휘 체계와 관련한 논의는 통시적 관점에서 어휘 체계의 변화에 대한 논의로 확대될 수 있을 것이다. 또한 이러한 어휘 체계의 변화에 대한 논의는 어휘의 형태, 의미, 범주상의 변화에 대한 논의와 관련지어 이루어질 수 있다.

---

2) '동음 관계'는 엄밀한 의미에서 '의미 관계'로 볼 수 없지만, 동음어의 개념이 다의어를 전제한다는 점에서 이를 '의미 관계'의 차원에서 살펴볼 수 있을 것이다.

1.2. 이 책의 구성과 개요

이 책은 '어휘론의 연구 대상(3)'을 토대로 하여 내용을 구성한 것이다. 따라서 여기에 제시된 주제들을 이 책의 각 장에 분산 배치하여 어휘론의 연구 내용과 방법론을 설명할 것이다. 2장에서는 어휘의 유형과 관련한 문제를, 3장에서는 어휘의 분류 및 어휘의 의미 관계와 관련한 문제를, 4장에서는 어휘와 어휘 체계의 통시적 변화와 관련한 문제를, 5장에서는 어휘 계량 및 어휘 평정과 관련한 문제를 다룰 것이다. 그리고 6장에서는 어휘론적 관점에서 국어사전의 체제 및 내용을 검토할 것이다. 각 장에서 다룰 내용을 구체화하면 다음과 같다.

2장에서는 품사, 기원, 사용역, 형식 등의 기준에 따라 어휘를 유형화하면서 한국어의 어휘 체계를 구체화해 보일 것이다. 첫째, 품사에 따른 어휘의 유형화에서는 어휘를 단어에 속하는 품사어와 단어에 속하지 않는 무품사어(어미, 접사, 어근, 줄어든 말, 관용어)로 나누고, 어휘 유형화의 문법적 의의를 설명할 것이다. 둘째, 기원에 따른 어휘의 유형화에서는 어휘를 고유어, 한자어, 외래어, 혼종어로 나누고 각 유형의 어휘적 속성을 설명할 것이다. 셋째, 사용역에 따른 어휘의 유형화에서는 어휘를 사용자에 따른 유형(방언, 전문어, 은어)과 화자의 태도에 따른 유형(속어, 금기어, 완곡어)과 대화 관련자들 사이의 관계에 따른 유형(존칭어, 비칭어)으로 나누어 그 사용 양상을 설명할 것이다. 넷째, 형식에 따른 어휘의 유형화에서는 어휘를 단일 형식과 복합 형식으로 나누고, 복합 형식인 복합어와 관용어를 중심으로 그 형식적 특징을 설명할 것이다.

3장에서는 어휘의 존재 양상을 세 측면에서 설명할 것이다. 첫째, 어휘를 체계적이고 조직적인 통일체로서 다룰 수 있는 이론적 기반이 된 어휘장 이론을 소개하고 어휘장의 구성 원리를 설명할 것이다. 둘째, 머릿속 사전에 어휘를 저장하고 활용하는 양상을 설명하는 차원에서 어휘의 의미 부류와 의미 부류의 체계, 즉 어휘의 분류 체계에 대해 설명할 것이다. 셋째, 어휘 간의 의미 관계를 유의, 반의, 상하의, 부분·전체, 동음 관계로 유형화하고 그 관계 양상을 설명할 것이다. 그리고 전통적인 분류 체계 및 의미 관계로 포착할 수 없는 어휘의 네트워크를 설명하기 위한 모색으로서 의미망과 관련한 논의를 소개할 것이다.

4장에서는 어휘의 생성, 변화, 소멸 과정의 사례를 보이면서, 어휘 변화의 유형과 요인에 대해 설명할 것이다. 어휘 변화의 양상은 형태, 의미, 범주의 변화로 유형화할 것이고, 어휘 변화의 요인은 언어적 요인, 지시 대상의 변화, 인식의 변화로 유형화하여 설명할 것이다. 이와 더불어 한자의 수용 및 외래 언어와의 접촉 과정에서 발생한 한국어 어휘 체계의 변화 양상을 살펴볼 것이다. 이는 공시적인 관점에서 어휘의 체계와 유형 문제를 다룬 2장 및 3장의 내용과 상호보완적 관계에 있다.

5장에서는 어휘 빈도 조사와 이를 위한 어휘의 계량, 그리고 기초 어휘를 선정하기 위한 어휘의 평정(評定) 등과 관련한 방법론을 설명할 것이다. 그리고 이러한 설명 과정에서 제시하는 계량화된 자료들을 통해 한국어 어휘의 규모와 특징 그리고 사용 양상을 실증적으로 보여줄 것이다. 따라서 이 책의 내용 체계에서 5장의 내용은 2장, 3장, 4장을 통해 이루어진 이론적 논의를 구체적인 사례로서 뒷받침하게 될 것이다.

6장에서는 사전의 종류와 구조 등에 대해 설명하면서 어휘론 연구와 사전의 관계를 설명할 것이다. 사전은 어휘의 규모를 산정할 수 있는 척도이며, 어휘의 생명력을 확인할 수 있는 근거이며, 어휘의 체계를 가늠하고 그 체계 정보를 활용할 수 있는 매체로서 기능한다. 따라서 이 책의 내용 체계에서 6장의 내용은 2장부터 5장까지에 걸쳐 이루어진 논의 내용을 사전의 체제와 내용 그리고 사전 편찬 방법론과 관련하여 재검토하는 역할을 하게 될 것이다.

2. 어휘의 유형

　다른 언어 단위들과 마찬가지로 어휘도 일정한 체계를 이룬다. 어휘를 구성하는 각각의 단어들은 독자적인 속성을 가짐으로써 다른 단어들과 구별되기도 하지만 어떤 공통된 속성에 따라 다른 단어들과 함께 집합을 이루기도 한다. 이런 점에서 어휘는 단순히 개별 단어들의 총체가 아니라 단어들의 체계적인 조직이다. 단어들의 이러한 체계적인 조직을 어휘 체계(語彙體系)라고 하며, 어휘 체계를 구성하는, 공통된 속성을 갖는 단어들의 집합을 어휘 유형(語彙類型)이라고 한다.

　어휘를 유형적으로 이해하는 것은 단어들에 대한 어휘론적 기술의 바탕이 된다. 한 언어의 어휘를 구성하는 단어의 수는 방대하다. 더욱이 사회의 변화와 더불어 단어는 끊임없이 만들어진다. 따라서 각각의 단어들을 개별적으로 기술하는 것은 효율적이지도 않고 끝도 없는, 사실상 불가능한 일이다. 그러나 어휘를 유형적으로 이해하면 한 어휘를 구성하는 단어들의 전체를 효율적으로 기술할 수 있다. 단어가 아무리 많아도 그 유형은 소수에 지나지 않으며, 단어가 새로 만들어져도 유형적으로는 기존 단어들의 틀에서 벗어나지 않기 때문이다.

　어휘를 유형화하는 보다 근본적인 이유는 이를 통해 단어들의 어휘론적 속성을 체계적으로 이해할 수 있기 때문이다. 어떤 대상에 대한 우리의 이해는 그 대상에 대한 유형적 인식에 바탕을 두는 것이 보통이다. 어떤 대상을 유형적으로 인식할 때 그 대상의 속성이 다른 대상들과의 공통점과 차이점을 바탕으로 하여 체계적으로 드러나기 때문이다. 예를 들어 우리는 재료, 전체적인 모양, 기능, 공간적 위치 등을 기준으로 이 세상의 집들을 유형화하고 이를 바탕으로 어떤 집을 '벽돌로 지은, ㄴ자 모양의, 꽃을 파는, 골목에 있는 집(벽돌집, ㄴ자집, 꽃집, 골목집)'과 같이 이해한다. 마찬가지로 어휘를 유형화함으로써 우리는 우리말 어휘를 구성하는 수많은 단어들의 속성을 체계적으로 이해할 수 있다.

어휘를 유형화하는 기준으로 흔히 제시되는 것은 '품사, 기원, 사용역, 형식' 등이다. 품사는 문법적 성질에 따라 어휘를 유형화하는 기준이다. 기원은 유래에 따라 어휘를 유형화하는 기준이다. 사용역은 어휘 사용의 언어 외적인 조건에 따라 어휘를 유형화하는 기준이다. 형식은 형태론적 특성에 따라 어휘를 유형화하는 기준이다. 이 밖에 어휘를 유형화하는 다른 하나의 유용한 기준은 '의미'이다. 의미에 따른 어휘 유형에 대해서는 어휘의 의미를 종합적으로 다루는 3장에서 살펴본다.

어휘의 유형화 또한 문법 기술의 일부이다. 따라서 어휘의 유형화는 어휘의 문법을 효율적으로 기술하는 데 의미가 있는 것이어야 한다. 이 장에서는 이러한 점에 주목하면서 우리말 어휘의 유형을 살펴보기로 한다.

2.1. 품사에 따른 어휘 유형

단어들을 문법적 성질의 공통성에 따라 묶어 몇 개의 부류로 나눈 것을 품사(品詞, word class 혹은 parts of speech)라고 한다. 품사를 나누는 기준으로 흔히 제시되는 것은 형태(혹은 형식), 기능, 의미이다. 형태(形態, form)는 문장에 쓰일 때 어미가 결합하여 모습이 변하는 부류와 모습이 변하지 않는 부류를 나누는 기준인데, 전자를 변화어(變化語)라고 하고 후자를 불변어(不變語)라고 한다. 기능(機能, function)은 문장에서의 역할에 따라 단어들을 나누는 기준인데, 이에 따라 주어를 기본으로 그 밖의 다양한 문장 성분으로 쓰이는 체언(體言), 서술어로 쓰이는 용언(用言), 다른 말을 꾸며주는 수식언(修飾言), 문법적 관계를 나타내는 관계언(關係言), 다른 말과 문법적 관계를 가지지 않고 홀로 쓰이는 독립언(獨立言)으로 나뉜다. 이 가운데 체언과 용언은 다시 의미에 따라 나뉜다. 체언은 사물의 이름을 나타내는 명사(名詞), 사물의 이름을 대신하는 대명사(代名詞), 사물의 수량이나 순서를 나타내는 수사(數詞)로 나뉜다. 용언은 동작을 나타내는 동사(動詞)와 성질이나 상태를 나타내는 형용사(形容詞)로 나뉜다. 수식언은 피수식어를 기준으로 다시 체언을 꾸미는 관형사(冠形詞)와 주로 용언을 꾸미는 부사(副詞)로 나뉜다. 그리고 관계언에는 조사(助詞)가 있고 독립언에는 감탄사(感歎詞)가 있다.

품사 분류 대상으로서의 단어의 범위

품사 분류의 대상은 단어이다. 그런데 단어의 범위에 대해서는 이견이 있다. 특히 조사와 어미가 그러해서 이 둘을 모두 단어로 보기도 하고, 조사만 단어로 보기도 하고, 이 둘을 모두 단어로 보지 않기도 한다. 이 가운데 국어의 규범 문법에서는 조사는 단어로 보고 어미는 단어로 보지 않는 입장을 취한다. 단어는 '최소 자립 형식(最小自立形式, a minimal free form)'으로 정의하는 것이 보통이다. 이에 따르면 조사와 어미는 모두 단어로 보기 어렵다. 조사는 체언에, 어미는 용언에 의존적이기 때문이다. 다만 조사는 자립성은 없지만 선행 체언의 자립성을 고려하여 단어의 범위에 포함하기도 한다. 그러나 어미는 자립성이 없을 뿐만 아니라 선행 용언도 자립성이 없어서 단어의 범위에 포함하지 않는 것이 보통이다. 곧 '체언+조사'에서는 체언이 최소 자립 형식으로서의 단어이므로 자립성은 없지만 단어의 일부로 볼 수 없는 조사도 예외적으로 단어로 보고, '용언 어간+어미'에서는 용언 어간이 최소 자립 형식으로서의 단어가 아니므로 최소 자립 형식인 그 전체를 하나의 단어로 보고 어미는 그 일부로 보는 것이다.

한편 어휘를 사전 기술의 대상으로 폭넓게 이해하면 단어보다 작은 문법 단위들과 단어보다 큰 문법 단위들도 어휘에 포함되는데 이들을 무품사어(無品詞語)라고 한다. 무품사어에는 용언에 결합하는 어미(語尾), 단어를 파생하는 접사(接辭), 단독으로는 단어로 쓰이지 못하고 그 구성 성분으로만 쓰이는 (불규칙적) 어근(語根), 단어처럼 나타나지만 둘 이상의 품사가 결합한 것이어서 어느 하나의 품사를 부여할 수 없는 줄어든 말(예를 들어 '나의'가 줄어든 '내'), 구의 형식을 가지는 관용어(慣用語) 등이 있다.

이처럼 우리말 어휘는 단어들이 품사에 따라 9개의 유형으로 나뉘고 비단어(非單語)인 무품사어들이 어미, 접사, 어근, 줄어든 말, 관용어 등으로 나뉜다. 이를 요약하면 (1)과 같다.

(1) 품사에 따른 우리말 어휘의 유형

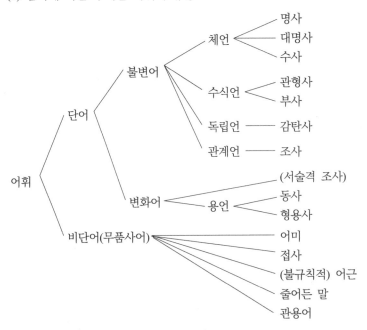

국립국어연구원(2002: 21)에 따르면 『표준국어대사전』(1999)에 등재된 주표제어와 부표제어 512,476개를 기준으로 우리말 어휘의 품사별 분포는 (2)와 같다. 이 가운데에서 가장 큰 비중을 차지하는 것은 명사로서 대략 우리말 어휘의 66%에 이른다.[1] 명사 외에는 동사와 무품사어가 13%를 조금 웃도는 수준이다. 그 뒤를 부사, 형용사가 잇는다. 대명사, 수사, 관형사, 감탄사, 조사는 1%를 밑도는 정도에 그친다.

(2) 『표준국어대사전』(1999) 등재 어휘의 품사별 분포

품사		개수		비율(%)	
명사		336,118		65.58	
대명사		463		0.09	
수사		277		0.05	
동사		68,442		13.36	
형용사		17,390		3.39	
부사		17,895		3.49	
관형사		1,685		0.33	
감탄사		812		0.16	
조사		357		0.07	
무품사어	어미	69,037	2,526	13.47	0.49
	접사		656		0.13
	어근		7,346		1.43
	기타		58,509		11.42
계		512,476		100	

*품사 통용어 3,400개는 중복 계산함.

---

1) (2)의 '기타' 무품사어에는 줄어든 말 외에 '국어 문법, 사회 현상'과 같이 띄어 쓴 말이 포함되어 있다. 그런데 이들 가운데 많은 것은 대체로 명사적 성격을 가져서 합성 명사로 볼 수도 있는 것들이다. 이들을 포함하면 우리말 어휘에서 명사가 차지하는 비중은 훨씬 더 커진다. 한편 관용어는 사전에 별개의 표제어로 올리는 것이 아니라 중심이 되는 표제어 단어의 끝에 함께 싣는 것이 보통이다. 따라서 국립국어연구원(2002)의 무품사어에는 관용어가 포함되어 있지 않다.

품사는 단어를 대상으로 한 문법 기술의 바탕이 된다. 품사 분류가 주로 단어의 통사론적 기능을 반영한 것인 만큼 문장을 만드는 재료로서 우리말 단어가 갖는 통사론적 속성은 품사를 통해 효율적으로 기술할 수 있다. 아울러 우리말 단어의 형태론도 품사를 전제해야 체계적인 기술이 가능하다. 이는 무엇보다도 '복합 명사, 합성 동사, 파생 형용사, 부사 파생 접미사, 품사 전성' 등 형태론의 주요 용어들이 품사와 관련이 있다는 데에서 잘 드러난다.

2.2. 기원에 따른 어휘 유형

우리말 어휘의 기본이 되는 것은 우리말에 본래부터 있던 말들, 그리고 이를 바탕으로 하여 만들어진 말들이다. 이를 고유어(固有語)라고 한다. 예를 들어 (3가)는 본래부터 있던 우리말 고유어들이고, (3나)는 이를 바탕으로 하여 새로 만들어진 고유어들이다.

(3) 고유어
우리말에 본래부터 있던 말, 그리고 이를 바탕으로 하여 만들어진 말
가. 하늘, 땅, 가다, 먹다, 꽤
나. 하늘땅, 뛰어가다, 맞먹다, 많이

어휘는 다른 나라의 말에서 들어오기도 하고 그 말을 바탕으로 하여 만들어지기도 한다. 이를 외래어(外來語)라고 한다. 우리말의 경우 오랜 기간에 걸쳐 중국어로부터 많은 수의 어휘들이 유입되어 오다가 몽골어, 일본어, 영어, 프랑스어 등으로 그 폭이 확대되었다. 그런데 중국어로부터 들어온 한자 어휘들은 대체로 한국 한자음으로 읽혀서 중국어 어휘와는 차이가 있으며, 이런 점에서 대체로 원어의 발음을 그대로 들여온 다른

외래어들과 다르다. 그리고 문자에 주목하면 '한자' 어휘들은 그 기원이 단일하지 않다. 곧 (4)와 같이 우리말의 한자 어휘 가운데에는 중국에서 들어온 것들도 있고 일본에서 들어온 것들도 있고 우리나라에서 만들어진 것들도 있다.2) 이들은 기원은 다르지만 한자로 된 말로서 한국 한자음으로 읽힌다는 공통점이 있으며, 후술하겠지만 우리말에서 고유어, 외래어와 구별되는 공통의 문법적 속성을 갖는다. 이에 따라 이들을 한자어(漢字語)로 묶어 외래어와 구별하는 것이 보통이다.3)

(4) 한자어
  (그 기원에 관계없이) 한자로 된 말
  가. 중국에서 들어온 것
    부모(父母), 생명(生命), 교훈(敎訓), 공부(工夫), 가사(袈裟)
  나. 일본에서 들어온 것
    입구(入口), 약속(約束), 안내(案內), 역할(役割), 상담(相談)
  다. 우리나라에서 만들어진 것
    감기(感氣), 고생(苦生), 편지(片紙), 서방(書房), 팔자(八字)

우리말의 외래어는 시간을 달리하여 여러 나라의 말에서 유입되었다. (5가)는 몽골어 기원의 외래어들이다. 이들은 고려와 원(元)이 접촉하던

---

2) (4)의 예는 심재기(2000: 43-48)에서 가져온 것이다. 참고로 심재기(2000: 41-49)에서는 한자 어휘를 그 기원에 따라 '중국고전에서 연유하는 것, 중국을 경유한 불교경전에서 나온 것, 중국의 구어인 백화문에서 연유하는 것, 일본에서 만든 것, 한국에서 독자적으로 만든 것' 등의 다섯 가지로 나누었다.
3) 한자어는 기원에 따른 어휘 유형이 아니라 문자에 따른 어휘 유형이라는 점에서 고유어, 외래어와 동질적이지 않다. 다만 한자 자체는 중국에서 기원한 것이므로 본서에서는 한자어를 넓게 보아 기원에 따른 어휘 유형에 포함한다. 한편 한자어와 외래어의 유입은 우리말 어휘 체계가 변화하는 주요 계기가 되는데 이에 대해서는 어휘의 변화를 다루는 4장에서 자세하게 살펴본다.

시기에 주로 들어왔는데 말(馬)과 매(鷹)에 관한 것들이 많고 군사, 음식에 관한 것들도 일부 있다. 개화기 이후의 외래어는 일본어와 서구어 기원의 것들이 주류를 이룬다. (5나)는 특히 일제 강점기를 거치면서 급증한, 일본어 기원의 외래어들이다. 일본어 기원의 외래어들은 해방 이후 언어 순화의 주요 대상이 되기도 했으나 상당수는 현재까지도 일상 언어생활에서 여전히 쓰인다. (5다)는 영어 기원의 외래어들로서 현대 국어 외래어에서 차지하는 비중이 가장 크다. (5라-카)는 상대적으로 그 수가 많은 프랑스어, 독일어, 러시아어, 그리스어, 라틴어, 이탈리아어, 포르투갈어, 스페인어 기원의 외래어들이다. 이 밖에 『표준국어대사전』(1999)에는 기타 언어에서 기원한 (5타)와 같은 외래어들이 등재되어 있다.4)

(5) 외래어
   (한자어를 제외한) 다른 나라의 말에서 들어온 말, 그리고 이를 바탕으로 하여 만들어진 말
   가. 몽골어 기원의 외래어
      가라(qara)(말), 고라(qula)(말), 갈지개(<갈지게, qarciqai), 보라(boro)(매), 철릭(<털릭, terlig), 타락(taraq)
   나. 일본어 기원의 외래어
      고도리(gotori[五鳥]), 오뎅(oden[御田], '어묵'), 우동(udon[饂飩], '가락국수'), 사쿠라(sakura[櫻], '벚꽃'), 앙꼬(anko, '팥소')
   다. 영어 기원의 외래어

---

4) 국립국어연구원(2002: 56-60)에 따르면 『표준국어대사전』(1999)에 등재된 외래어의 원어는 주표제어를 기준으로 31개인데 남한어에서 상위 8개 언어는 순서대로 영어, 독일어, 프랑스어, 이탈리아어, 그리스어, 일본어, 라틴어, 러시아어이다. 독일 기원의 외래어가 많은 것은 물리, 화학 등 전문 분야의 어휘가 많기 때문이다. 프랑스어 기원의 외래어는 일반어와 전문어에 두루 분포한다. 이 밖에 이탈리아어 기원의 외래어는 음악 분야의 전문어가 많고, 라틴어 기원의 외래어는 약학, 의학 등을 비롯한 전문 분야에 고르게 분포한다.

버스(bus), 컴퓨터(computer), 바나나(banana), 핸섬(handsome)(하다), 스마트(smart)(하다)

라. 프랑스어 기원의 외래어

로망(roman), 크레용(crayon), 파르페(parfait), 망토(manteau)

마. 독일어 기원의 외래어

호프(Hof), 깁스(Gips), 나트륨(Natrium), 요오드(Jod)

바. 러시아어 기원의 외래어

아지트(agitpunkt), 인텔리(intelligentsia), 빨치산(partizan), 트로이카(troika)

사. 그리스어 기원의 외래어

알파(alpha), 디아스포라(Diaspora), 로고스(logos), 카타르시스(catharsis)

아. 라틴어 기원의 외래어

레퀴엠(requiem), 비브리오(vibrio), 스타디움(stadium), 에고(ego)

자. 이탈리아어 기원의 외래어

소프라노(soprano), 안단테(andante), 소나타(sonata), 곤돌라(gondola)

차. 포르투갈어 기원의 외래어

카스텔라(castela), 가빠(capa), 보사노바(bossa nova), 비로드(veludo)

카. 스페인어 기원의 외래어

룸바(rumba), 맘보(mambo), 게릴라(guerrilla), 카카오(cacao)

타. 기타 언어 기원의 외래어

스포이트(spuit, 네덜란드어), 피오르(fjord, 노르웨이어), 레우(leu, 루마니아어), 가믈란(gamelan, 말레이어), 아오자이(aosaī, 베트남어), 루체니짜(ruchyenntsa, 불가리아어), 수드라(Sudra, 산스크리트어), 포노르(ponor, 세르보·크로아트어), 외레(öre, 스웨덴어), 라마단(Ramaḍān, 아랍어), 근데르(gĕnder, 인도네시아어), 둠카(dumka, 체코어), 콩웡(khong wong, 타이어), 파샤(pasha, 터키어), 시타르(sitār, 페르시아어), 오스티아(hostia, 폴란드어), 푸스타(puszta, 헝가리어), 아바돈(ābaddōn, 히브리어), 사로드(sarod, 힌디어)

이 밖에 우리말 어휘 가운데에는 (6)과 같이 기원이 다른 둘 이상의 말이 결합하여 만들어진 혼종어(混種語)가 있다.

(6) 혼종어
   기원이 다른 둘 이상의 말이 결합하여 만들어진 말
   예) 책값(冊-), 호프집(Hof-), 메뉴판(menu板)

이와 같이 우리말 어휘는 기원에 따라 고유어, 한자어, 외래어, 혼종어 등으로 나뉘는데 이들을 어종(語種)이라고 한다. 그러면 우리말 어휘의 어종별 분포를 살펴보자. 국립국어연구원(2002: 50)에 따르면 『표준국어대사전』(1999)에 등재된 주표제어 442,149개를 기준으로 우리말 어휘에서 가장 큰 비중을 차지하는 것은 한자어(252,755개, 약 57%)이다. 그 뒤를 고유어(112,157개, 약 25%), 혼종어(53,277개, 약 12%), 외래어(24,050개, 약 5%)가 잇는다. 품사별로는 조사와 어미는 모두 고유어이다. 동사, 부사, 감탄사, 형용사는 고유어가 압도적으로 많다. 수사와 관형사도 고유어가 차지하는 비율이 60%를 넘는다. 명사는 한자어의 비율이 대략 62%인 데 비해 고유어는 21%에 불가하다. 대명사, 접사, 어근은 고유어와 한자어가 대부분을 차지하는 데 그 비율도 큰 차이가 없다. 이 밖에 조사, 어미, 어근을 제외한 기타 무품사어는 한자어 및 한자어 포함 혼종어가 대부분을 차지한다. 한편 고유어는 모든 품사에 두루 존재하며, 한자어는 동사, 형용사, 조사, 어미에는 없으며, 외래어는 명사, 감탄사, 기타 무품사어에만 있다.

(7) 『표준국어대사전』(1999) 등재 어휘의 어종별 분포

품사 \ 어종	고유어	한자어	외래어	혼종어					계
				고+한	고+외	한+외	고+한+외	계	
명사	70,370 (21.01)	206,230 (61.57)	20,605 (6.15)	31,407	829	5,232	289	37,757 (11.27)	334,962
대명사	219 (47.30)	236 (50.97)	0	8	0	0	0	8 (1.73)	463
수사	186 (67.15)	91 (32.85)	0	0	0	0	0	0	277
동사	14,745 (97.18)	0	0	427	1	0	0	428 (2.82)	15,173
형용사	5,147 (79.85)	0	0	1,272	27	0	0	1,299 (20.15)	6,446
부사	13,277 (94.21)	533 (3.78)	0	283	0	0	0	283 (2.01)	14,093
관형사	331 (62.57)	195 (36.86)	0	3	0	0	0	3 (0.57)	529
감탄사	737 (90.76)	30 (3.69)	11 (1.35)	34	0	0	0	34 (4.19)	812
조사	357 (100)	0	0	0	0	0	0	0	357
무품사어 어미	2,526 (100)	0	0	0	0	0	0	0	2,526
무품사어 접사	339 (51.68)	315 (48.02)	0	2	0	0	0	2 (0.30)	656
무품사어 어근	3,017 (41.07)	4,304 (58.59)	0	25	0	0	0	25 (0.34)	7,346
무품사어 기타	906 (1.55)	40,821 (69.77)	3,434 (5.87)	3,203	466	9,248	431	13,348 (22.81)	58,509
계	112,157 (25.37)	252,755 (57.16)	24,050 (5.44)	36,664	1,323	14,480	720	53,187 (12.03)	442,149

*품사 통용어(1,555개)는 중복 계산한 것이며 괄호 안의 수치는 비율(%)임.

기원은 다르지만 한자어와 외래어도 우리말 어휘의 일부로 편입된 것
이므로 기본적으로는 고유어와 동등한 문법적 지위를 갖는다. 예를 들어
한자어와 외래어는 단어 형성의 형태론적 과정에서 고유어와 다름없는
문법적 지위를 갖는다. 곧 이들은 (6)에서 일부 살펴보았듯이 고유어와
결합하여 새로운 단어를 만들기도 하고, 한자어끼리 혹은 외래어끼리 혹

은 한자어와 외래어가 결합하여 새로운 단어를 만들기도 한다. 그 예를 유형별로 제시하면 다음의 (8)과 같다.

(8) 가. 고유어+한자어/외래어

책값(冊-), 밥상(-床), 호프집(Hof-), 마을버스(--bus)

나. 한자어+한자어

창문(窓門), 유리병(琉璃瓶), 대가족(大家族), 문학계(文學界)

다. 외래어+외래어

핸드폰(hand phone), 아이쇼핑(eye shopping), 오피스텔(←office hotel)

라. 한자어+외래어

메뉴판(menu板), 레이저 광선(laser光線), 개인용 컴퓨터(個人用 computer)

마. 혼종어+고유어/한자어/외래어

총알맛(銃--), 총알 방패(銃-防牌), 총알택시(銃-taxi)

(8가)는 한자어와 외래어가 고유어와 결합하여 만들어진 혼종 복합어들이다. (8나)는 한자어끼리 결합하여 만들어진 복합어들이다. (8다)는 외래어끼리 결합하여 만들어진 우리말식 복합어(이른바 '콩글리시')들로서 각각 영어의 'cell phone/mobile phone', 'window shopping', 'studio apartment'에 대응한다. (8라)는 한자어와 외래어가 결합하여 만들어진 혼종 복합어들이다. 그리고 (8마)는 혼종어('총알')가 다시 고유어, 한자어, 외래어와 결합하여 만들어진 혼종 복합어들이다.

한자어와 외래어 가운데에는 예를 들어 '가공(可恐), 민망(憫惘), 화려(華麗)', '핸섬(handsome), 스마트(smart), 로맨틱(romantic)'과 같이 본래의 문법적 속성을 바꿈으로써 우리말 어휘로서의 문법적 지위를 갖춘 것들도 있다. '가공(可恐), 민망(憫惘), 화려(華麗)'는 한문 문법으로는 형용사이고, '핸섬(handsome), 스마트(smart), 로맨틱(romantic)'은 영어의 품사로는 형용사이다. 그런데 이들은 본래의 품사로는 우리말에서 쓰이기 어렵다. 이들은 서술성을 갖는다는 점에서는 우리말의 형용사와 같지만 어미가 결합하지 못한다는 점에서는 우리말의 형용사와 다르기 때문이다. 따라서 이들이 우리말에서 형용사로서의 본래의 어휘적 속성을 실현하기 위해서는 우리말의 문법에 맞는 어휘로 바뀌어야 한다. 우리말에서 용언이 아닌 어휘가 용언이 되기 위해서는 '-하다, -스럽다' 등의 접미사가 결합하여 용언으로 파생되어야 한다. 이렇게 용언으로 파생되는 어휘로는 명사, (불규칙적) 어근 등이 있다. 이들 한자어와 외래어가 본래의 품사와 다르게 (불규칙적) 어근의 자격으로 우리말에 편입된 것은 바로 이런 까닭에서이다. 곧 이들은 우리말의 문법에 맞는 어휘로 그 속성을 바꿔 (9)와 같이 형용사로 파생됨으로써 본래의 어휘적 속성을 실현하는 것이다.

(9) 가. 가공하다/가공스럽다, 민망하다/민망스럽다, 화려하다
    나. 핸섬하다, 스마트하다, 로맨틱하다

한편 고유어, 한자어, 외래어는 우리말 문법, 우리말 규범 등에서 일부 유형적인 차이를 보이기도 한다. 형태론적으로는 한자어와 고유어의 차이가 두드러진다. 먼저 한자어 가운데에는 내부 구조가 고유어와 다른 것들이 있다. 고유어는 복합어를 구성하는 성분들이 '겁먹다, 힘쓰다'와 같이 '목적어+서술어'의 어순으로, 그리고 '앞서다, 뒤돌다'와 같이 '부사어+서술어'의 어순으로 나타난다. 물론 한자어 가운데에도 '구술(口述), 남하(南下), 하락(下落)' 등과 같이 고유어와 같은 어순으로 나타나는 것이 없지는 않다. 그러나 한자어에는 (10)의 '독서(讀書), 입학(入學), 낙하(落下)' 등과 같이 고유어와 다른 어순으로 나타나는 것들이 많다. 이들이 고유어와 다른 어순으로 나타나는 것은 '서술어+목적어, 서술어+부사어'의 어순을 갖는 중국어(혹은 한문)의 특성이 반영된 것이다.

(10) 독서(讀書), 입학(入學), 낙하(落下)

    cf) 구술(口述), 남하(南下), 하락(下落)

한자어는 고유어와 다른 방식으로 반복 합성어가 만들어지기도 한다. 고유어는 '가지가지, 깡충깡충'과 같이 어근 전체가 반복되어 합성어가 만들어진다. 한자어 반복 합성어 가운데에도 '조목조목(條目條目), 순간순간(瞬間瞬間)'과 같이 어근 전체가 반복되는 것들이 없지는 않지만 (11)과 같이 한 글자 한 글자씩 반복되는 것들이 많다.

(11) 명명백백(明明白白), 허허실실(虛虛實實), 시시비비(是是非非), 시시각각(時時刻刻), 사사건건(事事件件)

    cf) 가지가지, 깡충깡충, 조목조목(條目條目), 순간순간(瞬間瞬間)

한자어 접두사 가운데에는 고유어 접두사와 달리 파생어의 문법적 속성을 결정하는 것들도 있다. 우리말은 중심이 되는 성분이 뒤에 오는 언어이다. 따라서 우리말에서 접두 파생어('접두사+어근')의 문법적 속성은 뒤에 오는 어근에 의해 결정된다. 예를 들어 '겉-' 파생어 '겉멋, 겉돌다, 겉약다'의 품사가 각각 명사, 동사, 형용사인 것은 뒤에 오는 어근 '멋, 돌다, 약다'가 각각 명사, 동사, 형용사이기 때문이다. 그런데 한자어 접두사 가운데 (12)의 '무(無)-, 주(駐)-, 대(對)-, 반(反)-' 등은 전체 파생어의 문법적 속성을 결정하는 지배적 기능을 갖는다. 이들이 여느 접사들과 달리 지배적 기능을 갖는 것은 어근의 앞에 붙지만 그 문법적 기능은 '(기력)-이 없음, (일본)-에 머무는, (북)-을 상대로 한, (독재)-에 반대하는'과 같이 어근의 뒤에서 실현되기 때문이다.[5]

---

5)   접사는 어근의 문법 범주를 바꾸는 것(지배적 접사)과 어근의 문법 범주는 바꾸지 못하고 뜻만 한정하는 것(한정적 접사)으로 나누는 것이 보통이다. 이에

(12) 무-기력(無氣力), 주-일본(駐日本), 대-북(對北), 반-독재(反獨裁)

이 밖에 한자어에는 어근과 접사로 같이 쓰이는 문법 형태가 많다. 예를 들어 '인(人)'은 '인류(人類), 인적(人的)', '미인(美人), 상인(商人)'처럼 복합어의 앞과 뒤에서 어근으로 쓰이기도 하고, '한국인(韓國人), 원시인(原始人)'처럼 어근 뒤에서 접미사로 쓰이기도 한다. 그리고 한자어 접미사 가운데에는 '-적(的)'과 같이 한자어('심적心的')와 외래어('마르크스적') 어근에는 결합하지만 고유어('*마음적, *일적') 어근에는 잘 결합하지 않는 것도 있다.

음운론적으로는 외래어의 유형적인 특성이 두드러진다. 두음 법칙(頭音法則)은 고유어와 한자어에는 적용되지만 외래어에는 적용되지 않는다. 한자어에서는 (13가)와 같이 '녀, 뇨, 뉴, 니'가 어두(語頭)에 올 때에는 'ㄴ'이 탈락하여 '여, 요, 유, 이'로 실현되고, (13나)와 같이 '랴, 려, 례, 료, 류, 리'가 어두에 올 때에는 'ㄹ'이 탈락하여 '야, 여, 예, 요, 유, 이'로 실현되고, (13다)와 같이 '라, 래, 로, 뢰, 루, 르'가 어두에 올 때에는 '나, 내, 노, 뇌, 누, 느'로 실현된다.6) 이를 두음 법칙이라고 한다.7) 그런데

따르면 우리말의 접두사는 대체로 한정적 접사이고, 접미사 가운데에는 지배적 접사도 있고 한정적 접사도 있다. 이와 달리 황화상(2011/2018, 2018)에서는 접사의 지배적 기능을 '어근의 문법 범주'를 바꾸는 것이 아니라 '파생어의 문법 범주'를 결정하는 것으로 본다. 그리고 이에 따라 우리말의 접미사는 모두 지배적 기능을 가지며, 접두사는 한정적 기능을 갖는 것이 보통이지만 (12)와 같은 일부 한자어 접두사는 지배적 기능을 갖는다고 보았다.

6)   북한에서는 두음 법칙을 인정하지 않고 '로인, 량심, 녀자'와 같이 읽고 쓴다.

7)   예로부터 고유어에는 어두에 'ㄹ'이 오는 어휘가 매우 드물었다. 그리고 '냠냠, (고얀) 녀석, (괘씸한) 년, (엽전 한) 닢, (홍길동) 님' 등의 예외들을 제외하면 어두에 '냐, 녀, 뇨, 뉴, 니'를 포함하는 어휘도 현대 국어의 고유어에는 없다. 옛말 고유어 가운데에는 '녀름(>여름, 夏), 니르다(>이르다, 謂), 닞다(>잊다)'와 같은 어휘들도 있었지만 이들은 현대 국어로 발달하는 과정에서 어두의

(14)와 같이 외래어에는 두음 법칙이 적용되지 않는다.

    (13) 가. 여자(女子), 요소(尿素), 유대(紐帶), 익명(匿名)
           cf) 남녀(男女), 당뇨(糖尿), 결뉴(結紐), 은닉(隱匿)
        나. 양심(良心), 역도(力道), 이해(理解)
           cf) 개량(改良), 권력(權力), 도리(道理)
        다. 낙원(樂園), 내일(來日), 노인(老人)
           cf) 쾌락(快樂), 왕래(往來), 연로(年老)
    (14) 뉴스(news), 니켈(nickel), 리듬(rhythm), 로망(roman)

비음화(鼻音化)의 적용 여부도 외래어가 고유어 및 한자어와 다르다. (15가)와 같이 고유어에서 장애음은 비음 앞에서 비음으로 동화되어 실현된다. 이는 (15나)와 같이 한자어에서도 다름이 없다. 이와 달리 (15다)의 외래어는 비음화의 적용 여부가 분명하지 않다. 이들 또한 우리말 어휘의 일부로 편입된 것이므로 비음화가 적용되는 것이 당연하겠지만 실제 언어생활에서는 원어의 음을 살려 발음되기도 하는 것으로 보인다. 다만 '팝(pop)만'과 같이 조사와 결합할 때에는 비음화가 적용되는 게 더 자연스럽게 느껴진다.

    (15) 가. 국[궁]물, 입[임]맞춤
        나. 한국[궁]말(韓國-), 법[범]명(法名)
        다. 백[백/뱅]미러(back mirror), 팝[팝/팜] 뮤직(pop music)

'ㄴ'이 탈락했다. 한편 '냠냠'을 제외한 '녀석, 년, 닢, 님'은 모두 의존 명사이다. 한자어 가운데에도 '(백) 리(里)', '(돈 천) 냥(兩), (금 한) 냥쭝(兩重), (일) 년(年)' 등의 의존 명사는 두음 법칙이 적용되지 않고 본래의 음이 그대로 실현된다.

고유어, 한자어, 외래어는 우리말 규범에서 일부 유형적인 차이를 보이기도 한다. 예를 들어 (16가)와 같이 합성어에서 사잇소리 현상이 일어나고 앞말이 모음으로 끝나는 경우 고유어와 한자어에는 사이시옷을 표기하기도 하지만8) 외래어에는 사이시옷을 표기하지 않는다. 그리고 (16나)와 같이 한자어 '欄'은 합성어의 뒷말로 쓰일 때 앞말이 한자어이면 발음에 관계없이 '란'으로 적고 앞말이 고유어나 외래어이면 '난'으로 적는다.

(16) 가. 골칫-거리, 전셋(傳貰)-집, 콧-병(病) / 뉴스(news)-거리
　　　나. 기입(記入)-란[난], 투고(投稿)-란[란] / 어린이-난, 가십(gossip)-난

이 밖에 한자어에서는 '갈등(葛藤)[-뜽], 결사(決死)[-싸], 물질(物質)[-찔]'과 같이 'ㄹ' 뒤의 'ㄷ, ㅅ, ㅈ'은 된소리로 발음되며, 외래어 가운데에는 '버스(bus)[버쓰/뻐쓰], 댐(dam)[땜]'과 같이 흔히 된소리로 발음되는 것들도 있지만 표기에는 된소리를 쓰지 않는 것이 원칙('외래어 표기법' 제4항)이다.

2.3. 사용역에 따른 어휘 유형

언어 사용의 양상은 사용자, 화자의 태도, 대화 관련자들(화자, 청자, 주체, 객체) 사이의 관계 등 언어 외적인 조건에 따라 다르다. 이때 언어

---

8)　사잇소리 현상은 합성어에서 '골치+거리→골칫거리[-치꺼-/-칟꺼-]'처럼 뒷말의 첫소리가 된소리로 나거나, '이+몸→잇몸[인-]'처럼 앞말에 'ㄴ' 소리가 덧나거나, '깨+잎→깻잎[깬닙]'처럼 'ㄴㄴ' 소리가 덧나는 현상을 말한다. 한편 '전세방(傳貰房)'과 같이 합성어의 앞말과 뒷말이 모두 한자어일 때에는 사이시옷을 적지 않는다. 다만 2음절 한자어 가운데 '곳간(庫間), 찻간(車間), 툇간(退間), 셋방(貰房), 숫자(數字), 횟수(回數)'는 예외적으로 사이시옷을 적는다.

외적인 조건에 따른, 언어 사용의 영역(혹은 범위)을 사용역(使用域, register)이라고 한다. 어휘도 언어를 구성하는 부분이므로 당연히 사용역을 가지며 이에 따라 다양한 유형으로 나뉜다.

먼저 어휘 사용의 양상은 사용자에 따라 다르다. 크게는 지역 공동체에 따라서 사용하는 어휘(방언)가 다르기도 하며, 작게는 개개인에 따라서 사용하는 어휘(개인어)가 다르기도 하다. 그리고 특정한 사회 집단에서 사용하는 어휘(전문어, 은어)도 있고, 특정한 연령층에서 주로 사용하는 어휘(유아어, 아동어, 청소년어, 노인어 등)도 있고, 남성과 여성이 주로 사용하는 어휘(남성어, 여성어)도 있다.

다음으로 어휘 사용의 양상은 화자의 태도에 따라 다르다. 우리는 누가 다른 사람을 못살게 굴 때 '괴롭힌다'라고도 하고 '갈군다'라고도 한다. 이는 똑같은(혹은 비슷한) 뜻을 '평범하게' 표현할 것인지, 아니면 '속되게' 표현할 것인지 하는 화자의 태도에 따라 결정된다. 이때 통속적으로 쓰는 속된 말을 보통의 말과 구별하여 속어라고 한다. 그리고 우리는 '변소'에 '똥오줌'을 '누러' 가기도 하고 '화장실'에 '볼일'을 '보러' 가기도 한다. 이와 같이 '변소', '똥오줌', '누다'를 각각 '화장실', '볼일', '보다'라고 하는 것은 전자가 주는 부정적인 느낌을 꺼려서 후자로 돌려 표현하기 위한 것이다. 이때 전자를 금기어라고 하고 후자를 완곡어라고 한다.

끝으로 어휘의 사용은 대화 관련자들(화자, 청자, 주체, 객체) 사이의 관계에 따라 다르다. 할머니와 그 손주인 아기가 나란히 잠들어 있다고 생각해 보자. 우리는 아기는 '잔다'고 하고 할머니는 '주무신다'고 한다. 똑같은 '자는' 행위를 이렇게 다르게 표현하는 것은 (화자인) 나와 (행위 주체인) 아기의 관계, 나와 할머니의 관계가 다르기 때문이다. 그리고 동생에게는 '나'라고 하고 어머니에게는 '저'라고 하는 것은 화자와 청자의 관계가 서로 다르기 때문이다. 또한 조카는 '데리고' 가고 아버지는 '모시고' 가는 것은 주체와 객체의 관계가 서로 다르기 때문이다. 이 밖에 우리는 어떤 사람은 '그분'으로, 어떤 사람은 '그놈'으로 서로 다르게 가리키기도 한다. 이때 '주무시다, 모시다, 그분'과 같이 다른 사람을 높이는 말을 존칭어(높임말)라고 하고, '저, 그놈'과 같이 본인 또는 다른 사람을 낮추는 말을 비칭어(낮춤말)라고 한다.

이와 같이 어휘는 사용역에 따라 다양한 유형으로 나뉜다. 이 가운데에서 본서에서는 사용자에 따른 어휘 유형 가운데 (지역) 방언, 전문어, 은어를, 화자의 태도에 따른 어휘 유형인 속어, 금기어와 완곡어를, 대화 관련자들 사이의 관계에 따른 어휘 유형인 존칭어와 비칭어를 차례대로 살펴본다.9)

2.3.1. 방언

방언(方言, dialect)은 지리적 공동체로서의 사용자 집단에서 사용되는 어휘를 말한다. 방언은 그 나름의 체계를 갖는, 특정 지역에서 쓰이는 어휘의 총체를 가리키기도 하고, 그 가운데에서 특정 지역에서만 쓰이는, 표준어와 다른 어휘들(사투리)만을 가리키기도 한다.

지역 방언과 사회 방언

본서에서는 지역 공동체로서의 사용자 집단에서 사용되는 언어 체계, 곧 지역 방언(地域方言, regional dialect)을 다룬다. 이 밖에 언어 사용의 양상은 사회 계층(階層)에 따라 다르기도 하고, 세대(世代)에 따라 다르기도 하고, 성별(性別)에 따라 다르기도 하다. 이렇게 사회 공동체로서의 사용자 집단에서 사용되는 언어 체계를 사회 방언(社會方言, social dialect)이라고 한다. 그런데 특히 우리말의 경우 지역 방언들 사이에서는 음운, 어휘, 문법 등 언어 전반에

---

9) 이 밖에 사용역에 따른 어휘 유형으로는 '시간'을 기준으로 한 '신어, 고어', '규범성'을 기준으로 한 '표준어, 비표준어', '도구'를 기준으로 한 '구어, 문어' 등이 더 있다. 이를 포함한, 국어사전의 사용역 정보에 대해서는 도원영(2008), 안의정·이종희(2008) 등을 참조할 수 있다.

걸쳐 그 차이가 뚜렷하지만 사회 방언들 사이에서는 그 차이가 두드러지지 않는다. 지역 방언이 방언학 연구의 중심이 된 것과 달리 사회 방언은 방언학 연구에서 별다른 주목을 받지 못했던 것은 이런 까닭에서이다.

우리말의 방언은 예를 들어 '남부 방언-경상 방언-경남 방언-함안 방언'과 같이 큰 지역에서 작은 지역으로 단계적으로 나누는 것이 보통이다. 『표준국어대사전』(1999)에는 주표제어와 부표제어를 합하여 20,503개의 방언(사투리)이 도(道)를 기준으로 나뉘어 등재되어 있는데 방언별 어휘 수는 다음과 같다.

(17) 방언별 어휘 수(국립국어연구원(2002: 47-48)

방언		개수	
강원			2,072
경기			825
경상	경상	5,851	1,240
	경남		2,883
	경북		1,728
전라	전라	1,834	154
	전남		1,479
	전북		201
제주			3,958
충청	충청	1,401	353
	충남		637
	충북		411
평안	평안	4,140	1,217
	평남		257
	평북		2,666
함경	함경	3,145	1,111
	함남		1,117
	함북		917
황해			503

*여러 지역의 방언으로 쓰이는 어휘는 중복 계산함.

방언 어휘를 품사별로 보면 (18)과 같이 개수는 명사(15,182개), 동사(2,179개), 형용사(1,210개), 부사(1,207) 순으로 많은데 대체로 품사 전체의 개수 순과 일치한다. 그러나 품사 전체에서 차지하는 비율은 조사(26.9%), 보조 형용사(24.1%), 대명사(18.4%), 감탄사(15%), 어미(13.5%), 수사(12.3%), 보조 동사(10.4%)의 순으로 높다. 이 가운데 조사와 어미는 문법 형태이며, 보조 동사와 보조 형용사는 어휘 형태에 속하지만 본용언에 붙어 문법적 의미를 보탠다. 그리고 대명사, 수사, 감탄사도 나머지 다른 품사들에 비해 어휘적인 성격이 상대적으로 약하다고 볼 수 있는 것들이다. 이와 같이 지역적 특색이 강한 방언 어휘는 상대적으로 문법적인 성격이 강한 혹은 어휘적인 성격이 약한 어휘에서 더 많이 나타난다.

(18) 품사별 방언 어휘의 수와 비율(국립국어연구원 2002: 46)

품사	개수(품사 전체)	개수(방언)	방언 비율(%)
명사	335,057	15,182	4.5
의존 명사	1,061	69	4.3
대명사	463	85	18.4
수사	277	34	12.3
동사	68,394	2,179	3.2
보조 동사	48	5	10.4
형용사	17,361	1,210	7.0
보조 형용사	29	7	24.1
부사	17,895	1,207	6.7
관형사	1,685	64	3.8
감탄사	812	122	15.0
조사	357	96	26.9
어미	2,526	341	13.5
⋮	⋮	⋮	⋮
계	512,476	20,623	4.0

*품사 통용어(3,400개)는 중복 계산함.

방언 어휘는 지역에 따라 어형(語形)의 차이를 보이기도 하고 같은 어형이 서로 다른 대상을 가리키기도 한다. 예를 들어 『표준국어대사전』에 따르면 '새우'와 '가위'는 (19가)와 같이 지역에 따라 여러 가지 어형으로 나타나며, '아재'는 (19나)와 같이 강원 방언에서는 '아주머니, 아주비'를10) 가리키고 함북 방언에서는 '고모, 이모, 작은어머니'를 가리킨다.

(19) 가. 방언에 따른 어형의 차이
　　　<'새우'> 새(경남), 새갱이(경기, 평안), 새구(경북), 새구지(경북), 새배(경남), 새뱅이(경기, 충청), 새비(경상, 전북, 함경), 새빙게(충남), 새오(강원, 충청), 새우지(평안), 새웅지(평안), 새위(제주), 새파우(경상), 생오(강원, 경북), 생우(강원, 평안), 생우지(평안), 생지(평남), 샤우(평남, 황해), 세비(전남), 시우(평북), 즌새(평북), 징검새(충남), 징게(경기)
　　　<'가위'> 가새(경기, 경상, 전라, 충청), 가시개(경상), 가애(경남), 강애(평안), 강우(평남), 까새(경북), 깍개(경북)
　　나. 방언에 따른 지칭 대상의 차이
　　　<아재> 아주머니(강원), 아주비(강원), 고모(함북), 이모(함북), 작은어머니(함북)

　방언 어휘 가운데에는 고어(古語)의 흔적을 간직한 것들이 많다. 예를 들어 '새우'는 (20가)와 같이 '사ᄫᅵ'로부터 변화를 거친 어형인데 (19)의 방언형 가운데 '새비, 세비, 새배, 새빙게, 새비' 등 'ㅂ'을 가진 어형들에 'ᄫ'의 흔적이 남아 있다. 그리고 '가위'는 (20나)와 같이 'ᄀᆞᅀᅢ'로부터 변화를 거친 어형인데 (19)의 방언형 가운데 '가새, 까새, 가시개' 등 'ㅅ'을 가진 어형들에 'ᅀ'의 흔적이 남아 있다.

---

10)　'아주비'는 '아주머니, 아주버니'의 낮춤말이다. 참고로 표준어에서 '아재'는 '아저씨, 아주버니'의 낮춤말이다.

(20) 가. '새우'의 어형 변화

새우<새오/새요/사유/사요<사이<사비

나. '가위'의 어형 변화

가위<가이<ᄀ애<ᄀ새<ᄁ애(←ᄁ-+-개) (『표준국어대사전』)

앞서 살펴보았듯이 방언적 차이는 어휘 형태보다는 문법 형태에서 보다 뚜렷하게 드러난다. 주격 조사 '이/가'와 인과 관계의 연결 어미 '-(으)니, -(으)니까'의 예를 살펴보자.

(21) 가. 코이 큰 애미내 말이요?(평남, 평북)

이 뱀이가 누렁뱀이오.(경북)

갈 새래 있갔나?(함경)

나가 그리 가키여.(제주, 전남)

나. 시간이 없으니끼니 걸시(=빨리) 가자.(평안)

성님더러 물으니께 그런 일 없다구 구마.(전라)

집이 갈라고 하이께 보내자라.(경상)

그 사람 얘기를 들으니깐두루 그럴 성 하구먼.(경기)

오단 보나네 어서러.(=오다가 보니까 없더라)(제주) (이상규 2004: 354-355, 386 발췌)

표준어에서 주격 조사는 체언이 자음으로 끝날 때에는 '이'가, 모음으로 끝날 때에는 '가'가 쓰인다. 그러나 (21가)와 같이 방언에 따라서는 자음으로 끝날 때 '가' 대신 '이'가 쓰이기도 하고, '이가'가 쓰이기도 하고, '래'가 쓰이기도 한다. 아울러 제주 방언과 전라 방언에서는 대명사 '나, 너'에 직접 '가'가 결합하기도 한다. 그리고 인과 관계의 연결 어미 '-(으)니, -(으)니까'는 (21나)와 같이 방언에 따라 '-(으)니끼니, -(으)니께, -이께, -(으)니깐두루, -나네' 등의 다양한 형태로 나타난다.

2.3.2. 전문어

전문어(專門語)는 특정한 전문 분야의 사용자(전문가) 집단에서 사용되는 어휘를 말한다. 모든 전문 분야에는 그 분야에 고유한 전문적인 개념, 하위 분야 등이 있고, 전문 분야에 따라서는 전문적인 행위에 관련된 기구, 재료, 물질 등도 있다. 또 해당 분야에서의 직위나 역할에 따라 다양한 부류의 전문가를 구별하는 고유의 체계를 갖춘 전문 분야도 있다. 전문어는 바로 이러한 것들을 표현하기 위해 만들어진 단어들이다. 예를 들어 '판결'은 [법률] 분야의 전문적인 개념이고, '형태론'은 [언어] 분야의 하위 분야이고, '청진기'는 [의료] 분야의 기구이고, '산소'는 [화학] 분야의 물질이다. 그리고 '교황, 대주교, 주교, 사제' 등은 [가톨릭] 분야의 성직자를 구별하는 직위이다.

전문 분야 가운데에는 상위 분야와 하위 분야가 체계적인 조직을 이루는 분야가 많다. 예를 들어 [산업]은 [농업], [공업], [상업] 따위의 하위 분야로 나뉜다. 그러나 모든 전문 분야를 하나의 조직으로 체계화하기는 쉽지 않다. 전문어도 마찬가지이다. 곧 전문어도 부분적으로는 체계화할 수 있지만 모든 전문어를 하나의 조직으로 체계화하기는 어렵다.『표준국어대사전』(1999)에서 주표제어를 기준으로 219,044개의 전문어를 (22)와 같이 53개의 개별적인 전문 분야로 나누어 등재한 것은 이런 까닭에서이다.11)

---

11) 53개의 전문 분야가 논리적으로 대등하지는 않다. 예를 들어 상위 분야인 '종교'와 하위 분야인 '불교, 가톨릭, 기독교'가 같은 수준에서 분류되어 있기 때문이다. 이는 우리나라에서 '불교, 가톨릭, 기독교'가 차지하는 비중 혹은 위상이 다른 종교에 비해 높기 때문인 것으로 보인다. 전문어의 개수도 '불교'(10,209개), '가톨릭'(1,448개), '기독교'(1,173개)가 '종교'(1,012개) 전체보다 많다.

(22) 전문어의 분야별 어휘 수(국립국어연구원 2002: 39)

전문 분야	개수	전문 분야	개수	전문 분야	개수
건설	6,215	불교	10,029	정치	2,119
경제	8,542	사회	2,329	종교	1,012
고적	2,398	생물	4,243	지리	5,961
공업	3,695	수공	2,275	천문	2,095
광업	3,338	수산	910	가톨릭	1,448
교육	1,479	수학	4,127	철학	2,065
교통	1,552	식물	13,127	출판	1,464
군사	4,979	심리	1,613	컴퓨터	1,500
기계	2,369	약학	1,487	통신	1,077
기독교	1,173	언론	558	한의	5,077
논리	718	언어	4,208	항공	891
농업	4,732	역사	21,858	해양	1,132
동물	11,695	연영	1,731	화학	8,865
문학	3,788	예술	1,295	인명	10,327
물리	7,905	운동	4,962	지명	6,996
미술	1,516	음악	6,939	책명	2,051
민속	4,912	의학	10,501	고유 명사[12]	498
법률	9,350	전기	3,003	계	229,129

*여러 분야에서 공통으로 쓰이는 어휘는 중복 계산함.

　한편 일상 언어생활에서 사용되는 어휘를 전문어와 대비하여 일반어(一般語)라고 한다. 그런데 일반어와 전문어는 개념적으로는 분명하게 구별되는 것이지만 실제로는 그 구별이 쉽지 않은 것들이 많다. 특히 일상생활과 밀접한 전문 분야의 어휘가 그래서 성격이 똑같은 단어들이 서로 다르게 취급되기도 한다. 예를 들어 '쟁기'와 '호미'는 모두 '~ 농기구'로

---

12)　'고유 명사'는 인명, 지명, 책명을 제외한 것으로 민족('몽골 족'), 시설물('세종 문화 회관') 등 특정 전문 분야에 포함하기 어려워 따로 분류하지 않은 것들이다.

뜻이 풀이되어 있지만 『표준국어대사전』에는 '쟁기'만 [농업] 분야의 전
문어로 표시되어 있다. 『표준국어대사전』(1999)에 등재된 어휘(주표제어
+부표제어)를 기준으로 우리말의 어휘는 일반어(56.77%)가 전문어
(43.23%)보다 조금 더 많다. 이를 품사별로 나누면 (23)과 같다.

(23) 일반어와 전문어의 품사별 분류(국립국어연구원 2002: 36)

품사 \ 구분	계	일반어		전문어	
		개수	비율(%)	개수	비율(%)
명사	343,449	182,929	53.26	160,520	46.74
의존 명사	1,095	776	70.87	319	29.13
대명사	469	447	95.31	22	4.69
수사	285	285	100	0	0
동사	70,247	63,501	90.40	6,746	9.60
보조 동사	48	48	100	0	0
형용사	17,392	17,318	99.63	74	0.37
보조 형용사	29	29	100	0	0
부사	17,899	17,894	99.97	5	0.03
관형사	1,717	1,624	94.58	93	5.42
감탄사	815	729	89.45	86	10.55
조사	357	357	100	0	0
무품사어 어미	2,526	2,526	100	0	0
무품사어 접사	656	652	99.39	4	0.61
무품사어 어근	7,346	7,346	100	0	0
무품사어 기타	58,509	353	0.60	58,156	99.40
계	522,839	296,805	56.77	226,034	43.23

*품사 통용어, 일반어와 전문어 통용어는 중복 계산함.

전문어를 품사별로 보면 명사와 기타 무품사어가 대부분(218,676개,
96.74%)을 차지한다. 그런데 기타 무품사어 전문어는 합성 명사로 볼 수
있는 띄어 쓴 말이 대부분이라는 점을 고려하면 전문어의 대부분은 명사

라고 할 수 있다. 이를 제외하면 동사가 상대적으로 많고, 그 뒤를 의존 명사, 관형사, 감탄사, 형용사, 대명사가 잇는다. 이 밖에 부사, 접사는 10 개 미만이고, 수사,[13] 보조 동사, 보조 형용사, 조사, 어미, 어근은 전문어 에는 없다. 전문어의 품사별 순위는 일반어의 그것과 비교해서 차이가 있다. 전문어에 없는 품사를 제외한 나머지의 품사별 순위는 다음과 같다.

(24) 품사별 개수 순위
　　가. 전문어
　　　　명사, 동사, 의존 명사, 관형사, 감탄사, 형용사, 대명사, 부사, 접사
　　나. 일반어
　　　　명사, 동사, 부사, 형용사, 관형사, 의존 명사, 감탄사, 접사, 대명사

전문어와 일반어의 비율로 보면 기타 무품사어는 전문어(99.40%)가 대 부분이다. 이는 기타 무품사어(띄어 쓴 말, 줄어든 말) 가운데에는 띄어 쓴 말이 대다수이고, 또 전문어는 띄어 쓰는 것을 원칙(<한글 맞춤법> 제50항)으로 하기 때문이다. 그 다음으로는 명사가 전문어의 비율 (46.74%)이 높다. 명사와 무품사어를 합치면 전문어의 비율(54.40%)이 오 히려 일반어보다 높다. 이를 제외하면 품사별로 일반어보다 비율이 높은 전문어는 없다. 나머지 전문어 가운데에서는 의존 명사(29.13%), 감탄사 (10.5%), 동사(9.60%)의 비율이 상대적으로 높은 편이다. 그 뒤를 관형사, 대명사가 잇는다. 접사, 형용사, 부사는 1%에도 미치지 못한다.

---

13)　국립국어연구원(2002: 36)에 따르면 수사 가운데에도 전문어(9개)가 있다. 그 러나 인터넷판 『표준국어대사전』에서는 전문어 수사를 찾을 수 없다. 그리고 <우리말샘>(https://opendict.korean.go.kr)의 사전 통계 자료에도 전문어 수사 는 없다.

(25) 품사별 전문어 비율 순위

　　명사, 의존 명사, 감탄사, 동사, 관형사, 대명사, 접사, 형용사, 부사

(24)와 (25)에서 눈에 띄는 것은 의존 명사, 감탄사, 부사, 형용사이다. 의존 명사와 감탄사는 일반어에서보다 전문어에서 비중이 크다. 의존 명사는 전문어 순위(3위)가 일반어 순위(6위)보다 높고, 특히 품사별 전문어 비율은 명사 다음으로 순위(2위)가 높다. 이렇게 의존 명사가 전문어에서 차지하는 비중이 큰 것은 (26가)와 같이 단위성 의존 명사 가운데 전문어가 많기 때문이다. 감탄사도 의존 명사처럼 전문어에서 차지하는 비중이 큰 품사 가운데 하나이다. 전문어 감탄사에는 (26나)와 같은 '군사' 분야의 구령(口令)이 많은데 이들 가운데에는 명사로도 같이 쓰이는 품사 통용어들이 많다.

(26) 가. 전문어 의존 명사

　　　거리[민속][음악], 동[역사] / 광년光年[천문], 국局[운동], 마력馬力
　　　[물리], 막幕[연영] / 가우스gauss[물리], 감마gamma[물리], 볼트volt
　　　[물리], 노트knot[해양], 데시벨decibel[물리], 옥타브octave[음악], 나
　　　노초nano秒[컴퓨터]

　　나. 전문어 감탄사('군사' 분야)

　　　걸어총, 경례, 기준, 차려, 바로, 번호, 쉬어, 앉아, 우향우, 우로봐,
　　　좌향좌

부사와 형용사는 일반어에서보다 전문어에서 비중이 현저히 작다. 부사는 일반어 순위(3위)는 높지만 전문어 개수는 (27가)에 제시한 4개에 불과하다.14) 그것도 모두 '-히' 파생어들로서 이에 대응하는 전문어 형용

---

14) 　(23)에 따르면 부사는 5개이지만 인터넷판 『표준국어대사전』과 국립국어원에

사가 있는 것들이다. 이와 같이 전문어에 부사가 드문 것은 부사는 주로 용언을 꾸미는 기능을 갖는 품사이므로 전문어로 쓰이기 어렵기 때문인 것으로 보인다.[15] 형용사는 전문어 비율이 부사 다음으로 낮다. 개수는 적은 편은 아니지만 (27나)의 예에서 알 수 있듯이 '덥다, 차다, 설가다, 희다'를 제외한 대부분은 '-하다' 파생어들로서 이에 대응하는 다른 품사 (명사, 부사)의 전문어가 있는 것들이다.

(27) 가. 전문어 부사

경건(勁健)히[미술], 공공적적(空空寂寂)히[불교], 균등(均等)히[논리], 애매(曖昧)히[논리]

나. 전문어 형용사

덥다[한의], 차다[한의], 설가다[광업], 희다[물리] / 경건(勁健)하다, 공공적적(空空寂寂)하다, 균등(均等)하다, 애매(曖昧)하다, 냉(冷하)다[한의], 다족(多足)하다[동물], 대비(大悲)하다[불교], 몰이상(沒理想)하다[문학], 유효(有效)하다[법률]

이 밖에 접사도 문법 형태이므로 전문어가 드물어서 (28가)의 5개가 있을 뿐이다. 전문어 동사는 개수는 많지만 (28나)와 같이 '같지다, 갈바래다, 훔치다' 등의 소수를 제외하면 대부분 '-하다, -되다' 파생어들이다. 곧 전문어 동사의 대부분은 전문어 명사에 파생 접미사가 붙어서 만들어

서 운영하는 개방형 사전인 <우리말샘>에서는 (27가)의 4개만 검색된다. 이는 다의어인 '공공적적히'를 중복 계산한 때문인 것으로 보인다.

15) 체언을 꾸미는 관형사는 부사에 비해 전문어의 개수는 훨씬 많다. 그러나 '성 베드로'와 같이 쓰이는, 가톨릭 분야의 '성(聖)'을 제외하면 순수 관형사는 거의 없고 '객관적(客觀的)[철학], 계급적(階級的)[사회], 귀납적(歸納的)[논리]' 과 같이 대응하는 다른 품사의 전문어('객관, 계급, 귀납' 등)가 있고 명사로도 쓰이는 '-적(的)' 파생어들이 대부분이다.

진 것들이다. 이는 전문어 형용사와 다름이 없다. 그리고 전문어 대명사는 (28다)에서 예시한 것처럼 [불교], [기독교], [역사] 분야의 어휘가 대부분이다.

(28) 가. 전문어 접사
　　　성聖-[기독교], -가價[화학], 정正-[역사], 종從-[역사], 함含-[화학]
　　나. 전문어 동사
　　　같지다[운동], 갈바래다[농업], 훔치다[운동] / 가을갈이하다[농업],
　　　수술(手術)하다[의학] / 가결(加結)되다[역사], 낙찰(落札)되다[경제]
　　다. 전문어 대명사
　　　납자衲子[불교], 교제敎弟[기독교], 민民[역사]

　전문어는 일반어와 다른 고유한 어휘적 특성을 갖는다. 먼저 앞서 살펴보았듯이 전문어의 대부분은 명사류(명사, 의존 명사, 대명사, 무품사어)이다. 이는 전문어가 주로 전문 분야의 개념, 하위 분야, 기구, 재료, 물질, 전문가 등을 표현하기 위해 만들어진 단어들이라는 점에서 당연한 결과이다. 명사 외에 다른 품사의 전문어가 없는 것은 아니지만 그 수가 많지 않고, 또 이들 가운데에는 명사와 통용되거나 명사에서 파생된 것들이 대부분이다. 그리고 수사, 보조 동사, 보조 형용사, 조사, 어미, 어근은 전문어에는 없다.

　전문어에는 한자어와 외래어가 많다. 앞서 제시한 예들에서도 감탄사를 제외한 대부분의 전문어는 한자어와 외래어이다. 이는 전문 분야 자체가 대부분 다른 나라와의 교류를 배경으로 정립되면서 관련 어휘들이 같이 들어온 때문으로 이해할 수 있다. 전문어 가운데에는 복잡한 개념이 압축된 것들이 많아서 고유어로의 번역이 쉽지 않은 것도 전문어에 한자어와 외래어가 많은 이유 가운데 하나일 것이다.

단의성(單義性)도 전문어가 갖는 특성 가운데 하나이다. 전문어는 전문가 집단에서 효율적인 소통을 위해 만들어서 사용하는 단어들이다. 따라서 전문어는 의미의 폭이 좁고 정밀한 것이 특징이다. 물론 (29)의 '분석(分析)'과 같이 전문어 안에서도 다의성(多義性)을 갖는 것은 있다. 그러나 이는 한 단어가 둘 이상의 전문 분야에서 같이 쓰이는 것일 뿐이므로 일반어의 다의성과는 본질적으로 다르다.

(29) 분석(分析)
　　「1」 얽혀 있거나 복잡한 것을 풀어서 개별적인 요소나 성질로 나눔.
　　「2」 [논리] 개념이나 문장을 보다 단순한 개념이나 문장으로 나누어 그 의미를 명료하게 함.
　　「3」 [철학] 복잡한 현상이나 대상 또는 개념을, 그것을 구성하는 단순한 요소로 분해하는 일.
　　「4」 [화학] 물질의 성분, 즉 물질에 포함되어 있는 화합물, 단체, 원자, 분자의 조성과 함량 따위를 물리·화학적 방법을 써서 알아내는 일. 또는 그런 조작. 일반적으로 정량 분석과 정성 분석으로 크게 나눈다.

'분석(分析)'도 그러하지만 전문어 가운데에는 일반어의 의미가 축소되어 전문어로 쓰이는 것들이 꽤 있다. 예를 들어 (30)의 '굴절(屈折)'은 본래 '휘어서 꺾이는' 모든 현상을 뜻하는 일반어인데 그 대상이 물리 현상과 언어 현상으로 한정되어 각각 [물리] 분야와 [언어] 분야의 전문어로 쓰이기도 한다. (31)의 '활용(活用)'도 일반어의 의미가 축소되어 [언어] 분야의 전문어로 쓰이는 예이다.

(30) 굴절(屈折)
　　「1」 휘어서 꺾임.
　　「2」 생각이나 말 따위가 어떤 것에 영향을 받아 본래의 모습과 달라짐.

「3」 [물리] 광파, 음파, 수파 따위가 한 매질에서 다른 매질로 들어갈 때 경계면에서 그 진행 방향이 바뀌는 현상. ≒꺾임.

「4」 [언어] 주로 인도·유럽어에서, 낱말의 형태를 바꾸어서 시제·인칭·수·성·서법·태 따위를 나타내는 방법. 형태 바꿈에는 접사 부착, 모음 변이 따위가 있다. 명사·대명사·형용사의 성·수·격을 나타내기 위한 굴절을 곡용이라 하고, 동사의 시제·수·인칭·태를 나타내기 위한 굴절을 활용이라 한다. ≒굴곡「3」.

(31) 활용(活用)

「1」 충분히 잘 이용함.

「2」 [언어] 용언의 어간이나 서술격 조사에 변하는 말이 붙어 문장의 성격을 바꿈. 또는 그런 일. 국어에서는 동사, 형용사, 서술격 조사의 어간에 여러 가지 어미가 붙는 형태를 이르는데, 이로써 시제·서법 따위를 나타낸다. ≒끝바꿈·씨끝바꿈·어미변화.

일반어의 의미가 축소되어 전문어로 쓰이는 예를 들었지만 반대로 전문어의 의미가 확장되어 일반어로 쓰이기도 한다. 예를 들어 (32)는 [의학] 분야의 전문적인 행위인 '수술(手術)'을 행위의 배경(문제), 목적(개선), 방식(조치) 등의 유사성에 따라 일상생활의 행위에 비유적으로 적용하면서 이에 맞춰 전문어의 의미가 확장된 것으로 이해할 수 있다. [군사] 분야의 전문어인 (33)의 '전략(戰略)'도 일상생활을 전쟁에 비유하면서 그 의미가 확장되었다.

(32) 수술(手術)

「1」 [의학] 피부나 점막, 기타의 조직을 의료 기계를 사용하여 자르거나 째거나 조작을 가하여 병을 고치는 일. 환부를 열고 하는 개방 수술과, 환부를 열지 않고 하는 무혈적 수술이 있다.

「2」 어떤 결함 따위를 근본적으로 고치는 일을 비유적으로 이르는 말.

(33) 전략(戰略)

「1」 [군사] 전쟁을 전반적으로 이끌어 가는 방법이나 책략. 전술보다 상
위의 개념이다.

「2」 정치, 경제 따위의 사회적 활동을 하는 데 필요한 책략.

한편 (34)와 같이 동일한 대상이 전문어와 일반어에서 다른 말로 나타
나기도 한다. 예를 들어 'NaCl의 화학식을 갖는, 짠맛의 흰색 결정체'를
전문어로는 '염화 나트륨(鹽化Natrium)'이라고 하고 일반어로는 '소금'이
라고 한다. '청산가리'(석탄 가스를 정제할 때 산화 철에 흡수되어 생긴
사이안화물로 만든, 독성이 강한 물질)도 전문어인 '사이안화 칼륨(cyan化
Kalium)'을 일상적으로 이르는 말이다.

(34) 염화 나트륨鹽化Natrium[화학]/소금, 사이안화 칼륨cyan化Kalium[화학]/
청산가리靑酸加里, 탄산 나트륨炭酸Natrium[화학]/소다soda, 감기[의
학]/고뿔, 선택형[교육]/객관식, 서답형書答型[교육]/주관식, 경찰 공무원
[법률]/경찰관, 조젯Georgette[수공]/깔깔이, 칠창漆瘡[한의]/옻, 이촉[의
학]/이뿌리, 육절보리풀[식물]/개미피, 웅화수雄花穗[식물]/개꼬리, 두부
백선頭部白癬[의학]/기계독機械毒, 광두정廣頭釘[건설]/대갈못

(34)의 전문어들 가운데에는 외래어나 한자어로서 일반인들이 쓰기에 쉽
지 않은 것들이 많다. 일상생활에서 이를 다른 말로 표현한 것은, 그것이
전부는 아니겠지만, 이러한 어려움을 피하기 위한 수단이었을 것이다. 예
를 들어 한자에 대한 어느 정도의 지식을 필요로 하는 '광두정廣頭釘'보
다는 '대갈못'이 일반인들에게는 훨씬 더 쓰기가 쉬웠을 것이다.

2.3.3. 은어

은어(隱語)는 특정한 사용자 집단에서 비밀스럽게 사용되는 어휘를 말

한다. 은어는 '특정 집단'에서 사용된다는 점에서 전문어와 같다. 다만 은어는 '비밀스럽게' 사용된다는 점에서, 곧 '비밀 유지'의 목적으로 쓰인다는 점에서 전문어와 다르다. 은어는 특성상 전문적인 일을 하거나, 조직을 유지하거나, 생활을 편리하게 하는 데 비밀 유지를 필요로 하는 상인들, 심마니(산삼 채취꾼)들, 범죄인들 사이에서 활발하게 쓰인다. 이 밖에 은어는 남사당패, 무당, 군인, 승려 등 다양한 사용자 집단에서 때로는 광범위하게 때로는 일부 개념에 한정하여 쓰인다.

상인들이 사용하는 은어는 '수(數)'에 관련된 것들이 많은데 업종과 지역에 따라 일정한 차이를 보이기도 한다. 예를 들어 숫자 1은 평화시장(피복)에서는 '야리'로, 경동시장(청과물)에서는 '먹주'로, 남대문시장(메리야스)에서는 '건'으로 쓰인다(김종훈 외 3인 1985/2005: 101). 상인들의 은어 가운데 소 장수들이 사용하는 은어는 그 나름의 질서를 가지고 있어서 주목을 끈다. 『표준국어대사전』에 등재된 소 장수들의 은어를 정리하면 다음과 같다.

(35) 소 장수들의 은어 체계(단위 '냥兩')

구분	10단위 (적은+α)	100단위 (α)	150단위 (α+질러)	1,000단위 (큰+α)
1				장수
2		명이	명이질러	큰명이
3		튕이	튕이질러	큰튕이
4		적은절	절질러	큰절
5	적은질러	질러	두질러	큰질러
6		임자	임자질러	큰임자
7		건너	건너질러	큰건너
8		나무	나무질러	큰나무
9		뺑뺑이		큰뺑뺑이

소 장수들의 은어는 100단위(α)를 기본으로 하여, 10단위(적은α)는 앞에 '적은'을 붙이고, 150단위(α질러)는 뒤에 '질러'를 붙이고, 1,000단위(큰α)는 앞에 '큰'을 붙이는 형태론적으로 정연한 체계를 가지고 있다. 대응하는 작은 단위가 없는 '장수(1,000냥)'를 제외하면 유일한 예외는 '적은절(400냥)'이다. '적은절'은 규칙상으로는 '절'로 나타나야 어울린다. '두질러(550냥)'도 형태상으로는 예외적인 것처럼 보이지만 규칙상으로 '질러질러'로 표현해야 할 것을 다른 방식으로 표현한 것일 뿐이다.

심마니들의 은어는 그 수가 많을 뿐만 아니라 산삼을 이르는 말, 동물을 이르는 말, 음식(재료)을 이르는 말, 자연을 이르는 말 등 다양하게 나타난다. 이 가운데 일부 예를 제시하면 다음과 같다.

(36) 심마니들의 은어
    가. '삼(蔘)'을 이르는 말
        내피(이 년생 산삼), 동자심(동자삼), 두닢쌍대(잎이 둘 난 산삼), 세닢부치(잎이 셋 난 산삼), 육구만(잎이 여섯 난 산삼), 무둑시리(한 곳에 무더기로 자라나는 삼), 반들개(산삼의 새싹)
    나. '동물'을 이르는 말
        대추니/도루발이/산개/산주인/왕눈이(호랑이), 가다니(송충이), 가잣매(다람쥐), 넙대/곰페(곰), 귀애기(닭), 노승(쥐), 누룽이(소), 딱가지(뱀)
    다. '음식(재료)'를 이르는 말
        감사(고추장), 곰소/백사(소금), 더너구(빈대떡), 듭새(버섯), 모새/모래미(쌀), 무리미(밥), 버스스리(고기), 새루갱이(국수), 아랑주(술), 아라즈이(소주)
    라. '자연'을 이르는 말
        건믈게/설레(바람), 노래기/빗치(해), 데팽이(안개), 무두(나무), 숨/수음(물), 야사/야심(밤), 얼경이(덤불)
    마. 기타
        감잡이(낫), 낼날(매일), 꼽쟁이(담뱃대), 넙데기(수건), 노랑지기

(병), 동년(산막), 되나지(똥), 수룽대(오줌), 디디미(신발)

이 밖에 주요 사용자 집단별 은어의 예를 (37)에 제시한다. (37가)는 남사당패의 은어로서 '성씨(姓氏)'를 나타내는 'X쇠' 형태의 단어들이다. 그리고 (37나)는 범죄 단체(죄수)에서 사용하는 은어, (37다)는 무당들이 사용하는 은어, (37라)는 군인들이 사용하는 은어, (37마)는 예전에 백정들이 사용하던 은어, (37바)는 절(승려)에서 사용하는 은어이다.

(37) 가. 남사당패의 은어
갈래쇠(하河씨), 실지쇠(이李씨), 왕눈이쇠(황씨), 웃는쇠(오씨), 중년쇠(민閔씨), 개비쇠(김金씨), 마빡쇠(백白씨), 지하쇠(지池씨), 논달쇠(피皮씨), 마른쇠(양梁씨), 신문쇠(채蔡씨), 외딴쇠(맹씨)
나. 범죄 단체(죄수)의 은어
강아지(담배), 개꼬리(담배꽁초), 팔찌(수갑), 큰집(교도소), 빵(감방), 사진관(면회실), 검정개(경찰), 짭새(경찰관), 깜둥강아지(순경), 떡(마약), 달걀빵(총살, 사형)
다. 무당의 은어
감대(노인), 노보(당주堂主), 발쩌(바리데기), 보신개(초롱), 손짜(손님굿), 좌락(자바라), 초꼬리(꽃노래굿), 해주(젊은 여자), 칸살(박자)
라. 군인의 은어
깎사(이발사), 바가지(헌병), 건빵(육군), 갈참(제대가 얼마 안 남은 고참), 말똥(영관급 장교), 인삼탕(뭇국)
마. 백정의 은어
감김치(잡기 직전의 소에게 주는 먹이), 나리가마(훈장訓長), 나리출또(소가 도살장 안으로 끌려 들어옴), 날라라/떨림이(오른손)
바. 절(승려)의 은어
반야탕般若湯/곡곡차(술), 칼나물(생선), 호박(쇠고기), 능소회能所會(비역)

은어는 명사에 극심하게 편중되어 있다. 『표준국어대사전』 등재어를 기준으로 명사를 제외한 은어는 (38)이 전부다. 이 가운데 동사가 26개로 제일 많고, 수사, 형용사, 부사, 감탄사는 통틀어 6개에 지나지 않는다.

(38) 가. 동사
걸달다(동냥하다), 공사하다(고문하다), 굴치다(굴뚝을 막다), 기둥 팔리다(절름거리다), 깡거리다(싸우다), 깻박치다(그릇 따위를 떨어 뜨려 속에 있던 것이 산산이 흩어지게 만들다), 꿀리다/무그리다(자 다), 나꾸다/할퀴다(훔치다), 나체밀다/넉새하다(성교하다), 넉치다/ 따시다(도둑질하다), 다부리다(먹다), 달다(얻다), 대가다(배를 오른 쪽으로 저어 가다), 멧집짓다(산에 오르다), 새보다(망을 보다), 설보 다(소매치기하다/도둑질하다), 실여있다(기다리다), 죽다(감옥에 가 다), 쥐다(가다), 쥐엄질하다(훔치개질하다), 코보다(망보다), 흘림이 재다(비가 오다)

나. 수사
상미두(넷), 옥상(여섯)

다. 형용사
노랑지다(나쁘다, 싫다, 아프다, 험하다)

라. 부사
대빵(크게 또는 할 수 있는 대까지 한껏)

마. 감탄사
워대(산을 탈 때 연락 신호로 외치는 소리), 이리연초('이곳에 모여 쉬자'는 뜻의 구령)

은어는 단어 형성의 측면에서 보통의 단어와는 다른 형태론적 특성을 보이기도 한다. 앞서 살펴보았듯이 소 장수들의 수(數) 관련 은어는 '적은 +α, α, α+질러, 큰+α'와 같은 특별한 방식으로 만들어진 것들이다. (39)와 같이 원말의 순서를 바꿔 새로운 형태의 단어를 만드는 것도 우리말에서 일반적인 단어 형성법은 아니다.

(39) 곰소(소금), 식자(자식), 남사(사람), 지바(바지)

또한 은어 가운데에는 (40)과 같이 한자(어)의 특성을 활용하여 만들어진 것들도 있다. '박상'은 음('외')으로 쓰인 한자어 원말의 일부('外')를 훈('밖[박]')으로 바꿔 쓴 것이다. '항'은 고유어 원말('모가지')을 그것을 뜻하는 한자('項')의 음으로 쓴 것이다. 그리고 '접시꾼'은 원말('사기詐欺')을 그것의 동음이의어('사기沙器')와 관련된 말('접시', 사기沙器로 만듦)로 바꿔 쓴 것이다.(김종훈 외 3인 1985/2005: 24 참조)

(40) 박상(外傷), 항(모가지, 項), 접시꾼(사기꾼)

이와 같이 은어의 형성 방식이 특별한 것은 은어가 비밀 유지를 목적으로 만들어진다는 것과 관련이 있다. 곧 일반적인 단어 형성 방식에서 의도적으로 벗어남으로써 일반인들이 보통의 언어 지식으로는 이해하기 어려운 단어들을 만들고, 이를 통해 비밀 유지의 목적을 효율적으로 달성할 수 있는 것이다. 은어에 특징적인 것은 아니지만 '팔찌(수갑), 매미(접대부), 돼지발톱(만년필), 건빵(육군), 바가지(헌병)' 등과 같이 일반적으로 쓰이는 말이 은유, 환유 등의 비유를 통해 은어로 쓰이는 것도 이와 무관하지 않을 것이다.

한편 은어는 특정 집단에서 비밀 유지를 목적으로 만들어 쓰는 것이지만 '큰집(교도소), 짭새(경찰관), 빵(감옥)' 등과 같이 일반인들에게 알려져 널리 쓰이는 것들도 있다. 이렇게 은어가 특정 집단의 테두리를 넘어 일반인들에게 알려지게 되면 더 이상 비밀 유지의 기능을 갖지 못하므로 은어로서의 지위도 약화될 수밖에 없다. 후술할 속어와의 구별이 어려운 은어가 적지 않은 것은 이런 까닭에서이다.

2.3.4. 속어

속어(俗語)는 통속적으로 쓰이는 저속한 말을 말한다. 속어는 비어(卑語)와 구별하기도 하지만 대체로 '품위가 낮은, 점잖지 못한, 천한' 뜻을 나타내는 공통성이 있어서 그 구별이 쉽지 않다. 비어와 속어를 합쳐 비속어(卑俗語)라고도 하는 것은 이런 까닭에서이다. 본서에서는 속어가 비어를 포괄하는 것으로 본다. 한편 속어는 기존의 일반적인 말을 '재밌게, 새롭고 신선하게, 친근하게' 바꿔 씀으로써 '표현의 효과'를 높이려는 의도에서 만들어지는 것이 보통이다. 그 결과 속어에는 '재치 있고 장난스러운' 표현들도 많다.

속어는 일상생활에서 널리 쓰인다는 특성('통속성')에서 붙여진 이름이지만 그 가운데에는 특정한 집단에서 주로 사용되어 은어와의 구별이 어려운 것들도 있다. 예를 들어 범죄 단체(죄수)에서 주로 쓰이는 말이라는 공통점이 있지만 『표준국어대사전』에는 '큰집(교도소), 빵(감방)'은 은어로, '콩밥(밥), 똘마니(졸개)'는 속어로 다르게 올라 있다. 대학생들 사이에서 자주 쓰이는(혹은 쓰이던) '권총(F학점), 즐공(즐겁게 공부함), 출첵(출석 체크), 째다(결석하다)' 등도 은어인지 속어인지의 판단이 쉽지 않다. 본서에서는 비밀 유지보다는 표현의 효과 차원에서 만들어져 쓰이는 특성이 강한 것으로 보아 이들은 대체로 속어의 성격을 갖는 것으로 본다.

속어는 여러 품사에 두루 나타난다. 주로 명사에 편중된 전문어, 은어와 달리 속어는 명사, 동사, 형용사, 부사 등의 주요 품사에 고루 분포하며 대명사와 감탄사에도 일부 있다. 다만 수사, 관형사, 조사에는 속어가 없다. 그리고 관용어 형식의 속어도 적지 않다. 주요 예를 품사별로 제시하면 다음과 같다.[16]

---

16) 이는 『표준국어대사전』에 '속되게 이르는 말'과 '비속하게 이르는 말'로 등재된 것 가운데에서 일부를 제시한 것이다. 후술하겠지만 속어는 그 특성상 사전

(41) 가. 명사

가오(체면), 개뿔(하찮은 것), 고딩(고등학생), 구라/뻥(거짓말), 깽판
(일을 망치는 짓), 꽃뱀(돈을 목적으로 남자를 유혹하는 여자), 낯짝
(낯), 노가리(잡담/거짓말), 닭살(소름), 똥차(결혼, 졸업 등의 시기를
놓친 사람), 맞장(일대일의 싸움), 무데뽀(신중하지 않음), 밥줄(먹고
살 수단), 불장난(무분별한 사랑), 빠구리(성교), 상판대기(얼굴), 썰
(의견), 아가리/여물통/주둥이(입), 약(뇌물), 장땡(최고), 짝퉁(가짜),
촌닭(촌스러운 사람)

나. 동사

갈구다(괴롭히다), 개기다(반항하다), 구기다(찌푸리다), 기다(꼼짝
못하다), 까다(옷을 벗다/때리다/비난하다/마시다/보여 주다/밝히다/
입을 놀리다), 까먹다, 꺾다(술을 마시다), 꼬시다/낚다(꾀다), 꼴리다
(발기하다/하고 싶은 마음이 생기다), 돌다(성이 나다/머리에 이상이
생기다), 따먹다(정조를 빼앗다), 땡땡이치다(열심히 하지 않다), 받
다(대들다), 볶다(파마하다), 붙다(성교하다), 뽀록나다(드러나다), 생
까다(모르는 체하다), 씹다(비난하다/답하지 않다), 조지다(망치다),
지르다(사다), 쪼개다(웃다), 토끼다(도망가다)

다. 형용사

기똥차다(기막히다), 띨띨하다(어리석다), 빡세다(고되다), 쥐방울만
하다(작다), 빵빵하다(속이 꽉 차다/영향력이 크다), 뻘쭘하다(어색하
다), 짜다(인색하다), 쪼잔하다(마음 쓰는 폭이 좁다), 찌질하다(보잘
것없다), 찝찝하다(개운하지 않다), 칠칠맞다(단정하다/야무지다), 후
지다(품질이나 성능이 뒤떨어지다)

라. 부사

끽(고작), 왕창(큰 규모로), 왕창왕창, 짱(아주, 몹시), 회까닥(갑자기
정신이 이상해지는 모양), 개좆같이, 개코같이, 무쪽같이(못나게), 자
발머리없이(자발없이), 채신머리없이(채신없이), 치신머리없이(치신

에 등재되지 않는 일이 흔하다. 참고로 국립국어연구원(2002: 74)에 따르면
'속되게 이르는 말'은 일반적으로 사용되는 속어를, '비속하게 이르는 말'은
비하하는 의미가 있는 속어를 말한다.

없이)

마. 대명사

이놈, 그놈, 저놈, 요놈(요것), 고놈(고것), 조놈(조것)

바. 감탄사

어렵쇼(어어)

사. 관용어

가지고 놀다(놀리다), 개판 오 분 전(무질서한 상황), 고무신을 거꾸로 신다(여자가 사귀던 남자와 헤어지다), 골 때리다(황당하다), 기름을 치다(뇌물을 쓰다), 꼬리를 치다(아양을 떨다), 떡을 치다(성교하다), 똥오줌을 못 가리다(사리 분별을 못하다), 뚜껑이 열리다(화가 나다), 모가지를 자르다(직장에서 쫓아내다), 박이 터지다(신경이 쓰이다), 엿 먹이다(골려 주다), 이빨을 까다(이야기하다), 필름이 끊기다(정신을 잃다),

속어 가운데에는 속어를 만드는 특정한 형태가 덧붙어 만들진 것들이 많다. 예를 들어 (42)는 '놈, 년, 새끼, 것, -쟁이' 등 사람(혹은 동물)을 낮잡아 이르는 말이 덧붙어서 만들어진 속어들이다. 참고로 (42가, 나, 다)는 본래 사람을 뜻하는 말에 저속한 뜻만 덧붙은 것('X놈=X')과 '사람'의 뜻도 덧붙은 것('X놈=X인 놈')을 빗금(/)으로 구별한 것이다. 예를 들어 '사내놈'은 '사내'의 속어이며, '이놈'은 '이 사람, 이 아이, 이것'의 속어이다. (42라, 마)의 예는 모두 후자와 같다.

(42) 가. 사내놈, 중놈 / 이놈, 그놈, 저놈, 만놈, 상常놈, 야지野地놈, 역驛놈, 양洋놈, 종놈, 큰놈

나. 계집년, 통지기년, 화냥년 / 이년, 그년, 저년, 상常년, 양洋년, 왜倭년, 종년

다. 거지새끼, 사내새끼, 손자새끼, 쇠새끼, 애새끼, 자식새끼 / 개새끼, 쥐새끼, 멧괴새끼

라. 갓난것(갓난아이), 달린것(부양가족), 미친것, 잡것

마. 대갈쟁이, 맨상투쟁이, 병쟁이, 불쟁이, 얌치쟁이, 연극쟁이, 예수쟁이, 천주학쟁이, 풍수쟁이, 희극쟁이

(43)도 특정한 형태가 덧붙어서 만들어진 속어들이다. (43가)는 '-머리, -딱지, -대가리' 등 본래 '비하'의 뜻을 갖는 말이 덧붙어서 만들어진 것들이다. (43나)는 덧붙은 말이 '비하'의 뜻이 없거나('덩이') 현대 국어에서 독립된 형태로 분석하기 어려운('-깔, -빡') 속어들이다. (43)은 모두 저속한 뜻만 덧붙은 속어들이다. 예를 들어 '넉살머리'는 '넉살'을, '간덩이'는 '간'을 저속하게 이르는 말이다.

(43) 가. '-머리'(넉살머리, 등살머리, 인정머리, 정신머리, 주변머리, 주책머리), '-딱지'(골딱지, 심술딱지, 화딱지), '-대가리'(겁대가리, 맛대가리)
나. '-덩이'(간덩이/간땡이, 골칫덩이), '-깔'(눈깔, 외눈깔, 생눈깔, 소눈깔), '-빡'(머리빡, 대갈빡, 이마빡)

덧붙는 말은 기존의 말 자체가 저속한 말일 때에는 그 정도를 더하는 효과가 있다. 예를 들어 본래 '머리'의 속어인 '대갈(=대가리)'에 다시 '-빡'이 붙으면 그 저속한 뜻이 한층 강화된다. (44)도 본래 속어인 말에 '개-, 불-'이 붙어서 저속한 정도가 더 심해진 속어들이다.

(44) '개-'(개상놈, 개도둑년), '불-'(불상놈/불쌍놈, 불상년/불쌍년)

기존의 말을 활용한 것이 많다는 것도 속어의 주요 특성 가운데 하나이다. (45가)는 그 뜻에는 아무런 관련이 없이 기존 단어의 형태만 활용하여 만들어진 것들이다. (45나)는 속성의 유사성을 바탕으로 기존 단어 혹은 구의 형태를 빌린 것들이다. 이들은 '저속한' 말로서의 특성보다는 '재치 있고 장난스러운' 말로서의 특성이 더 뚜렷한 속어들이다.

(45) 가. 이태백(이십 대 태반이 백수), 갈비(갈수록 비호감), 돈키호테(돈 많고 키 크고 호감 있고 테크닉이 좋은 사람), 귀공자(귀한 공부 시간에 자는 자), 비실비실(B학점과 C학점이 많은 성적), 시들시들(C학점과 D학점이 많은 성적)

나. 쌍권총(2개의 F학점), 기관총(여러 개의 F학점), 수면제(졸리게 강의하는 교수), 양수기(침을 많이 튀기는 교수), 총장님 친서(학사 경고장), 우유 학점(3.4/특정 회사 우유 이름의 숫자), 조미료 학점(2.5/특정 회사 조미료 이름의 숫자), 흐리지 않는 강(휴강), 허위 자백서(엉터리 답안지)

(45가)도 그렇지만 속어 가운데에는 말의 첫머리를 따서 만든 두음절어(頭音節語)가 많다. 대학생을 비롯한 젊은 층에서 요즘 자주 쓰이는 예 가운데 일부를 제시하면 다음과 같다.

(46) 혼밥(혼자서 밥을 먹는 일 또는 그렇게 먹는 밥), 출첵(출석 체크), 국입(국어학 입문), 읽쓰(읽기와 쓰기), 갑분싸(갑자기 분위기가 싸해지다), 금사빠(금방 사랑에 빠지다), 솔까말(솔직히 까놓고 말해서), 지못미(지켜 주지 못해서 미안해), 흠좀무(흠, 좀 무섭군), 별다줄(별걸 다 줄이다), 볼매(볼수록 매력 있음), 피꺼솟(피가 거꾸로 솟다), 낄끼빠빠(낄 때 끼고 빠질 때 빠지다), 답정너(답은 정해져 있으니 너는 대답만 해라), 자만추(자연스러운 만남을 추구하다), 할많하않(할 말은 많지만 하지 않겠다)

말의 첫머리를 따서 만들었다는 공통성이 있지만 두음절어들의 문법적 성격은 단일하지 않다. '돈키호테, 쌍권총, 출첵, 국입' 등 본래의 말이 명사(구)인 것들은 당연히 명사로서의 문법적 자격을 가지며, 따라서 '그 사람이 돈키호테는 아니지만 ~', '오늘 국입 시간에 ~'와 같이 보통의 명사와 다름없이 문장에서 쓰인다. 이와 달리 '갑분싸, 지못미, 흠좀무' 등은 문장을 줄여 쓴 것들이므로 단어의 형식이지만 단어처럼 쓰이기는 어렵다.

이 밖에 속어 가운데에는 특정 계층, 특히 (대)학생을 비롯한 젊은 층에서 주로 쓰이는 것들이 많다. 앞서 살펴본 (45), (46)도 그러한 예들인데 이들 대부분은 기성세대에는 낯선 것들이어서 세대 간 의사소통의 장애물로 여겨지기도 한다. 이들은 비밀 유지를 목적으로 만들어진 것은 아니지만 결과적으로 은어에 준하는 성격을 일부 갖는 셈이다. 이들을 은어로 보기도 하는 것은 이런 까닭에서이다. 그리고 이들은 유행어(流行語), 임시어(臨時語)로서의 성격이 짙어서 사전에 등재되지 않는 것들이 많다.

2.3.5. 금기어와 완곡어

우리가 일상적으로 쓰는 말들 가운데에는 그것이 표현하는 대상이나 현상이 '두려움, 부끄러움, 더러움' 등 부정적인 느낌을 가져서 입에 담기를 꺼리는 말들이 있다. 이를 금기어(禁忌語)라고 한다. 그리고 금기어가 주는 부정적인 느낌을 완화하여 그 대신 쓰는 말을 완곡어(婉曲語)라고 한다.

죽음은 사람이 살아가면서 누구나 맞이해야 하지만 또 누구에게나 무섭고 두려운 현상이기도 하다. 완곡어 가운데 죽음에 관련된 것들이 많은 것은 이런 까닭에서이다. (47가)는 동사 '죽다'를 완곡하게 표현하는 말들이고, (47나)는 명사 '죽음'을 완곡하게 표현하는 말들이다.

(47) 가. 가다, 곁을 떠나다, 고동을 멈추다, 궂기다, 넘어지다, 눈이 꺼지다, 돌아가다, 목숨을 잃다, 불기하다, 선어하다(임금이 죽다), 세상을 등지다/뜨다/떠나다/하직하다, 숟가락을 놓다, 숨을 거두다, 숨이 꺼지다/끊어지다, 없다, 원서하다, 유명을 달리하다, 이승을 떠나다/뜨다/하직하다, 잘못되다, 잠들다, 장서하다, 저버리다(목숨을 끊다), 저승에 가다, 졸하다

나. 대우大憂(부모상), 물고物故, 불기不起, 선어仙馭(임금의 죽음), 원서

遠逝, 장서長逝, 졸卒, 만세후萬歲後(살아 있는 임금의 죽은 뒤), 잔디
찰방察訪(죽어서 땅에 묻힘)

사람의 신체 부위, 행위, 생리 현상을 표현하는 말 가운데 성(性)에 관련
된 것들도 '부끄러워' 입에 담기를 꺼려서 (48)에 예시한 것과 같은 완곡
어들이 쓰인다.

(48) 가. 가슴(젖가슴), 물건/잠지(남자의 성기), 아래/밑/소문小門(여자의 성
　　　　 기), 낭심囊心(고환睾丸), 뒤(엉덩이)
　　　 나. 관계/밤일/일/잠자리/부부 생활(성행위), 관계하다/밤일하다/잠자리하다
　　　 다. 몸엣것(월경)

배설에 관련된 말들도 '더러워' 직접 드러내어 말하기를 꺼려서 완곡어
가 발달해 있다. (49가)는 '배설물'을, (49나)는 '배설 행위'를, (49다)는
각각 '배설 장소'를 완곡하게 표현하는 말들이다.

(49) 가. 대소피(똥오줌), 대변/뒤(똥), 새벽뒤(어른들이 새벽에 누는 똥), 소변
　　　　 /소마/소피(오줌)
　　　 나. 볼일/일(용변), 보다(누다), 먼데를 보다(변소에 가다/똥을 누다), 대
　　　　 변보다/뒤보다, 소변보다/소마보다/소피보다
　　　 다. 뒷간/도통/동내/뜨개깃간/먼데/화장실/위생실/작은집(변소)

완곡어에는 다음과 같은 것들도 있다. (50가)는 부정적인 행위와 관련
된 사람 혹은 그 행위를 완곡하게 표현하는 말들이고, (50나)는 단편적으
로 나타나는 그 밖의 완곡어들이다.

(50) 가. 도공盜公/양상군자梁上君子(도둑), 복면객覆面客(복면강도), 태을도
　　　　 太乙道(도둑질), 부조리(부정행위), 직업여성(유흥업에 종사하는 여

성), 부랑자제(떠돌아다니며 방탕한 생활을 하는 청소년), 요설가妖
說家(요사스러운 수작을 잘 꾸며 대는 사람)
나. 옥獄밥(콩밥), 무도회장(나이트클럽), 앉아있다(나이 많은 사람이 살
아 있다), 낯알 구경을 하다(오래간만에 밥을 먹다), 몸이 비지 않다
(아이를 배다)

이 밖에 '간호사(간호원), 환경미화원(청소부), 가사 도우미(식모/파출
부), 목욕 관리사(때밀이)' 등 직업인을 나타내는 말들이 새롭게 만들어져
서 기존의 말을 대체하여 쓰이기도 한다. 완곡어라고까지 할 수는 없겠지
만 이들은 얼마간 부정적인 느낌을 주는 기존의 말들을 대신하는 것들이
라는 점에서는 완곡어와 다름이 없다.

한편 완곡어 가운데에는 속어가 동시에 존재하는 것들도 적지 않다.
예를 들어 '죽다'는 완곡어로 '가다'와 속어로 '뒈지다'가 있고, '성교하
다'는 완곡어로 '관계하다'와 속어로 '붙다'가 있고, '(똥오줌을) 누다'는
완곡어로 '(대소변을) 보다'와 속어로 '싸다'가 있다. 이처럼 완곡어와 속
어가 함께 존재하는 말이 많은 것은 이들이 우리의 일상생활과 밀접한
관련이 있는, 그리고 어떤 의도에서건 우리가 일상생활에서 많은 관심을
가지는 것을 표현하는 말들이기 때문일 것이다.

2.3.6. 존칭어와 비칭어

우리말은 높임법이 매우 발달한 언어이다. 문법 범주로서의 높임법(주
체 높임법, 상대 높임법)은 선어말 어미와 종결 어미에 의해 체계적으로
실현되지만 이 밖에도 우리말에는 화자, 청자(상대), 주체, 객체 등의 대화
관련자들(그리고 이들과 관련된 사람, 사물, 현상, 행위 등)을 높이거나
낮추는 어휘들이 발달해 있다. 이 가운데 사람이나 사물 등을 높이는 말을
존칭어(尊稱語, 높임말)라고 하고, 사람이나 사물 등을 낮추는 말을 비칭

어(卑稱語, 낮춤말)라고 한다.

먼저 우리말의 존칭어를 살펴보자. (51)은 대화의 상대, 곧 청자를 높이는 이인칭 대명사들이다. (51가)는 상위자(上位者)나 모르는 사람을 높여 이르는 이인칭 대명사들이고, (51나)는 동위자(同位者)나 하위자(下位者)를 높여 이르는 이인칭 대명사들이다. 이처럼 우리말에는 상위자는 물론 꼭 높여야 할 대상이 아닌 동위자나 하위자를 어느 정도 높여서 이르는 말들도 있다.

(51) 가. 당신, 노형, 님(인터넷에서), 여러분, 이이, 형씨, 귀하(貴下), 경자(卿子), 귀공(貴公), 귀관(貴官), 귀녀(貴女), 귀승(貴僧), 귀형(貴兄), 대형(大兄), 존하(尊下)

나. 자네, 그대, 임자, 군(君), 귀관(貴官), 귀군(貴君), 댁(宅), 아형(雅兄), 인제(仁弟), 인형(仁兄), 제군(諸君), 제자(諸子), 제형(諸兄), 존형(尊兄), 형장(兄丈)

(52)는 (문장에서 주어로 나타나는) 행위의 주체가 높임의 대상일 때 서술어로 쓰이는 동사들이다. 이와 같이 우리말 동사 가운데에는 행위의 주체가 높임의 대상일 때 이에 호응하여 서술어로 쓰이는 존칭어가 따로 있는 것들이 있다. 이들 가운데는 고유어도 있고 높임의 뜻을 나타내는 한자어에 '-하다'가 붙어서 만들어진 것들도 있다.

(52) 계시다(있다), 들다/자시다/잡수다(먹다), 돌아가다/작고作故하다(죽다), 주무시다(자다), 편찮다(아프다), 걸음을 하다(들르다), 탄생誕生하다(태어나다), 급서急逝하다(갑자기 죽다), 서거逝去하다(죽어서 세상을 떠나다)

(53)은 (문장에서 보통 목적어나 여격의 부사어로 나타나는) 객체가 높임의 대상일 때 서술어로 쓰이는 동사들이다. 이들 또한 모든 서술어에서

체계적으로 나타나는 것이 아니라 일부에 한정되어 있다. 이들 가운데 '받잡다, 뵙다, 여쭈다/여쭙다, 좇잡다'에는 중세 국어에서 객체 높임의 선어말 어미로 쓰였던 '줍'의 흔적이 남아 있다.

(53) 드리다(주다), 모시다(데리다), 받잡다(받다), 뵈다/뵙다(보다), 여쭈다/여
　　쭙다(묻다), 좇잡다(좇다)

　이 밖에 우리말에는 사람이나 사물 등을 나타내는 다양한 존칭어들이 발달했다. (54)는 높임의 대상이 되는 사람을 직접 높이는 말들이다. (54가)는 '아버지'와 '어머니'의 다양한 존칭 한자어들이고, (54나)는 '-님'이 붙어서 만들어진 존칭어들이고, (54다)는 존칭의 삼인칭 대명사들이다. 그리고 (54라)는 사람을 가리키는 그 밖의 다양한 존칭어들이다.

(54) 가. 가친家親/엄친嚴親(자기 아버지), 선친先親/부군府君(돌아가신 아버
　　　　지), 춘부장椿府丈/존대인尊大人(남의 아버지), 선대인先大人/선고장
　　　　先考丈(남의 돌아가신 아버지), 성고聖考(임금의 돌아가신 아버지),
　　　　자친慈親/자위慈闈(자기 어머니), 자당慈堂/대부인大夫人(남의 어머
　　　　니), 선대부인先大夫人(돌아가신 남의 어머니)
　　나. 아버님, 어머님, 누님, 형님, 고모님, 부처님, 손님, 임금님
　　다. 이분, 저분, 그분, 이이, 저이, 그이, 당신(재귀 대명사)
　　라. 늙으신네(늙은이), 바깥어른(바깥양반), 안어른(안주인), 오라버니(오
　　　　빠), 주인어른/주인장主人丈(주인), 노존老尊(노인), 사부인査夫人(안
　　　　사돈), 선사禪師(승려), 현수賢首(비구), 현형賢兄(친구)

　(55)는 높임의 대상이 되는 사람을 간접적으로 높이는 말들이다. (55가)는 그 사람과 관련된 다른 사람을 높여서, (55나)는 그 사람과 관련된 사물, 행위, 현상 등을 높여서 궁극적으로 높임의 대상이 되는 사람을 높이는 존칭어들이다.

(55) 가. 따님/영애令愛(남의 딸), 아드님/영식令息(남의 아들)

　　나. 말씀(말), 진지(밥), 간자(숟가락), 신관(얼굴), 댁宅(집), 연세年歲/춘추春秋(나이), 생신生辰(생일), 존함尊銜(이름), 고견高見(의견), 작고作故(죽음), 옥고玉稿(원고), 노환老患(늙어서 생기는 병), 침수寢睡(잠), 혜량惠諒(살펴서 이해함)

한편 우리말에는 (56)과 같이 자연물, 동물 등을 의인화하여 높여 이르는 말도 있다. 이들은 '달, 해, 별' 등의 자연물에는 고유어 접미사 '-님'이 붙어서, '개, 소, 원숭이' 등의 동물은 이를 뜻하는 일음절 한자에 한자어 접미사 '-공(公)'이 붙어서 만들어진 것들이다.

(56) 가. 달님, 해님, 별님

　　나. 견공犬公(개), 우공牛公(소), 원공猿公(원숭이)

다음으로 비칭어를 살펴보자. 우리말의 비칭어도 청자(이인칭), 다른 사람, 사물, 현상, 행위 등을 나타내는 말에 다양하게 분포한다. 그리고 비칭어 가운데에는 존칭어와 달리 화자를 낮추어 이르는 말들도 상당수 있다.

(57)은 대화의 상대인 청자를 낮추어 이르는 이인칭 대명사들이다. '이놈, 이년, 네놈, 네년'은 낮추는 뜻을 나타내는 '년, 놈'이 결합한 말이고, '이녁, 거기'는 본래 장소를 가리키는 말이 사람을 가리키는 말로 쓰이게 된 것이다. 그리고 '당신'은 비칭어('당신이 뭔데 참견이야.')로도 쓰이고 존칭어('당신의 희생을 잊지 않겠습니다.')로도 쓰이는 말이다.

(57) 이놈, 이년, 네놈, 네년, 이녁, 거기, 당신

(58)은 다른 사람을 낮추어 이르는 말들이다. (58가)는 비칭의 친족어

(親族語)들이고, (58나)는 의존 명사들이다. (58다)는 삼인칭의 대명사들이다. 이 가운데 '이것, 그것, 저것'과 '요것, 고것, 조것'은 본래 사물을 가리키는 지시 대명사들이 사람을 가리키는 인칭 대명사로 쓰이게 된 것들이고, 나머지는 사람을 낮추는 뜻을 가진 '놈, 년, 자, 치' 등의 의존 명사가 결합한 말들이다. (58라)는 다른 사람을 낮추어 이르는 그 밖의 다양한 말들이다.

(58) 가. 아비(아버지), 어미(어머니), 계집(여자), 아재(아저씨), 아재비(아저씨, 아주버니), 아주미/아줌마(아주머니), 오라범/오라비(오라버니), 바깥사람(남편), 안사람/가속家屬(아내)

나. 녀석/놈/자식子息(남자), 년(여자), 자者/치(사람)

다. 이놈/그놈/저놈, 이년/그년/저년, 이자/그자/저자, 이치/그치/저치, 이 것/그것/저것, 요놈/고놈/조놈, 요년/고년/조년, 요것/고것/조것

라. 붓쟁이(학자)/감투쟁이(감투 쓴 사람), 가시아비(장인)/가시어미(장모), 개놈/개년(행실이 나쁘거나 매우 못된 사람), 가난뱅이(가난한 사람)/건달뱅이(건달), 객꾼(객)/건달꾼(건달), 종간나(여종), 가르친 사위(남이 가르치는 대로만 하는 사람), 각설이(장타령꾼), 간장보기 (참견하기 좋아하는 사람), 감돌이(사소한 이익을 탐내어 덤비는 사람), 감자바위(강원도 출신의 사람), 강것(강가에 사는 사람), 개구멍서방(남몰래 드나들며 남편 행세를 하는 남자), 견마지류犬馬之類 (낮고 천한 사람들), 공돌이/공순이(공장에서 일하는 남자/여자)

이 밖에 낮추어 이르는 말에는 (59)와 같은 것들이 있다. (59가)는 신체 부위를 나타내는 비칭어들이고, (59나)는 말, 음식, 행위 등을 나타내는 그 밖의 비칭어들이다. 그리고 (59다)는 대명사와 관형사 비칭어들이고, (59라)는 동사와 형용사 비칭어들이다.

(59) 가. 이빨, 머리통, 젖통/젖퉁이, 더수구니(뒷덜미), 가죽(사람의 피부), 머

릿살(머리, 머리의 속), 보라지(뺨), 손모가지(손, 손목), 발모가지(발, 발목), 귀싸대기(귀와 뺨의 어름), 귀퉁머리(귀의 언저리)

나. 꼬부랑말(영어 따위의 말), 꼴(사람의 모양새나 행태/어떤 형편이나 처지), 똥국(군대의 된장국), 개노릇(앞잡이 노릇), 중노릇(승려 생활), 계집질, 선생질

다. 이따위/그따위/저따위, 요따위/고따위/조따위, 요/고/조 (녀석), 네까짓 (놈)

라. 중노릇하다, 계집질하다, 지껄이다(말하다), 감다(옷을 입다), 굴러먹다(갖은 이력을 다 겪다), 꼬나물다(입에 물다), 꼬나보다(노려보다), 짖다(떠들썩하게 지껄이다), 휘감다(호사스럽게 입다), 긴소리하다(긴말하다), 처지르다(처박다), 층하層下하다(소홀히 대접하다), 꺼벙하다(모양이나 차림새가 거칠고 엉성하다), 귀살머리쩍다(귀살쩍다)

비칭어 가운데에는 자기 자신이나 자기에게 관련된 다른 사람, 사물, 행위, 현상 등을 낮추는 말들이 있는데 이를 겸양어(謙讓語)라고 한다. 겸양어는 낮추는 말이지만 궁극적으로는 자신을 낮춤으로써 다른 사람을 높이는 효과를 갖는 말들이다. (60)은 화자가 자신을 낮추는 일인칭의 대명사들이다. 이와 같이 우리말에는 '저, 저희'와 같이 특별한 조건 없이 폭넓게 쓰이는 것들 외에도 화자의 성(性), 화자와 청자의 관계, 화자의 지위나 신분 등에 따라 다르게 쓰이는 겸양어들이 매우 많다.

(60) 저, 저희, 아비(아버지가 자식들에게), 어미(어머니가 자식들에게), 소자小子/불초不肖(아들이 부모에게), 이놈/소인小人/쇤네(남자), 이년/소녀小女(여자), 소매小妹(여동생이 오빠나 언니에게), 소승小僧/빈승貧僧/납자衲子(승려), 노부老夫(늙은 남자), 노신老臣(늙은 신하가 임금에게), 미관微官(관리), 우형愚兄(형뻘 되는 사람이 아우뻘 되는 사람에게), 우제愚弟(아우뻘 되는 사람이 형뻘 되는 사람에게), 소질小姪(조카가 아저씨에게)

(61)은 자기에게 관련된 다른 사람을 낮추어 겸양의 뜻을 나타내는 말들이다. (61가)는 자기의 자식을 가리키는 겸양어들이고, (61나)는 자기의 남편과 자기의 아내를 가리키는 겸양어들이다. 그리고 (62)는 자기에게 관련된 사물, 행위, 현상 등을 낮추어 겸양의 뜻을 표현하는 말들이다. 이 가운데에는 '우비(愚鄙)'와 같이 '하다'와 결합하여 형용사로 쓰이는 것도 있다.

(61) 가. 아들놈/가돈家豚/돈견豚犬(아들), 큰놈(큰아들), 작은놈(작은아들), 딸년/계집애(딸), 아이/자식놈/천식賤息(자식)

　　 나. 아비/지아비(남편), 어미/지어미/가권家眷/과처寡妻/졸처拙妻(아내)

(62) 말씀(말), 모사茅舍/봉려蓬廬(집), 미양微恙(병), 비문卑門(가문), 우견愚見(견해), 일촌단심一寸丹心(정성이나 진심), 천령賤齡/견마지년犬馬之年(나이), 견마지로犬馬之勞(노력), 견마지심犬馬之心(충성하는 마음), 견효犬效(공로), 고주苦酒(남에게 권하는 술), 난필亂筆/둔필鈍筆(글씨), 우비愚鄙(재능), 우비愚鄙하다(재능이 모자라다)

한편 비칭어는 (비)속어와 구별이 쉽지 않을 때가 있다. 일부 비칭어와 속어는 '비하'를 뜻하는 공통된 속성이 있기 때문이다. 본서에서는『표준국어대사전』등재어에 대해서는 '속되게 이르는 말'과 '비속하게 이르는 말'은 속어로 보고, '낮춤말'과 '낮추어 이르는 말'과 '낮잡아 이르는 말'은 비칭어로 보았다.[17] 그러나 (63)에서 제시한 '이놈'의 예에서 확인할

---

17) 국립국어연구원(2002: 74)에 따르면『표준국어대사전』에서 '낮잡아 이르는 말'은 비하하는 표현을, '낮추어 이르는 말'은 겸양의 표현을 말한다. 한편 앞서 살펴보았듯이 '속되게 이르는 말'은 일반적으로 사용되는 속어를, '비속하게 이르는 말'은 비하하는 의미가 있는 속어를 말한다. 이와 같이 비칭어 가운데 '낮잡아 이르는 말'과 속어 가운데 '비속하게 이르는 말'은 '비하'의 공통된 뜻을 갖는다.

수 있듯이 그 구별은 분명하지 않다.

(63) '이놈'의 뜻풀이(『표준국어대사전』)

　　가. 말하는 이에게 가까이 있거나 말하는 이가 생각하고 있는 남자를 <u>비속하게 이르는</u> 삼인칭 대명사.

　　　¶여봐라, 이놈을 매우 쳐라!

　　나. 남자가 윗사람을 상대하여 자기를 <u>낮추어 이르는</u> 일인칭 대명사.

　　　¶이놈이 모르고 그랬으니 벌을 내려 주십시오.

　　다. 듣는 이가 남자일 때, 그 사람을 <u>낮잡아 이르는</u> 이인칭 대명사.

　　　¶길상아, 이놈! 뭘 꾸물거리고 있느냐!

　　라. '이 아이'를 <u>비속하게 이르는</u> 삼인칭 대명사.

　　　¶이놈이 벌써 세 살이야!

　　마. '이것'을 <u>속되게 이르는</u> 말.

　　　¶이놈 가져다가 솥에 푹 삶아 먹어라.

　　바. (('이놈의' 꼴로 쓰여)) 말하는 이에게 가까이 있거나 말하는 이가 생각하고 있는 대상을 <u>속되게 이를</u> 때 쓰는 말.

　　　¶이놈의 차가 또 말썽이군.

　우리말의 존칭어와 비칭어는 높이지도 않고 낮추지도 않고 보통으로 이르는 말인 평칭어(平稱語, 예사말)에 대응하여 나타난다. 그러나 이들의 대응 관계는 어휘에 따라 일정한 차이를 보인다. 다음 예들을 살펴보자.

(64) 가. 존칭어-평칭어-비칭어

　　　예) 아버님-아버지-아비, 말씀하다-말하다-지껄이다

　　나. 존칭어-평칭어

　　　예) 진지-밥, 주무시다-자다

　　다. 평칭어-비칭어

　　　예) 나-저, 입다-감다

(64가)는 평칭어에 대응하는 존칭어와 비칭어가 모두 존재하는 말들이다. (64나)는 평칭어와 존칭어가 대응하는 말들이다. (64다)는 평칭어와 비칭어가 대응하는 말들이다. 아울러 우리말 평칭어 가운데 이에 대응하는 존칭어와 비칭어가 있는 것은 극히 일부에 지나지 않는다. 이와 같이 우리말에서 평칭어를 중심으로 한 존칭어와 비칭어의 대응 관계는 그리 체계적이지 않다.

2.4. 형식에 따른 어휘 유형

어휘를 사전 기술의 대상을 모두 포괄하는 것으로 폭넓게 이해하면 그 형식적 특성(크기)에 따라서도 어휘를 유형화할 수 있다. 먼저 어휘는 그 기본이 되는 단어를 중심으로 단어와 단어가 아닌 것(비단어)으로 나뉜다. 그리고 단어는 다시 형태론적으로 단일한 것(단일어)과 형태론적으로 복합적인 것(복합어)으로 나뉘고, 비단어는 다시 단어보다 작은 것(어근, 접사, 어미)과 단어보다 큰 것(관용어)으로 나뉜다.

(65) 어휘의 형식적 유형

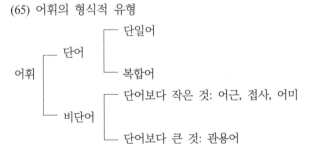

이 가운데에서 단일어와 복합어는 어휘론적 지위의 측면에서 다름이 없다. 곧 단일어와 복합어는 어휘의 문법을 기술하는 데 있어서 특별한

유형적 차이를 보이지 않는다.[18] 그리고 단어보다 작은 어근, 접사, 어미는 그 용어에서 드러나듯이 어휘론의 기술 단위로서보다는 형태론과 통사론의 기술 단위로서 의미가 큰 것들이다. 이를 고려하여 본서에서는 복합어와 관용어를 중심으로 어휘의 형식적 유형을 살펴본다. 이들은 사전의 등재 단위라는 점에서는 단일어와 다를 바 없지만 복합 형식이라는 공통성이 있어서 문법적으로 단일어와는 다른 유형적 특성을 보인다.

2.4.1. 복합어

단어는 끊임없이 만들어진다. 사회의 발달과 더불어 기존에 없던 어떤 사물이 새로 만들어지거나 어떤 개념이 새로 생기게 되면 이를 언어적으로 지칭할 필요성이 생기기 때문이다. 그런데 어떤 사물이나 개념이 기존의 사물이나 개념과 아무런 관련이 없이 완전히 새롭게 만들어지는 일은 드물다. 예를 들어 '혼자서 먹는 밥'은 기존의 '밥'에 '혼자서 먹는' 특성이 덧붙어서 만들어진 개념이다.[19] 새로운 단어 가운데 '혼밥'처럼 기존의 단어를 활용하여 만들어지는 것들이 많은 것은 바로 이런 까닭에서이다. 복합어(複合語, complex word)는 이와 같이 기존의 단어를 기반으로 만들어져서 형태론적으로 복합적인 단어들을 말한다.

---

18) 단일어와 복합어는 내부 구조가 다르다. 그러나 단어의 내부 구조는 형태론에서 다룰 문제이지 어휘론에서 다룰 문제는 아니다. 어휘론에서는 단어의 내부 구조가 아니라 단어 자체를 다룬다. 복합어도 마찬가지이다. 형태론에서는 복합어의 내부 구조를 다루지만 어휘론에서는 내부 구조 그 자체가 아니라 이에 따른 복합어의 어휘적 특성을 다룬다.

19) '혼자서 먹는 밥'은 '혼밥'이라는 단어가 만들어지기 전에도 존재했지만 단어로 지칭할 만큼 중요한 개념이 아니었을 뿐이다.

복합어와 관련된 어휘 유형으로는 신어(신조어), 유행어, 임시어와 공인어 등이 있다. 신어(新語)는 새로 생긴 말을, 신조어(新造語)는 새로 만들어진 말을 뜻하는데, 신어는 신조어 외에 외래어도 포함하는 넓은 개념이다. 유행어(流行語)는 비교적 짧은 시기에 걸쳐 여러 사람의 입에 오르내리는 말이다. 임시어(臨時語)는 아직 공식적인 단어로 인정되지 않는 말, 혹은 발화 과정에서 그때그때 만들어져서 일시적으로 쓰이는 말을, 공인어(公認語)는 언중들 사이에서 널리 쓰이게 되면서 공식적으로 단어로 인정된 말을 뜻한다. 이들을 복합어 관련 어휘 유형이라고 한 것은 이들은 단일어를 포함하기도 하고 단어보다 큰 단위를 포함하기도 하여 복합어와 외연이 같지 않기 때문이다.

복합어는 만들어진 방식(단어 형성법)에 따라 다시 몇 가지 유형으로 나뉜다. 먼저 어근과 어근을 결합하여 만든 복합어를 합성어(合成語, compound word)라고 하고, 어근에 접사를 결합하여 만든 복합어를 파생어(派生語, derived word)라고 한다. 이 밖에 복합어에는 말의 첫머리를 따서 만든 두음절어(頭音節語, acronym), 두 단어의 일부를 결합하여 만든 혼성어(混成語, blend), 통사적 구성이 단어화한 통사적 결합어 등이 있다.

(66) 복합어의 하위 유형: 형성 방식에 따라

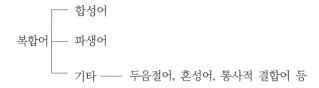

이 가운데에서 우리말 복합어의 주류를 이루는 것은 합성어와 파생어이다. 합성어는 다시 품사에 따라 합성 명사, 합성 동사, 합성 형용사, 합성 관형사, 합성 부사로 나뉜다. 그리고 파생어는 다시 접사에 따라 접두 파생어와 접미 파생어로, 품사에 따라 파생 명사, 파생 동사, 파생 형용사,

파생 부사, 파생 관형사로 나뉜다. 각각의 예를 하나씩 제시하면 다음과 같다.

(67) 가. 합성어
    논밭, 빛나다, 멋있다, 한두, 어느새
  나. 파생어
    (접두 파생어) 풋사랑, 헛보다, 드넓다, 연거푸
    (접미 파생어) 울보, 먹이다, 꽃답다, 많이, 이까짓

비교적 최근에 주로 젊은 층에서 만들어져서 유행적으로 쓰이는, 공식적으로는 아직 단어로 인정되지 않는 속어들 가운데에는 (68가)와 같은 두음절어와 (68나)와 같은 혼성어가 압도적으로 많다. 특히 두음절어는 '베라(-스킨-빈스), 커반(-피에 -하다), 스벅(-타-스)' 등의 상호는 물론 '버카충(버스 카드 충전), 마상(마음의 상처), 따아(따뜻한 아메리카노)' 등 행위, 심리 작용, 음식물에 이르기까지 줄여 쓰지 않는 말이 드물 정도로 광범위하게 만들어져서 쓰인다. 아울러 이들 가운데에는 (68다)와 같이 기존의 단어 형성법과는 아주 다른 새로운 방식으로[20] 만들어져서 어느

---

20) '삼귀다'는 '사귀다'의 '사'를 숫자 '사(4)'로 의도적으로 오분석하고 이를 숫자 '삼(3)'으로 바꿔 만든 것이다. 인터넷상에서 일부 언중들 사이에서 쓰이는 '이귀다, 일귀다'도 마찬가지이다. 이와 같이 신어에는 기존의 단어 형성법으로는 설명하기 어려운 새로운 방법으로 만들어지는 것들이 많다. <우리말샘>에도 표제어로 올라있는 '슴가(가슴), 므흣(수상쩍은 미소를 지을 정도로 마음이 흡족함)'은 각각 음절의 앞뒤를 바꾸고 앞뒤 음절의 초성을 바꿔서 만든 말들이고, '부끄, 속상'은 '부끄럽다, 속상하다'에서 앞부분을 분리하여 만든 말들이다. 이 밖에 신어에는 '개맛있다, 개이득'과 같이 기존의 것과 전혀 다른 뜻을 나타내는 접두사를 붙여서 만든 말들도 있고, '띵작(명작), 롬곡옾눞(폭풍눈물)'과 같이 일부 음절을 겉모양이 비슷한 다른 글자로 바꾸거나 앞뒤와 위아래를 바꿔서 쓰는 말들도 있다.

형식 유형에 넣기가 쉽지 않은 것들도 있다.

(68) 가. 이태백, 갑분싸, 금사빠, 솔까말, 별다줄, 낄끼빠빠, 할많하않
　　　나. 유느님(유재석+하느님), 치느님(치킨+하느님), 치맥(치킨+맥주), 피
　　　　맥(피자+맥주)
　　　다. 삼귀다(아직 사귀는 사이는 아니지만 서로 친하게 지내다), 이귀다,
　　　　일귀다

　복합어는 새로운 사물이나 개념을 지칭할 필요에 따라 만들어진다고
했지만 늘 그런 것은 아니다. 때에 따라 복합어는 의미의 변화 없이 기존
의 단어를 대체할 목적으로 새롭게 만들어지기도 한다. 영어, 일본어 등의
외래어, 어려운 한자어 등을 대체할 목적으로 만든 다듬은 말(순화어醇化
語)이 그 대표적인 예이다. (69)는 국립국어원의 공공언어 통합 지원 홈페
이지(https://malteo.korean.go.kr/)에서 다듬은 말로 제시한 것 가운데 일부
이다.

(69) 댓글(리플, Reply), 참살이(웰빙, well-being), 누리꾼(네티즌, netizen), 눈
　　　그늘(다크서클, dark circle), 각자내기(더치페이, Dutch pay), 무인기(드
　　　론, drone), 방향기(디퓨저, diffuser), 출연진(라인업, line up), 조리법(레
　　　시피, recipe), 대리주차(발레파킹, valet parking), 맑은탕(지리, ちり), 곁
　　　들이찬(쓰키다시, つきだし), 길반짝이(도로표지병, 道路標識鋲)

　이른바 동의 중복(同意重複) 현상을 보이는 다음의 복합어들도 기존의
단어와 다른 뜻을 나타내지 않으면서 새롭게 만들어진 것들이다. (70가,
나)는 본래 '집(家)'을 뜻하는 한자어에 각각 고유어 '집'과 한자어 '댁
(宅)'이 다시 붙어서 만들어진 복합어들이다. 그리고 (70다-마)는 본래 '날
(日), 물(水), 꽃(花)'을 뜻하는 한자어에 고유어 '날, 물, 꽃'이 다시 붙어서

만들어진 복합어들이다. (70바)도 한자어에 뜻이 중복되는 고유어나 한자어가 앞 혹은 뒤에 다시 붙은 그 밖의 여러 복합어들이다.

(70) 가. 초가집(草家-), 농갓집(農家-), 대갓집(大家-), 도갓집(都家-), 반갓집(班家), 사갓집(私家-), 양갓집(良家-), 양갓집(養家-), 외갓집(外家-), 일갓집(一家-), 종갓집(宗家-), 처갓집(妻家-), 흉갓집(凶家-)

　　나. 본가댁(本家宅), 사가댁(査家宅), 외가댁(外家宅), 처가댁(妻家宅)

　　다. 명일날(名日-), 반공일날(半空日-), 생일날(生日-), 주일날(主日-)

　　라. 간숫물(-水-), 낙숫물(落水), 연숫물(硯水-), 약숫물(藥水-)

　　마. 계화꽃(桂花-), 국화꽃(菊花-), 매화꽃(梅花-)

　　바. 역전앞(驛前-),[21) 해변가(海邊-), 봉홧불(烽火-), 소로길(小路-), 총석돌(叢石-), 담장(-牆), 술주정(-酒酊), 속내의(-內衣), 몸보신(-補身)

복합어에는 세상에 대한 우리의 인식이 반영되기도 한다. (71가)와 같이 우리말의 척도 명사는 대립어 쌍이 존재하는 형용사들 가운데 '크다, 높다, 길다, 넓다' 등으로부터만 만들어진다. 이에는 '큰 것(+)'을 긍정적으로 보고 '작은 것(-)'을 부정적으로 보는 우리의 인식이 반영되어 있다. 그리고 (71나)와 같이 복합어 가운데에는, 참조 예와 같은 예외가 없는 것은 아니지만, 여자를 지칭하는 말은 따로 있지만 남자를 지칭하는 말은 따로 없는 것들이 많다. 이러한 차이는 특정 영역에서 남자는 일반적이고 당연한, 곧 무표적인(unmarked) 존재이지만 여자는 특별하고 예외적인, 곧 유표적인(marked) 존재라는 인식에서 비롯된 것이다.[22) (71다)는 나

---

21) '역전(驛前)'은 본래 '역의 앞'을 뜻하는 단어이지만 흔히 '역(驛)'의 의미로 잘못 사용되기도 한다. 이를 고려하면 '역전앞'은 '역전'이 '역'의 뜻으로 쓰이면서 그 앞을 지칭하기 위해 '앞'이 다시 붙은 것으로 볼 수도 있다.

22) 이들이 남녀 차별적 언어 표현이라는 비판을 받기도 하는 것은 이런 까닭에서이다. '처음'을 내포하는 말에 '처녀'를 결합하여 만든 '처녀작(處女作), 처녀림

혹은 나와 가까운 대상을 심리적으로 우선시하는, 이른바 '나 먼저 원리(Me First Principle)'가 복합어의 형성에 적용된 예들이다.

(71) 가. 크기/⃰작기, 높이/⃰낮이, 길이/⃰짧이, 넓이/⃰좁이
　　　　cf) 높낮이, 난이도(難易度)/난도(難度)
　　나. 여의사/⃰남의사, 여사장/⃰남사장, 여경/⃰남경, 여자 고등학교(여고)/⃰
　　　　남자 고등학교(⃰남고)
　　　　cf) 여학생/남학생, 여동생/남동생, 여자 배우(여우)/남자 배우(남우)
　　다. 남북/북남, 고연전/연고전, 남북미, 한중일, 한일 월드컵[23]

　복합어는 만들어져 쓰이면서 그 속성이 단일어와 다름없이 바뀌기도 한다. (72)에서 '아프다, 고프다'는 본래 어근 '앓-, 곯-'에 접미사 '-ㅂ-'가 결합하여 만들어진 복합어들이지만 어근이 'ㄹ' 탈락의 음운 변화를 겪고 접사 '-ㅂ-'가 사라져서 공시적인 분석이 어렵다. '부끄럽다, 슬프다'도 본래 복합어로 만들어졌지만 어근 '붓그리-, 슳-'이 소멸하여 공시적인 분석이 어렵다. '귀찮다, 점잖다' 등도 본래 복합어였겠지만 현대 국어에서는 더 이상의 분석이 어려운 단어들이다. 이와 같이 복합어가 단일어처럼 인식되는 현상을 단일어화(單一語化) 혹은 어휘화(語彙化, lexicalization)라고 한다.

(72) 아프(<앓+ㅂ)다, 고프(<곯+ㅂ)다, 부끄럽(<붓그리+엏)다, 슬프(<슳+

(林,) 처녀봉(峰), 처녀지(地), 처녀항해' 등의 단어들도 마찬가지이다. 참고로 유표성은 시대에 따라 변하기도 한다. 예를 들어 '남사장, 남고'는 『표준국어대사전』에는 아직 표제어로 올라 있지 않지만 <우리말샘>에는 표제어로 올라 있다.

23)　공식 명칭은 '2002 FIFA World Cup Korea/Japan'이다. 우리나라는 이 명칭을 얻는 대신 결승전 장소를 일본에 양보했다.

브)다, 귀찮(←귀[<貴]+하+지+아니+하)다, 점잖(←*졈[<졈]+지+아니+하)다

복합어에는 옛말(고어古語)의 흔적이 남기도 한다. (73)에서 '암탉, 수탉, 살코기'에는 중세 국어에서 'ㅎ 종성 체언'이었던 '??, 숳, 숧'의 흔적이 남아 있고, '좁쌀, 멥쌀, 휩쓸다, 입때'에는 '??, 쁠다, ??'의 첫소리 'ㅂ'의 흔적이 남아 있다. 한편 '새로, 새롭다'는 '새+로, 새+롭+다'로 분석할 수 있을 듯하다. 그러나 현대 국어에서 '새'는 조사나 형용사 파생 접미사가 붙을 수 없는 관형사여서 이를 문법적으로 설명하기는 어렵다. 이들은 '새'가 명사의 자격을 가졌을 때 만들어져서 그 품사의 흔적이 남은 단어들이다. '맏이'도 이와 비슷하다. '맏이'는 '맏+이'로 분석할 수 있는데 현대 국어에서 '맏-'과 '-이'가 모두 접사라는 점이 문제다. 이는 중세 국어에서 명사였던 '맏(<??)'이 더 이상 명사로 쓰이지 않고 접사로만 쓰이게 되면서 현대 국어에서 공시적인 분석이 어려워진 것이다.

(73) 암탉/수탉/살코기, 좁쌀/멥쌀, 휩쓸다, 입때, 새로/새롭다, 맏이

복합어는 기억의 단위로서, 그리고 사전 등재 단위로서 문장 형성의 재료가 된다는 점에서 그 통사론적 지위는 기본적으로 단일어와 다름이 없다. 복합어는 단일어와 달리 내부 구조를 갖지만 이는 어디까지나 형태론적 특성일 뿐이다. 이는 문장 안에서 복합어의 내부는 가시적(可視的)이지 않다는 것을 뜻한다.24) 예를 들어 (74가)에서 '키가 작은아버지'가 성립하지 않는 것은 주어 '키가'에 호응하는 서술어가 없기 때문이다. '작은'은 '키가'에 호응할 수 있지만 '작은아버지'에 나타나는 '작은'은 복합

---

24) 이는 어휘 완전성 가설(lexical integrity hypothesis, Lapointe 1980) 혹은 어휘
   고도 제약(lexical island constraint, Kato 1985, 임홍빈 1989)으로 알려져 있다.

어의 내부 성분으로서 독자적인 통사 단위가 될 수 없다. 그리고 (74나)에서 '도래방석, 전동 자전거'가 가능한 것은 각각 '모가 난'의 뜻을 갖는 '방(方)'과 '(바퀴를) 자신의 힘으로 굴리는'의 뜻을 갖는 '자전(自轉)'이 독자적인 문법 단위가 아니어서 '도래(둥근), 전동(電動, 전기로 움직이는)'과 의미적으로 모순되지 않기 때문이다.25) (74다)도 이와 같다. 참조 예에서처럼 '하나도, 절대로, 결코, 전혀'는 부정 성분('않다')에 호응하는 부사(어)들이다. (74다)는 뜻으로는 참조 예와 다름이 없지만 문법적인 문장이 아니다. (74다)가 갖는 부정의 뜻은 복합어 '비합리적'의 내부 성분인 접두사 '비(非)'에 의한 것이기 때문이다.

(74) 가. *키가 작은아버지
　　　 cf) 키가 작은 아버지
　　 나. 도래방석(方席), 전동 자전거(電動自轉車)
　　　 cf) *둥근, 모가 난 깔개, *전기로 움직이는, 바퀴를 자신의 힘으로 굴리는 탈것
　　 다. *규정이 {하나도, 절대로, 결코, 전혀} 비합리적이다.
　　　 cf) 규정이 {하나도, 절대로, 결코, 전혀} 합리적이지 않다.

그런데 복합어의 내부 구조에 대한 인식이 복합어의 통사론적 쓰임에 일부 영향을 끼치기도 한다. 곧 복합어는 (75)에서 예시한 '이상스럽다, 이지러지다, 수그러들다'와 같이 때에 따라 문장에서 그 구성 성분들로 분리되어 나타나기도 한다. 이는 어근 분리 현상('복합어를 구성하는 어휘적인 요소가 문장에서 그 나머지 요소로부터 분리되어 나타나는 일')으로 알려져 있다.

---

25) 통사적 구성에서라면 '둥근 모가 난 깔개'와 '전기로 움직이는, 바퀴를 자신의 힘으로 굴리는 탈것'은 의미적으로 모순되어 불가능하다.

(75) 가. 햇님이 썰어지면 너는 그제서 나오니 참 이상도 스럽다. (유천세 '별' 중에서, 동아일보 1928.9.1.)

나. 이지러는 졌으나 보름을 갓 지난 달은 부드러운 빛을 흔붓이 흘리고 있다.

다. 시대적인 분위기가 있어서 좀 수그러는 들겠지만, 원래 본성이 안 좋은 사람들은 어쩔 수 없습니다.

다만 어근 분리는 형식적인 측면의 현상이어서 기능적으로는 분리된 성분 각각이 통사론적 지위를 갖는 것이 아니라 복합어 전체가 하나의 통사론적 지위를 갖는다. 곧 (75)에서 각각의 복합어는 분리되어 나타나지만 기능상(그리고 의미상)으로는 본래의 형태로 쓰인 '이상스럽기도 하다, 이지러지기는 했으나, 수그러들기는 하겠지만'과 다름이 없다.26)

한편 본래의 내부 구조와 다르게 복합어의 어근이 분리되는 때도 있다. 예를 들어 (76)에서 '속상하다'는 본래 '[속[상하다]]'의 구조를 갖는 복합어이지만 '속상'과 '하다'로 분리되었고, '쑥스럽다'도 '[쑥[스럽다]]'의 구조를 갖는 복합어이지만 '쑥스'가 분리되어 단독으로 쓰였다. 그리고 '부끄럽다'도 앞서 살펴보았듯이 현대 국어에서는 공시적인 분석이 어려워서 내부 구조를 갖는다고 보기 어려우며, 더욱이 기원적으로도 '[부끄[럽다]]'와 같은 구조로 분석할 수 없는 단어이지만 '부끄'가 분리되어 쓰였다.

(76) 가. 속상은 했지만 밉지는 않았다.

---

26) 이에 따라 황화상(2016: 86)에서는 어휘 고도 제약을 괄호의 내용을 포함하여 '어휘는 (통사부에서 단일한 기능을 갖는) 고도이다. 따라서 통사 규칙은 (기능적인 면에서) 단어의 내부 요소에 적용될 수 없다.'라고 수정했다. 이하 어근 분리와 이를 통한 단어 형성에 대한 기술은 황화상(2016)을 바탕으로 한 것이다.

나. 향어 잡기 성공, 박수갈채에 '쑥스'
다. 엘리베이터에서 눈도 못 마주친 이유, '부끄'

복합어로부터 어근이 분리되어 자주 쓰이게 되면 그 어근이 독자적인 단어(혹은 불규칙적 어근)로 발달하기도 한다. 예를 들어 '속상하다, 쑥스럽다, 부끄럽다'로부터 분리된 어근 '속상, 쑥스, 부끄'는 (77)과 같이 단독으로 단어로 쓰이기도 하고 본래의 접사와는 다른 '-하다, -스럽다' 등의 접사와 다시 결합하여 새로운 복합어를 만들기도 한다.

(77) 가. 속상이 지나쳐 화병이 되겠어요.
     선생이 약간 속상스러운 말투로 다시 나에게 묻는다.
나. 얼굴에 당황과 설렘과 쑥스가 복합적으로 나타났다.
     쑥스한 비옷 안 입고 나갈 수 있도록 해가 빨리 쨍 나왔으면 좋겠다.
     태양은 쑥스스러운 듯 볼그레한 빛으로 우리 곁에 다가옵니다.
다. 부끄부끄 (노래 제목)
     둘만의 부끄한 이야기
     이런 ~는 것이 허용되지 않는다면 이는 매우 부끄스러운 일이다.

이와 같이 복합어의 어근 분리 현상은 복합어의 내부 구조에 대한 우리의 인식을 보여준다는 점에서, 문장 형성의 재료로서 때에 따라 형식적인 분석과 기능적인 분석이 일치하지 않는, 복합어의 이중적인 속성을 보여준다는 점에서, 그리고 복합어로부터 새로운 단어가 발달하는, 흔하지 않은 문법 현상의 토대가 된다는 점에서 문법적으로 의미가 있다.

2.4.2. 관용어

관용어(慣用語)는 둘 이상의 단어들이 결합한 구(句)의 형식이되 보통의 구로서 나타내는 것과는 다른 특별한 의미를 나타내는 말을 말한다.

예를 들어 관용어로서의 '미역국(을) 먹다'는 구의 형식이며 보통의 구로서 나타내는 것('미역을 넣어 끓인 국을 입을 통하여 배 속에 들여보내다.')과는 다른 '(시험에서) 떨어지다'라는 특별한 의미를 나타낸다. 이와 같이 관용어의 의미('떨어지다')는 그 구성 성분들('미역국'과 '먹다')이 나타내는 의미로부터 직접적으로 설명할 수 있는 것이 아니다. 이는 관용어의 사용이 우리의 기억에 의존한다는 것을, 다시 말해 관용어는 기억의 단위라는 점에서 단어와 다름이 없다는 것을 뜻한다. 형식적으로는 구이지만 관용어가 사전 등재의 단위로서 어휘의 자격을 갖는 것은 바로 이런 까닭에서이다.

관용어의 사전 등재, 그리고 관용어 사전

관용어는 사전에 직접 표제어로 등재하는 것이 아니라 중심이 되는 단어 표제어의 끝에 따로 모아 싣는 것이 보통이다. 예를 들어 '미역국(을) 먹다'는 '미역국' 아래에, '개밥에 도토리'는 '개밥' 아래에 다른 관용어나 속담과 함께 실려 있다. 따라서 사전에서 관용어를 찾기 위해서는 중심 단어를 알아야 하는데 '개밥에 도토리'와 같이 '개밥'이 중심 단어인지 '도토리'가 중심 단어인지 판단하기가 어려울 때도 있다. 한편 관용어를 따로 모아 별도의 사전을 만들기도 하는데 다양한 방식으로 찾아볼 수 있고 교육과 학습에 활용하기가 쉽다는 등의 장점이 있다. 이러한 성격을 갖는 대표적인 관용어 사전으로는 『의미 따라 갈래지은 우리말 관용어 사전』(최경봉 2014)이 있다. 이 사전은 부제에서 알 수 있듯이 관용어를 '기억과 망각, 욕망, 남녀 관계, 생과 사' 등 거의 300개에 달하는 의미로 세세하게 유형 분류하여 제시함으로써 각 관용어들의 의미 특성을 쉽게 파악하고 서로 관련되는 관용어들을 모아서 한꺼번에 찾아볼 수 있도록 구성되어 있다.

관용어는 '아니 땐 굴뚝에 연기 나랴.', '윗물이 맑아야 아랫물이 맑다.'와 같은 문장 형식의 속담(俗談)을 포함하여 넓은 의미로 쓰이기도 한다. 그러나 본서에는 어휘의 문법을 기술하는 목적에 따라 (78)의 '미역국(을) 먹다', '개밥에 도토리'와 같이 문장의 한 구성 성분으로 쓰이는, 그 통사적 지위가 단어와 다름이 없는 것들만을 다루기로 한다.

(78) 가. 내 친구는 이번 시험에서 미역국을 먹었어(=떨어졌어).
　　　나. 말 그대로 개밥에 도토리(=무리의 축에 끼지 못하는) 신세가 됐다.

관용어는 (79)와 같이 통사적 기능에 따라 체언의 기능을 하는 것(체언형), 용언의 기능을 하는 것(용언형), 부사의 기능을 하는 것(부사형), 관형사의 기능을 하는 것(관형사형), 감탄사의 기능을 하는 것(감탄사형) 등으로 나뉜다. 이 가운데 체언형 관용어와 용언형 관용어가 가장 많고 부사형 관용어도 아주 드물지는 않다. 관형사형 관용어와 감탄사형 관용어는 그 수가 아주 적다.

(79) 가. 체언형 관용어
　　　　　우물 안 개구리, 그림의 떡, 제 눈에 안경, 물 만난 고기
　　　나. 용언형 관용어
　　　　　간이 붓다, 바람(을) 피우다, 가슴에 새기다, 몸으로 뛰다
　　　다. 부사형 관용어
　　　　　눈 깜작할 사이에, 하나부터 열까지, 쥐 죽은 듯, 쥐도 새도 모르게
　　　라. 관형사형 관용어
　　　　　떡을 할,27) 난장 맞을, 난장 칠
　　　마. 감탄사형 관용어
　　　　　그러면 그렇지, 그렇고 말고, 난장 맞을, 난장 칠

관용어는 우리말 어휘의 일부로서 다음과 같은 특성을 보인다. 먼저 앞서 살펴보았듯이 관용어의 의미는 구성 성분들의 의미로부터 직접적으

---

27) 『의미 따라 갈래지은 우리말 관용어 사전』에 '떡을 할 놈, 어른도 못 알아봐?' 와 같은 예가 제시되어 있다.

로 알기가 어렵다. 이를 의미의 불투명성(不透明性)이라고 한다. 다만 의미의 투명성 정도는 관용어에 따라 차이가 있다. (80가)는 의미의 투명성이 아주 낮은 관용어들이다. '시치미(를) 떼다, 학을 떼다, 어처구니(가) 없다'는 현대 국어에서 잘 쓰이지 않거나 어원이 불분명한 단어들을 포함한 것들이다.[28] '미역국(을) 먹다'는 축자적(逐字的) 의미와 관용적 의미 사이에 유연성을 찾기가 어려운 예이다. 이와 달리 (80나)는 축자적 의미와 관용적 의미 사이에 얼마간 유연성이 있어서 의미의 투명성이 상대적으로 조금 높은 관용어들이다.

(80) 가. 시치미(를) 떼다, 학을 떼다, 어처구니(가) 없다, 미역국(을) 먹다
　　나. 손이 크다, 옷(을) 벗다, 쥐도 새도 모르게, 눈 깜작할 사이에

둘째, 관용어에는 의미적으로 과장된 표현, 완곡한 표현, 속된 표현이 많다. (81가)는 과장 표현, (81나)는 관용어 완곡어, (81다)는 관용어 속어의 예들이다. 이와 같이 관용어는 표현의 효과를 높일 목적으로 만들어지기도 하고, 금기어를 대신할 목적으로 만들어지기도 한다.

(81) 가. 엎어지면 코 닿을 데, 눈 깜작할 사이에, 숨 쉴 새 없이, 똥오줌(을) 못 가리다, 상다리(가) 부러지다, 속이 끓다, 피가 거꾸로 솟다
　　나. 살을 섞다/만리장성을 쌓다, 숨을 거두다/세상을 떠나다, 몸이 비지 않다(아이를 배다), 먼데(를) 보다(똥을 누다)
　　다. 떡을 치다, 골로 가다, 골이 비다, 대가리(를) 굴리다, 이빨(을) 까다

---

28)　'시치미'는 '매의 주인을 밝히기 위하여 주소를 적어 매의 꽁지 속에다 매어 둔 네모꼴의 뿔'을, '학(瘧)'은 '말라리아'를 뜻한다. '어처구니'는 어원이 분명하지 않다.

셋째, 관용어 가운데에는 신체 부위, 신체 기관 등 신체와 관련된 어휘를 포함하는 것들이 많다. 특히 '눈, 귀, 입, 손, 가슴' 등을 포함하는 관용어들이 아주 많은데 이는 이들 신체 기관(혹은 신체 부위)이 '보고 듣고 말하고 느끼고 생각하는' 우리의 일상생활과 밀접하게 관련되기 때문일 것이다. 신체 관련 어휘별로 이를 포함하는 관용어의 예를 하나씩 제시하면 다음과 같다.

(82) 가슴에 못을 박다, 간이 붓다, 고개를 숙이다, 골에 박히다, 귀가 가렵다, 꼭뒤를 누르다, 낯이 두껍다, 눈 밖에 나다, 대가리가 커지다, 덜미가 잡히다, 등(골)이 서늘하다, 머리를 맞대다, 목에 칼이 들어오다, 목구멍이 크다, 몸을 사리다, 무릎을 꿇다, 발을 돌리다, 발목을 잡다, 배가 부르다, 배꼽이 빠지다, 뱃가죽이 등에 붙다, 복장이 터지다, 불알을 긁다, 비위가 상하다, 뼈도 못 추리다, 살을 깎다, 속살이 드러나다, 속이 상하다, 손가락만 빨다, 손아귀에 넣다, 손에 땀을 쥐다, 어깨를 겨루다, 얼굴에 철판을 깔다, 엉덩이가 가볍다, 오금이 쑤시다, 입에 담다, 코가 비뚤어지다, 팔을 걷다, 허리가 휘다, 혀를 놀리다

넷째, 관용어는 구의 형식을 갖지만 그 가운데에는 현대 국어의 구와는 형식이 다른 것들도 있다. (83가)는 명사에 부사격 조사 '에, 에서, 에게'가 붙어 만들어진 부사어가 명사와 함께 구를 이룬 관용어의 예들이다. 이들은 현대 국어에서라면 예를 들어 '개밥의 도토리', '옥에 있는 티', '개발에 단 편자'와 같이 나타나야 할 것들이다. (83나)는 용언의 연결형에 명사가 직접 결합한 관용어의 예들로서 이들 또한 현대 국어에서 가능한 구의 형식은 아니다.[29]

---

29) 이는 관용어의 생성 과정과 관련이 있다. 관용어는 통사 구로부터 비롯되어 은유적 의미를 획득하고 이것이 관습화되면서 하나의 문법 단위로 굳어지는 통시적 과정의 산물이다(최경봉 2000: 655). 이때 하나의 문법 단위로 굳어지

(83) 가. 개밥에 도토리, 옥에 티, 개발에 편자, 독 안에서 푸념, 개에게 호패
　　　나. 긁어 부스럼, 눈 가리고 아웅, 티끌 모아 태산, 척하면 삼천리

　다섯째, (관용어의 통사적 특성으로) 관용어는 그 구성 성분 가운데 일부가 다른 말로 바뀌어 (본래의 뜻과 관련되지만) 새로운 뜻을 나타내기도 하고 새로운 용법을 갖기도 한다. 예를 들어 (84가-다)에서는 각각 본래 관용어의 '되'와 '말'이 '말'과 '가마니'로 바뀌고, '못'이 '대못'으로 바뀌고, '개구리'가 '올챙이'로 바뀌어 뜻이 강조되었다. 그리고 (84라)는 본래 체언형인 '땅 짚고 헤엄치기'가 용언형으로 바뀌어 체언을 수식하는 관형어로 쓰였다.

(84) 가. <u>되로 주고 말로 받고 말로 주고 가마니로 얻고</u>. (<어느 날의 횡재>, 최영철)
　　　나. 국제관함식은 마을의 상처를 치유하기는커녕, 갈등을 조장하여 다시 한 번 주민들의 <u>가슴에 대못을 박는</u> 계기가 됐다. (<연합뉴스>, 2018.10.4.)
　　　다. 한 해군장성이 "우리 해군은 <u>우물 안 개구리</u>일 것으로 알고 갔는데 <u>우물 안 올챙이</u>에 불과하다"고 실토한 점은 우리 해군의 위상을 그대로 보여주는 듯하다. (<경향신문>, 1989.9.23.)
　　　라. 소주 회사들은 그야말로 <u>땅 짚고 헤엄치는</u> 장사를 해온 것이 사실이다. (<한겨레>, 1994.12.12.)

　여섯째, 관용어는 문장에서 한 단위로 쓰이는 것이 보통이지만 복합어가 그러한 것처럼 때에 따라 그 구성 성분들이 분리되어 쓰이기도 한다.

면서 본래 통사적으로 하나의 단위가 아니었던 것이 하나의 단위로 재분석되거나 구성 성분의 일부가 생략되기도 한다(황화상 2014: 303). 관용어의 통사적 특성에 대한 이하의 기술과 예는 황화상(2014)를 주로 참조한 것이다.

예를 들어 (85가)에서 '바가지(를) 긁다'와 '바람(을) 피우다'는 각각 부사 '박박'과 '많이'에 의해 분리되어 쓰였다. 그리고 (85나)에서는 '시치미 (를) 떼다'의 구성 성분인 '시치미'가 분리되어 주제화되었다. 다만 이때 에도 구성 성분의 분리는 형식적인 차원에서의 문제일 뿐이며 기능적으 로는(혹은 뜻으로는) 관용어 전체가 하나의 통사적 지위를 갖는다. 곧 (85 가)에서 부사는 형식적으로는 관용어의 일부인 '긁다'와 '피우다'를 수식 하지만 뜻으로는 '바가지(를) 긁다' 전체를 수식하며, (85나)에서 형식적 으로는 '시치미'가 주제화되었지만 뜻으로는 '시치미(를) 떼다' 전체가 주 제화된 것이다. 이는 형식적으로는 둘 이상의 단어가 결합한 구이지만 기능적으로는 단어와 다름이 없는, 관용어의 양면적 특성에 따른 것으로 이해할 수 있다.[30]

(85) 가. 오늘도 아내는 바가지를 박박 긁는다(=심하게 잔소리하다).
　　　그 사람이 작년에 바람을 많이 피웠지(=많이 외도하다).
　　나. (너 왜 자꾸 시치미를 떼니?)
　　　시치미는 네가 뗐지(=시치미를 뗀 것은 너지).

(86)은 관용어의 구성 성분들이 분리되는 특별한 방식을 보여준다. 이들 은 '개 발에 편자', '아닌 밤중에 홍두깨', '긁어 부스럼'과 같이 본래 구의 형식으로 하나의 단위를 이루던 관용어가 '개발에'와 '편자를 달다', '아 닌 밤중에'와 '홍두깨를 맞다', '멀쩡한 곳도 긁어'와 '부스럼을 만들다'와

---

30)　최경봉(1993: 40)에서도 '구적 관용어는 의미론적으로는 인수분해되지 않고, 그들로부터 어떠한 요소도 빼내올 수 없는 섬과 같이 행동하는데 통사적으로 는 일반 구처럼 행동하는 경우도 있다. 즉 의미적 융합관계로 보았을 경우 단어의 특성과 부합하지만, 통사론적 측면에서 보았을 경우 단어의 일반적인 특징인 내적 비분리성이나, 어순변화금지 등을 어기기도 한다.'고 언급한 바 있다.

같이 서로 다른 구의 일부로 해체된 예들이라는 점에서 특별하다.

(86) 가. [[개 발에] [편자를 달]]려는 꼴은 目不忍見. (<경향신문>, 1948. 8.18.)

나. [[아닌 밤중에] [홍두깨를 맞]]은 사람은 윤 서장이었다. (<경향신문>, 1949.9.30.)

다. 일부에서는 감사를 한다니까 [[멀쩡한 곳도 긁어] [부스럼을 만들]] 속셈인 줄 아는 모양이라면서. (<경향신문>, 1982.7.9.)

그런데 앞서 살펴보았듯이 본래의 관용어 '개 발에 편자', '아닌 밤중에 홍두깨', '긁어 부스럼'은 모두 현대 국어의 구와는 형식이 다른 것들이다. 이를 고려하면 (86)과 같은 사용에는 공시적으로 완전한 통사적 지위를 갖춘 구 안에서 관용어를 활용하려는 심리가 작용한 것으로 보인다. 이때 관용 표현의 해체는 '달다, 맞다, 만들다' 등을 매개로 하는데, 본래의 관용 표현이 이와 같은 형식으로 나타나는 통사 구성의 재분석에 의해 만들어졌을 가능성이 높다는 점에서 흥미롭다.

연습 문제

1. 우리말 어휘는 기원에 따라 고유어, 한자어, 외래어로 나뉜다. 다음에 제시한 각 예들은 이 가운데 어떤 유형에 속하는지 생각해 보자. 참고로 1)은 본래 한자로 된 것들이지만 현대 국어에서는 더 이상 한자에 대응하는 것으로 보기 어려운 말들, 그리고 다른 나라의 말에서 기원한 것들이지만 거의 원어에 대한 의식이 없이 쓰이는 말들이다. 2)는 대응하는 한자가 있지만 본래부터 한국 한 자음이 아닌 중국어 원어의 음으로 읽히는 말들이다. 3)은 다른 나라 말의 음을 한자음으로 나타낸 음역어(音譯語)들이다.

   1) 김치(짐츼<짐치<딤치<팀치, 沈菜), 배추(<비치, 白菜), 나중(<나죵<내죵, 乃終) / 빵(<포>pão), 담배(<포>tabaco), 고무(<프>gomme)
   2) 자장면(zhajiangmian[炸醬麵]), 라조기(lajiaoji[辣椒鷄]), 쿵후(gongfu[功夫])
   3) 구락부(俱樂部, club), 구라파(歐羅巴, europe), 이태리(伊太利, italia)

2. 외래어 가운데에는 '버스(bus)[버쓰/뻐쓰], 댐(dam)[땜]'과 같이 흔히 된소리로 발음되는 것들도 있지만 표기에는 된소리를 쓰지 않는 것이 보통이다. 그 이유 가 무엇인지 생각해 보자. 아울러 '짜장면'은 오랫동안 표준어로 인정되지 않다 가 최근에 '자장면'의 복수 표준어로 인정되었다. 그 이유를 생각해 보자.

3. 다음 예들을 은어, 속어, 비칭어로 나눠 보고 『표준국어대사전』에서의 기술과 비교해 보자. 그리고 이를 바탕으로 은어, 속어, 비칭어 사이의 관계를 어떻게 이해하는 게 좋을지 생각해 보자.

   <다음> 큰집(교도소), 빵(감방), 콩밥(죄수의 밥), 똘마니(졸개), 짭새(경찰관), 깎 사(이발사), 낯짝, 머리빡, 이빨, 손모가지

4. 다음의 예들을 동의 중복 현상의 측면에서 어떻게 이해할 수 있을지 생각해 보자.

1) 손수건(-手巾), 새신랑(-新郎), 새색시(색시<새악시<새각시), 족발(足-), 박수(拍 手)치다
2) 학원에 가기 전에 미리 예습(豫習)하는 게 좋을까요?
늦어서 아침 조회(朝會)에 참석하지 못했다.
그 건은 과반(過半)을 넘는 찬성으로 쉽게 통과되었다.

5. 다음의 '시치미 (떼다), 오리발 (내밀다), 바가지 (쓰다/씌우다)'와 같이 관용어는 구성 성분 가운데 일부가 생략되어 쓰이기도 한다. 이렇게 쓰일 수 있는 이유가 무엇인지 생각해 보자.

1) 벽에 자동차 박아 놓고 모른다고 시치미.
2) 국민께 오리발보다 반성문 드려야.
3) 소비자들은 그 비싼 가격을 바가지라고 생각하지 않고 기꺼이 지불한다.

3. 어휘의 의미

　어휘를 체계적이고 조직적인 통일체로 보는 현대 어휘론에서는 어휘들의 관계를 체계화하여 제시하는 데 집중해 왔다. 그런데 어휘 간의 관계가 대부분 의미를 고리로 이루어진다는 점에서 어휘론의 연구 과제는 어휘 의미론의 연구 과제와 중복되는 면이 있다. 다만 어휘 의미론에서는 어휘들의 의미 관계를 개별 어휘의 의미를 규명하는 근거로 삼는 반면, 어휘론에서는 이를 어휘의 체계를 규명하는 근거로 삼는다는 점이 다르다고 할 수 있다. 이 장에서는 어휘의 체계를 규명한다는 관점에서 어휘들의 다양한 관계 양상을 살펴볼 것이다.

　3.1에서는 어휘장(語彙場) 이론을 소개하고 어휘장의 구성 원리를 설명할 것이다. 어휘장 이론은 어휘를 체계적이고 조직적인 통일체로서 다룰 수 있는 방법론을 제공했다는 점에서 우선적으로 다루어질 필요가 있다. 3.2에서는 머릿속 사전에 어휘를 저장하고 활용하는 양상을 설명하는 차원에서 어휘 부류와 어휘 부류의 체계, 즉 어휘의 분류 체계를 다룰 것이다. 3.3에서는 어휘소 인식의 기본 축인 '사물', '개념', '기호'를 활용해, 어휘소 간의 의미 관계를 '유의(類義)', '반의(反義)', '상하의(上下義)', '부분·전체(部分全體)', '동음(同音)' 관계로 유형화하고 그 관계 양상을 살펴볼 것이다. 3.4에서는 위계화된 분류 체계와 의미 관계의 한계를 지적하면서, 의미망(意味網) 구축의 방법론들을 살펴볼 것이다.

3.1. 어휘장

어휘장 이론에서는 어휘의 의미가 개별적이고 고립적으로 규정되는 것이 아니라 해당 어휘가 속한 어휘장에 있는 어휘들과의 관계 속에서 규정된다고 본다. 이처럼 어휘장이 어휘의 의미가 규정되는 장으로 작용한다는 점에서, 어휘장은 의미장과 같은 개념으로 통용되기도 한다. 어휘의 조직화를 강조하는 관점에서는 '어휘장'이란 용어를, 어휘장 내에서 의미의 분절을 강조하는 관점에서는 '의미장'으로 부르는 것이다. 이러한 용어적 혼란을 정리하기 위해 Lyons(1977: 253)에서는 '개념장'과 '어휘장'을 구분한 바 있는데, 여기에서 '개념장'은 의미적 층위에서 내용의 구조를 뜻하고, '어휘장'은 개념장을 이루는 어휘의 집합을 뜻한다.[1] 이 책에서는 어휘의 조직화 양상과 개념장에 포함되는 어휘의 집합에 주목한다는 점에서 '어휘장'이라는 용어를 쓴다.

3.1.1. 어휘장의 구조: 계열적 어휘장과 결합적 어휘장

허발(2013: 460)에서는 "월 안에서 표출된 낱말은 언제나 대화 상대자가 기억해 낼 수 있어야 하고 서로 유사한 뜻을 갖는 일정한 수의 표현들 가운데서 비로소 선택됨을 알 수 있는데, 이는 낱말이 오로지 월의 맥락으로부터만 그 온전한 의의를 받는 것이 아니라 그것의 내용이 개념적 환경에 의해 함께 규정되어 있고 낱말이 바로 이 개념적 환경으로부터 담화 안으로 불려오기 때문이다."라고 설명한다. 우리가 담화에서 선택하는 어휘는 개념적 환경에서 그 의미가 규정된다는 말이다. 여기에서 강조하는

---

[1] 개념장과 어휘장을 구분하는 관점에 따르면 어휘적 빈자리의 개념이 보다 명료해진다. 즉, 어휘적 빈자리는 해당 언어의 어휘장이 개념장을 다 채우지 못할 때 발생하는 것이라고 설명할 수 있는 것이다.

것은 관습과 문화를 배경으로 인간의 머릿속에 형성된 개념적 환경을 파악하는 것이 어휘 사용 양상을 설명하는 데 중요하다는 것이다. 이때 '개념적 환경'은 곧 '어휘장'이라 할 수 있다.

위에 제시한 허발(2013)의 설명은 '개념적 환경'을 이루는 언어 수단, 즉 위치 가치를 지닌 분절 안으로 확고하게 장착되어 들어간 언어 수단만이 위치 가치에 관여하는 몫에 따라 어휘장 이론의 고찰 대상이 된다는 설명으로 이어진다. 이때 '위치 가치'라는 것은 어휘장 내에서 파악되는 의미를 가리키는데, 이와 관련하여 어휘장 논의에서 빈번하게 거론되었던 예가 '성적의 장'이다.

(1) 성적의 장

수(秀)	우(優)	미(美)	양(良)	가(可)

개별적으로는 긍정적 의미를 지닌 성적 어휘들은 성적의 장의 분절 체계 내에서의 위치 가치에 따라 어휘적 의미를 가지게 된다. 이처럼 어휘 의미가 어휘장의 분절 안에서 결정된다고 보는 것이 어휘장 이론의 기본 관점이다. 이러한 관점은 어휘 의미를 파악하거나 어휘 의미의 변화를 설명하는 기본 방법론으로 자리를 잡았다. 이 과정에서 구조적으로 다양한 어휘장이 모색되었는데, '패러다임형(paradigm)', '분류형(taxonomy)', '의미분야형(semantic domain)' 등을 들 수 있다.

(2) 패러다임형

[사람]		[종]	[남성]	[여성]	[-1세대]
	영어	human	man	woman	child
	한국어	사람	남자	여자	아이

[말]	영어	horse	stallion	mare	colt
	한국어	말	수말	암말	망아지
[개]	영어	dog		bitch	puppy
	한국어	개	수캐	암캐	강아지
[돼지]	영어	pig	boar	sow	piglet
	한국어	돼지	수퉤지	암퉤지	(돼지 새끼)
[양]	영어	sheep	ram	ewe	lamb
	한국어	양	숫양	암양	(양 새끼)
[소]	영어	cattle	bull	cow	calf
	한국어	소	수소	암소	송아지

위의 표는 영어와 한국어에서 나타나는 동물의 패러다임을 보여준다. 이러한 어휘장에서는 어휘가 자질에 따라 균형적으로 배치되기 때문에, 체계상의 '어휘적 빈자리(lexical gap)'를 파악하기가 용이하다. 따라서 관련 어휘 체계를 비교하기가 쉽다는 장점이 있다. 그런데 패러다임형의 구조는 그 체계성이 분명해야 하는 만큼, 친척어장 등 일부 어휘장에만 제한적으로 적용될 수 있다.

(3) 분류형
생물
계 界(Kingdom)
동물계 (식물계)
문 門(Phylum)
척추동물문, (연체동물문), (환형동물문), ...
강 綱(Class)
포유강, (어상강), (양서강), (파충강), (조강), ...
목 目(Order)
식육목, (소목), (설치목), (박쥐목), ...
과 科(Family)
고양이과, (개과), (곰과), ...
속 屬(Genus)

표범속, (스라소니속), (삵쾡이속), …
  종 種(Species)
사자

분류형 어휘장의 구조는 상하의 관계를 기반으로 한 사물의 계층 구조를
보여주는 데 용이하다. 위의 어휘장을 보면 '사자'가 생물의 전체 분류
체계에서 어디에 속하는지를 명확히 알 수 있다. 따라서 이러한 유형의
어휘장은 주로 동물의 분류 체계나 식물의 분류 체계 등을 구성하는 데
활용된다.

  (4) 의미 분야형
    가. 온도어장
       춥다, 덥다, 차갑다, 뜨겁다, 서늘하다, 따뜻하다, 미지근하다, 뜨뜻하다
    나. 착탈어장
       입다, 쓰다, 신다, 두르다, 끼다, 꽂다, 차다, 걸다, 매다, 벗다, 풀다,
       빼다
    다. 공간감각어장
       길다, 짧다, 높다, 낮다, 깊다, 얕다, 멀다, 가깝다, 넓다, 좁다, 굵다,
       가늘다, 두껍다, 얇다, 크다, 작다
    라. 미각어장
       달다, 짜다, 맵다, 쓰다, 시다, 떫다
    마. 색채어장
       희다, 검다, 붉다, 푸르다, 누르다
    바. 요리어장
       끓이다, 쑤다, 삶다, 데치다, 찌다, 지지다, 볶다, 튀기다, 조리다, 고
       다, 달이다, 굽다, 그슬리다

의미 분야형 어휘장은 가장 일반적인 어휘장으로 의미 영역에 따라 어휘
를 분절하는 것이다. 그런데 의미 분야형 어휘장은 분절 체계의 균형성

측면에서는 패러다임 어휘장에 미치지 못할 수 있다. 또한 의미 영역의 계층성 측면에서는 분류형 어휘장에 미치지 못할 수도 있다. 즉, 하위 어휘장들이 체계적으로 조직화되어 최상위 계층의 어휘장으로 통합되는 계층 구조가 명료하지 않을 수도 있는 것이다. 그러나 개방 집합이라 할 수 있는 어휘를 조직화하여 어휘장으로 보여주기 위해서는 의미 영역에 따라 어휘를 분절하는 것이 가장 현실적인 방안이라고 할 수 있다.

이상의 세 가지 구조의 어휘장은 어휘의 계열적인 존재 양상을 보여주기 때문에 이를 계열적 어휘장이라 한다. 이때 어휘의 계열적 존재 양상은 어휘가 담화에서 사용되기 전 머릿속에 저장되어 있는 양상이라 할 수 있다. 이런 점에서 앞서 거론했던 '개념적 환경'은 계열적 어휘장으로 이해된다. 그런데 계열적 어휘장은 결합적 어휘장으로 확장될 수 있다. 예를 들어, (4나)의 '착탈어장'은 '입다, 쓰다, 신다, 두르다, 끼다, 꽂다, 차다, 벗다, 풀다, 빼다'로 이루어져 있지만, 이들 어휘들은 결합하는 대상에 따라 어휘장 내에서 분절될 수 있다.

(5) 착탈 어휘의 결합 관계

<착(着)>		<탈(脫)>
입다	옷	벗다
쓰다	모자	벗다
신다	신발	벗다
두르다	목도리	벗다/풀다
끼다	반지	빼다
꽂다	비녀	빼다
차다	시계	풀다
매다/차다	허리띠	풀다
걸다	목걸이	풀다

위의 결합 관계를 보면 '착(着)'의 어휘장과 '탈(脫)'의 어휘장이 비대칭적

임을 확인할 수 있다. 이러한 점을 고려하면, '옷, 모자, 신발'은 '벗다'와 결합할 수 있다는 점에서 하나의 부류로 묶일 수 있으며, 각각 '입다', '쓰다', '신다'와 결합한다는 점에서 세 가지 부류로 다시 나뉠 수 있다.

이러한 점을 보면, 어휘의 결합 관계에 대한 탐구는 어휘장의 분절 양상을 구체화하는 데 필요한 일임을 알 수 있다. 구조주의 언어학에서는 언어를 계열 축과 결합 축으로 구분하는 것을 기본으로 언어의 구조를 탐구했으며, 어휘장 이론에서는 계열적 장에 이어 결합적 장으로 탐구 대상을 확장하게 되었다. 어휘가 결국 문장 속에서 그 가치가 구현된다는 점을 생각할 때 이는 자연스러운 과정이라 할 수 있다.

결합적 장이론에서는 '개-짖다, 물다', '해 - 뜨다, 지다', '꽃 - 피다, 지다' 등에서 보이는 명사와 동사의 관계를 본질적인 의미 관계로 보고, 이러한 명사와 동사의 결합이 문장에서 실현될 때 이를 의미론적 일치라고 설명한다. 이러한 설명 방법은 주어와 서술어, 목적어와 서술어의 결합 관계에 광범위하게 적용할 수 있다.

코세리우(E. Coseriu)는 결합적 어휘장을 계열적 어휘장과 통합하여 설명하는 통합적 장이론을 구축하였다.[2] 이와 관련하여 주목해야 할 것이 어휘의 '부류'에 대한 설명인데, 여기에서 '부류'는 결합적 어휘장과 계열적 어휘장이 연결될 수 있는 고리가 된다. 이때 '부류'의 성격은 해당 부류에 포함되는 어휘소와 다른 어휘소의 결합 관계를 통해서 명백하게 된다.

가령 '병사, 왕, 지도자' 등은 '늙다'와 결합할 수 있지만, '건물, 나무, 책' 등은 '늙다'와 유사한 의미의 '오래되다'와 결합할 수 있다. 이러한 결합 관계를 보면 '병사, 왕, 지도자'와 '건물, 나무, 책'이 서로 다른 부류로 묶여 있음을 알 수 있다. 그런데 '건물, 나무, 책'의 결합 관계를 면밀히

---

2) 코세리우의 논의는 허발(1985)에 의해 편역된 코세리우의 논문집인 『구조의 미론』을 참조할 수 있다.

살펴보면, '건물, 책'이 '낡다'와 결합할 수 있는 반면 '나무'는 '낡다'와 결합할 수 없음을 발견할 수 있다. 이런 결합 양상을 통해 '건물, 책'이 동일한 부류로 묶이고, 이들은 '나무'와는 다른 부류임을 알 수 있다. 이러한 결합 관계를 체계화하면 다음과 같은 분류 체계를 설정할 수 있다.

(6) 결합 관계에 따른 분류 체계

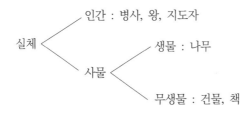

이처럼 결합 관계 정보에 따른 분류 체계는 의미적 선택 제약, 공기(共起), 연어(連語) 양상을 설명하는 데 활용할 수 있다. 그런데 의미적 선택 제약, 공기, 연어 양상을 설명하는 데 활용되는 분류 체계는 전형적인 결합 관계를 벗어나는 은유 표현의 생성 원리를 설명하는 출발점이 될 수도 있다.

(7) 가. 그는 필드에 들어서는 순간 날랜 표범이 되어 상대 진영을 휘저었다.
     나. 우리 팀의 기관차가 지친 모습을 보이면 안 되지.
     다. 사랑이 식어 버린 그에게 집착하는 나 자신이 싫었다.

은유적 의미 확장의 원리는 목표 영역과 근원 영역의 상호 작용으로 설명할 수 있지만, 은유적 해석을 촉발하는 계기는 궁극적으로 나타내려는 목표 영역의 목표어와 그 목표어를 대신하여 근원 영역에서 사용하는 매체어의 분류적 불일치에서 비롯된다.[3] (7가)에서는 인간과 비인간 유정물, (7나)에서는 무정물과 유정성 서술어, (7다)에서는 추상적인 상태 명사와 구체적인 상태를 나타내는 서술어가 상호 관련됨으로써 은유적 의미 확장이 일어났다. 이처럼 은유적 의미 확장이 분류적 불일치에서 기인했다는 점에서, 분류 체계는 은유적 의미 확장의 방향과 양상을 설명하는 근거로 활용될 수 있을 것이다. 어휘 부류와 분류 체계의 설정에 대한 논의는 3.2에서 자세하게 진행할 것이다.

3.1.2. 어휘장의 의미 분절과 빈자리

❏ 어휘장의 분절 구조

어휘장 이론은 내용 중심 문법이라고도 불리는데, 여기에서 '내용'은 곧 의미의 체계를 뜻한다. 이런 점에서 어휘장 이론은 의미의 체계를 기반으로 언어 현상을 설명하는 것이라 할 수 있다. 이때 의미의 체계는 어휘장의 분절(分節, articulation)로 나타난다. 분절은 총체에서 부분으로 들어가는 원리인데, 어휘장의 분절 양상을 확인하는 것은 한 언어의 어휘를 분류하고 체계화하는 기준과 방법을 확인하는 것을 뜻한다. 다음 예를 보자.

(8) 동기(同氣)의 장
    형, 오빠, 누나, 언니, 동생(남동생/여동생)

위에 제시한 것은 [동기]를 원어휘소로 한 어휘장인데, 그 분절 양상을 보이면 아래와 같다. 분절은 < >로 표시하였다.

---

3) 은유 표현은 근원 영역으로 목표 영역을 개념화하는 것인데, '내 마음은 호수다'라는 은유 표현에서는 '호수'로 '마음'을 개념화하고 있다. 따라서 '마음'은 목표 영역의 목표어라고 할 수 있고, '호수'는 그 목표어를 대신하는 근원 영역의 매체어라 할 수 있다.

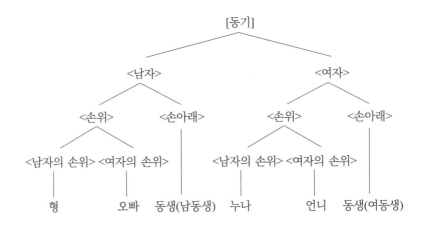

위의 동기어 장에 다른 언어의 동기어를 대응시켜 보면 '동기'와 관련하여 가정할 수 있는 보편적인 개념장이 각 언어의 어휘장으로 어떻게 실현되는지를 비교해 볼 수 있다.

(9) 동기 어휘장의 언어별 비교

	남자			여자		
	한국어	한자어/중국어	영어	한국어	한자어/중국어	영어
남자의 손위	형	兄/哥哥	brother	누나	姊/姐姐	sister
여자의 손위	오빠			언니		
남자의 손아래	동생(남동생)	弟/弟弟		동생(여동생)	妹/妹妹	
여자의 손아래						

위의 비교를 통해 한국어, 중국어, 영어에서의 동기 어휘장이 서로 다르게 구성되어 있음을 알 수 있다. 영어 어휘장에는 '손아래'와 '손위'의 구분이 없고, '남녀'에 따른 구분만 있는 반면, 한국어와 중국어는 '남녀'의 구분에 '손아래'와 '손위'의 구분이 추가되었다. 그런데 한국어와 중국어의 어휘장에도 뚜렷한 차이가 있는데, 한국어의 경우 '손위' 분절에서의

구분이 정교하고 '손아래' 분절이 단순한 비대칭 구조를 띠는 반면, 중국어의 경우는 '손아래'와 '손위' 분절에서의 구분이 같은 대칭 구조를 띠고 있다. 따라서 이러한 분절 양상은 각 언어권 모국어 화자의 사고방식과 관련한 특성을 파악하는 근거가 될 수 있다.

어휘장의 의미 영역을 좀 더 폭넓게 설정하게 되면 분절 체계는 더 복잡해지는데, 이러한 분절 체계를 근거로 해당 언어권 문화와 사고방식의 특성을 풍부하게 설명할 수 있다.

    (10) 조리의 장
        끓이다/쑤다/삶다/찌다/고다/조리다/달이다/데치다/튀기다/지지다/볶다/
        굽다/그슬리다

위의 조리어들은 '열을 가하여 하는 조리 방법'을 의미 영역으로 하는 조리어들이다. 위의 어휘들이 포함되는 조리어 어휘장을 살펴보면 다음과 같은 분절 구조를 확인할 수 있다. 원어휘소 [조리하다] 아래에는 조리의 매개체나 매개체의 활용 방식과 관련한 어휘들이 다음과 같은 방식으로 분절되어 있다.

    (11) 조리어장의 분절 구조

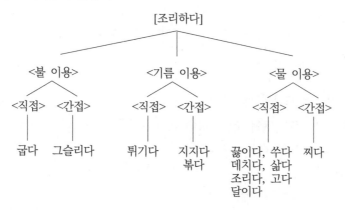

위의 의미장에서 <물 이용>의 분절에 포함된 어휘의 수가 많음을 알 수 있다. 그리고 <물 이용>의 분절은 다양하게 하위 분절될 수 있다. '끓이는 시간'에 따라 <단시간>과 <장시간>으로 하위 분절되어 '데치다'와 '그 외 어휘들'로 구분되고, '데치다'를 제외한 어휘들, 즉 <장시간>의 분절에 포함되는 어휘들은 다시 특정 분절에 따른 대립으로 구획될 수 있다.

(12) <물 이용> 분절의 하위 분절 양상

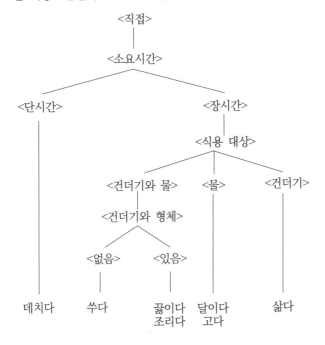

위의 한국어 조리어장의 특성은 다른 언어 조리어장과의 비교를 통해 분명해질 수 있다. 영어 조리어장의 분절 구조를 통해 한국어 조리어장의 특성을 살펴보면 다음과 같다.

(13) 영어 조리어장의 분절 구조

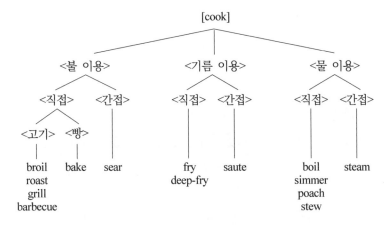

영어와 한국어의 조리의 장을 비교할 때 두드러진 차이는 <물 이용>의 분절과 <불 이용>의 분절에 포함되는 어휘의 양에서 확인된다. 그리고 어휘의 차이에 따라 하위 분절 양상에서도 차이가 난다.

　한국어에서는 <불 이용> 분절의 어휘장이 '굽다, 그슬리다'라는 어휘로 구성되어 <직접>과 <간접>으로 하위 분절되지만, 영어에서는 <굽는 대상>이 <고기>와 <빵>으로 하위 분절되며, <굽는 방법>이 <통으로 구움>(barbecue)과 <잘라 구움>으로 하위 분절된다. 또한 <잘라 구움>은 도구 사용의 차이에 따라 <석쇠 이용>(grill)과 <오븐 이용>(roast)으로 하위 분절되기도 한다.

　반대로 <물 이용> 분절에서 한국어가 <끓이는 대상>에 따른 대립과 <소요 시간>, <식용 대상>, <건더기의 형체> 등에 따라 복잡하게 하위 분절되는 반면, 영어의 경우는 그러한 분절이 상대적으로 단순하다. 물론 영어에서도 <물 이용> 조리어들이 <끓이는 정도>, <소요 시간>, <건더기의 형체> 등으로 하위 분절되지만, 어휘의 수와 복잡성에서는 한국어와 큰 차이가 있다.

이와 같은 어휘장 분절 구조의 차이는 해당 언어 공동체의 문화적 차이를 자연스럽게 보여준다. 이런 점 때문에 어휘장 이론에서는 어휘장을 통해 언어 공동체의 세계관을 설명하는 것을 궁극적 목표로 설정하게 되는 것이다.

❏ 어휘장의 빈자리와 빈자리 채우기

앞서 살펴본 바와 같이 어휘장의 분절 구조를 보면 언어 간의 차이를 확인할 수 있는데, 어휘장 이론에서는 이러한 차이를 '어휘적 빈자리(lexical gap)'의 개념을 활용해 설명하기도 한다.

앞서 살펴봤던 패러다임형 어휘장을 통해 '어휘적 빈자리'의 개념을 간단히 설명하였는데, '어휘적 빈자리'는 한 언어의 어휘장이 보편적인 개념장을 모두 덮지 못할 경우 나타나는 것이라 할 수 있다. 그러나 보편적 개념장의 실체가 모호한 만큼 한국어 어휘장의 어휘적 빈자리는 보편적 개념장과의 비교가 아닌 다른 언어의 어휘장과의 비교를 통해 드러나게 될 것이다. 여기에서는 '양육 어휘장'과 '색채 어휘장'의 비교를 통해 어휘장의 빈자리와 빈자리 채우기의 방식을 설명할 것이다.

(14) 양육 어휘장의 빈자리

사람	짐승	식물
기르다, 키우다 (----) [raise]		
---- (養育) [rear]	치다, 먹이다 (飼育) [----]	가꾸다 (栽培) [grow]

위의 '양육 어휘장'의 분절 구조는 앞서 살펴봤던 '동기어 어휘장'의 분절

구조처럼 어휘적 빈자리를 명확히 비교해 볼 수 있는 예이다. 위의 어휘장 비교를 통해 알 수 있는 사실은 첫째, 고유어 '양육 어휘장'에는 사람에게 만 해당하는 어휘가 없다는 점, 둘째, 한자어 '양육 어휘장'에는 '사람, 짐승, 식물'에 공통적인 어휘가 없다는 점, 셋째, 영어 '양육 어휘장'에는 '짐승'에게만 해당하는 어휘가 없다는 점 등을 들 수 있다. 고유어 어휘장 에서는 이러한 어휘적 빈자리를 '사람, 짐승, 식물'에 공통적인 '기르다, 키우다'로 채우고 있다. 이처럼 어휘장 내의 기존 어휘를 활용하여 어휘적 빈자리를 채우는 것은 색채어에서도 확인할 수 있다.

(15) 색채어 빈자리의 채우기

빨강		노랑		파랑

빨강		노랑		파랑

빨강	주황(朱黃)	노랑	초록(草綠)	파랑

'주황(朱黃)'과 '초록(草綠)'이 쓰이기 전의 우리말 어휘장에서 '주황'과 '초록'의 자리는 어휘적 빈자리라 할 수 있다. 이때 '주황'과 '초록'의 빈 자리는 고유어 색채어인 '빨강', '노랑', '파랑' 등의 의미 폭을 넓혀 채우 게 된다. 그리고 한자어 색채어인 '주황'과 '초록'이 색채 어휘장에 수용 되면서 색채에 대한 개념적 구분이 정교해지게 된다. 이를 보면 하나의 색채어가 나타내는 색채의 의미 폭은 해당 언어의 어휘장이 어떻게 구성 되느냐에 따라 달라진다는 걸 알 수 있다.

어휘장의 빈자리를 인식했을 때는 신어, 즉 새말을 만들어 빈자리를 채우기도 한다. 아동 문학가 방정환은 어린아이를 인격적으로 존중하는 뜻을 담아 '어린이'라는 말을 제안했다. 그는 '젊다'에 대응하는 '젊은이', '늙다'에 대응하는 '늙은이'가 있는데도 '어리다'에 대응하는 어휘가 없다

는 데 착안하여 '어린이'라는 말을 만들었다고 한다.4)

이처럼 어휘장의 빈자리는 어휘로 실현되지 않았을 뿐 잠재적 의미 특징을 가진 내용이기 때문에 다양한 방식으로 채워질 수 있다. (14)와 (15)의 예를 통해 확인한 것은 어휘장 내의 기존 어휘를 확장적으로 활용하여 빈자리를 채우거나, 한자어와 같은 외부의 어휘를 수용하거나, 새로운 말을 만들어 빈자리를 채운다는 사실이었다. 이중 한자어와 외래어 그리고 신어로 어휘적 빈자리를 채우는 것은 가장 일반적인 방식이라 할 수 있는데, 이는 해당 언어의 어휘를 확장하는 계기가 된다. 한자어와 외래어 그리고 신어의 다양한 예는 어휘 유형에 대해 다룬 2장에서 살펴본 바 있다.

3.2. 어휘의 분류 체계

어휘의 의미 작용을 근거로 어휘를 분류하고, 이를 통해 설정된 어휘의 부류로 어휘의 의미 작용을 설명하는 것은 어휘 의미론의 주요 내용이다. 이는 어휘론에서도 중요한 과제인데, 어휘론에서는 어휘 부류 간의 관계를 분류 체계로 보임으로써, 어휘 체계 내에서 특정 어휘 부류의 위상을 설명하는 데 초점을 둔다. 이 절에서는 어휘 부류와 분류 체계의 관계, 어휘 부류의 의미 작용 양상 등을 설명하고, 어휘 부류에 대한 인식을 응용하여 편찬된 분류 어휘집과 분류 사전의 분류 체계를 살펴볼 것이다.

---

4) <경민편언해 개간본: 22ㄴ>(1658)의 "얼운은 어린이를 어엿비 너기디 아니ᄒ며"란 문장을 보면, '어린이'는 새로 만들어진 말이 아님을 알 수 있다. 그런 점에서 방정환이 '어린이'란 단어를 만들었다는 말은 '어린이'가 '어린아이를 대접하거나 격식을 갖추어 이르는 말'로서 어휘장에 새롭게 자리잡는 계기를 만들었다는 의미로 이해할 수 있다.

3.2.1. 어휘 부류와 분류 체계

앞서 결합적 어휘장과 계열적 어휘장을 통합한 통합적 장이론에 대해 설명하면서, 코세리우의 부류 개념을 간단히 설명한 바 있다. 이때 어휘 부류는 결합적 어휘장과 계열적 어휘장을 연결 지어 살펴봄으로써 설정할 수 있었다. 이러한 어휘 부류는 자연스럽게 의미적 선택 제약, 공기(共起), 연어(連語) 양상을 설명하는 데 활용될 수 있다. 이를 볼 때, 통합적 장이론에서 설정한 '어휘 부류' 개념은 대상 부류 이론에서의 '대상 부류(classes of objects)'[5]로 이어진다고 할 수 있다.

그로스(G. Gross)의 대상 부류 이론에서는 어휘의 의미가 '대상 부류'에 의해 정의된다고 설명한다. 이때 대상 부류는 계층적 관계를 구성하며 동일한 상위 부류에 속하는 용법들을 하나의 의미로 통합하는 역할을 한다. 그렇다면 '대상 부류'는 어떻게 설정할 수 있는가? '대상 부류'는 '적정 술어'에 의해 규정된다. '적정 술어'가 '대상 부류' 설정의 관건이 되는 것이다. 이런 점을 보면, 대상 부류 이론은 통합적 어휘장 이론과 문제의식을 공유한다고 할 수 있다.

이러한 대상 부류 이론은 어휘 의미의 다의성을 기술하는 데 효과적으로 활용되었다. '대상 부류의 계층적 부류'와 '대상 부류'와 '적정 술어'의 상호 작용 양상을 통해 다의어의 의미 분할 조건을 명시화할 수 있었던 것이다.

---

5) '대상 부류'는 다의어 처리와 관련하여 논항 기술의 엄밀성과 형식성을 보장하기 위한 장치로 고안되었다가, 언어의 전산 처리와 자동 번역에 활용할 수 있는 전자사전을 구축하기 위한 언어 기술 방법론으로 활용되었다. 이와 관련한 개괄적인 설명은 이성헌(2001)과 박만규(2002)를 참고할 수 있다.

다음과 같은 문장이 주어졌을 때 '사과'의 의미를 어떻게 규정할 수 있을까?

우리는 사과를 심었다. / 사과가 시들었다. / 사과가 달다. / 사과가 익었다. / 우리는 사과를 땄다. / 우리는 수확한 사과를 팔았다.

대상 부류 이론에서는 대상 부류와 적정 술어를 추출하고, 대상 부류의 계층 관계를 파악하면서 의미의 분할 여부를 결정한다. 상위 부류의 적정 술어는 하위 부류로 승계된다.

대상 부류 : <나무>
적정 술어 : 심다, 가꾸다, 재배하다, 베다 등(동사), 그루(분류사)
상위 부류 : <식물>, <생물>
상위 부류의 적정 술어 승계 : 시들다, 자라다, 죽다, 병들다 등

대상 부류 : <과일> 사과, 포도, 배 등
적정 술어 : 달다, 시다...(형용사), 깎다, 깎아먹다 등(동사), 개, 알(분류사)
상위 부류 : <먹거리>, <상품>
상위 부류의 적정 술어 승계 : 먹다, 소화하다, 비싸다, 팔다 등

대상 부류 : <열매> 사과, 포도, 배 등
적정 술어 : 따다, 열리다, 익다 등(동사), 개, 알(분류사)
상위 부류 : <농작물>
상위 부류의 적정 술어 승계 : 거두다, 수확하다 등
위의 기술을 근거로 한다면, '사과'의 의미는 대상 부류를 기준으로 다음과 같이 기술될 수 있다.
사과 : n. 1. <나무>, 2. <열매>, 3. <과일>

---

6) 한국어 어휘의 의미 분할과 관련하여 대상 부류 이론을 적용한 논의로는 박만 규(2002)를 들 수 있는데, 위의 내용은 박만규(2002)에 기댄 것이다.

실제 머릿속 사전에서 어휘를 저장하고 활용하는 양상은 여러 차원으로 이루어진다는 점에서, 어휘 부류는 다양한 관점에서 설정할 수 있을 것이다. 통합적 장이론과 대상 부류 이론에서 중요하게 생각하는 것은 구문에서의 의미 작용을 근거로 어휘 부류를 설정하고, 그러한 어휘 부류를 구문에서 어휘의 의미 작용을 설명하는 데 활용한다는 것이다. 이처럼 언어학적 관점에서 어휘 부류를 설정하는 것은 응용적 관점에서 어휘 부류를 설정하는 것과 차이가 있다. 어휘집이나 사전을 편찬하는 응용적 차원에서는 어휘가 나타내는 내용에 주목하여 어휘를 분류하는 경우가 많다. 구문 내 어휘의 의미 작용은 어휘를 분류하는 데 부차적으로 참고할 뿐이다. 그러나 어휘가 나타내는 내용의 존재론적 특성은 궁극적으로 어휘의 의미 작용에 일정한 영향을 미치기 마련이므로 응용적 차원에서 설정한 어휘의 부류 정보 또한 문법론과 의미론의 중요한 탐구 대상이 될 수 있다.

언어학적 관점에서 설정한 어휘 부류든 응용적 차원에서 설정한 어휘 부류든, 어휘 부류는 상호 위계적으로 관계를 맺게 된다. 이런 점에서 어휘 부류 간의 위계적 관계는 계열적 어휘장의 분절 구조와 유사한 면이 있는데, 이때 어휘 부류 간의 위계적 관계를 어휘의 분류 체계라고 한다. 어휘의 분류 체계를 통해 특정 어휘 부류의 어휘 체계 내 위상을 가늠할 수 있다는 점에서 어휘 분류 체계를 구축하는 것은 어휘론에서 중요한 과제가 된다.

3.2.2. 어휘의 부류와 의미 작용

품사 범주에 따른 어휘 부류는 문법론적인 측면에서 어휘를 분류한 것이다. 그러나 구문에서 어휘의 작용을 설명하기 위해서는 문법론적 측면에서의 분류뿐만이 아니라 의미론적 관점에서의 어휘 부류를 파악하는 것도 필요하다. 앞서 살펴봤던 어휘장 및 대상 부류와 관련한 논의는 이러한 필요성에 부응하는 측면이 있다. 그런데 이들 논의는 주로 명사와 서술어 간의 연어적 결합 관계를 중심으로 전개된 측면이 있는데, 이 절에서는 논의 대상을 확장하면서 다양한 어휘 부류의 구문 내 작용 양상을 살펴볼 것이다. 이를 통해 어휘 부류와 어휘 분류 체계의 의의가 좀 더 분명해질 수 있을 것이다.

(16) 가. 배움이 없이는 앎도 없다.
　　　나. 밥을 먹는 것은 배우지 않아도 안다.
　　　다. 여성의 미는 자기를 개발하는 모습 속에 있다.
　　　라. 그처럼 아름다운 꽃을 본 적이 없다.

(16가)와 (16다)의 '배움', '앎', '미'는 명사에 속하고, (16나)의 '배우다'와 '알다'는 동사에 속하고, (16라)의 '아름답다'는 형용사에 속한다. 그러나 의미상으로는 '미'는 '배움'보다 '아름답다'와, '배움'은 '미'보다 '배우다'와의 관련성이 더 높다. 이를 보면 어휘의 의미는 품사 부류와 직접적으로 관련되지 않고 구문 내에서 어휘의 작용을 설명하는 데에도 영향을 미치지 않는 것처럼 보인다. 그런데 아래의 예는 구문 내에서 어휘의 작용을 설명하는 데 어휘의 의미 부류가 중요한 역할을 함을 보여준다.

(17) 가. 철수는 매우/아주 부자/천재/미남(은/는) 아니다.
　　　나. *철수는 매우/아주 선생/학생/사람(은/는) 아니다.
　　　다. 학생은 매우/아주 밑/아래/바닥/위/구석에 담배를 숨겼다[7].
　　　라. *학생은 매우/아주 책상/선반/방에 담배를 숨겼다.

---

7)　'밑, 아래' 등 어휘와의 공기 양상에서 '매우'는 '아주'에 비해 부자연스러운 면이 있지만, (17라)에 비해서는 훨씬 자연스럽다.

(17)에 나타난 부사와 명사의 공기(共起) 관계를 통해 의미적 공통성을 띠는 부사와 명사의 부류를 가정할 수 있다. (17가)와 (17나)에서의 분포상 차이는 어휘 의미의 특징에 따라 인간 명사를 두 부류로 나눌 수 있음을 말해준다. 즉, '매우/아주'의 꾸밈을 받을 수 있는 '부자, 천재, 미남'은 [인간의 속성]을 나타내는 '선생, 학생, 사람'과 달리 [인간이 지닌 속성의 상대적 정도]를 나타내는 어휘인 것이다. 이런 점에서 보면, (17다)와 (17라)에서의 분포상 차이도 명사의 의미 부류상 차이에서 비롯됨을 알 수 있다. 즉, '매우/아주'의 꾸밈을 받을 수 있는 '밑, 아래, 바닥, 위, 구석'은 [사물의 속성]을 나타내는 '책상, 선반, 방'과 달리 [사물 간 관계의 상대적 정도]를 나타내는 어휘로 볼 수 있는 것이다.

(17가)와 (17다)의 명사들이 '매우/아주'의 꾸밈을 받을 수 있는 것을 볼 때, (17가)의 '부자, 천재, 미남'과 (17다)의 '밑, 아래, 바닥, 위, 구석'을 하나의 부류로 묶을 수도 있다. 위에서의 의미 분석에 따르면 두 그룹의 어휘는 [상대적 정도]를 공유한다는 공통성이 있다. 이처럼 [상대적 정도]를 나타내는 어휘는 "내가 너보다 부자다."나 "내가 너보다 아래다."처럼 비교 표현이 가능하다.

이처럼 구문 내에서 어휘의 작용을 설명하는 데 어휘의 의미 부류가 중요한 역할을 한다는 문제의식은 앞서 살펴보았던 통합적 어휘장 이론이나 대상 부류 이론에서의 문제의식과 같다. 최경봉(2015)에서는 이러한 과정을 거쳐 구축한 명사의 분류 체계를 제시한 바 있다.

(18) 최경봉(2015)에서 제시한 명사의 분류 체계[8]

인간 명사의 의미 분류

[-내포[9]] - 철수, 영희, 순희
[+내포] - 형상: 사람, 인간, 여자, 남자, 아가씨, 총각, 아줌마, 노인, 젊은이
　　　　 구성: 부자, 천재, 바보, 미인, 영세민
　　　　 기능: 선생님, 의사, 가수, 연기자, 국회의원, 시장, 군수, 대통령,
　　　　　　　 장관, 흡연자, 행인, 보행자, 환자, 제자, 일꾼, 지게꾼
　　　　 작인: 아버지, 어머니, 아들, 딸, 형, 누나, 동생, 부하, 상관

사물 명사의 분류

공간 - [-내포] - 형상: 백두산, 한강
　　　　　　　 기능: 충청도, 전라도, 중국, 미국[10]
　　　 [+내포] - 형상: 땅, 하늘, 산, 들, 바다, 강, 냇가
　　　　　　　 기능: 학교, 호텔, 마당, 운동장, 체육관, 공원, 도시, 고향,
　　　　　　　　　　 국가, 마을, 국회, 회사, 집

---

8)　이 분류 체계에서 '형상, 구성, 기능, 작인'이란 분류 기준은 Pustejovsky(1995)
　　에서 제시한 속성 구조(Qualia Structure)의 네 가지 속성역(FORMAL,
　　CONSTITUTIVE, TELIC, AGENTIVE)을 원용한 것이다. Pustejovsky(1995)에
　　서는 '사물이 어떤 모양이고, 무엇으로 구성되고, 어떤 기능을 하고, 어떻게
　　만들어지게 되었는지'로 명사의 어휘 정보를 기술하고자 했는데, 이러한 속성
　　역은 아리스토텔레스가 명사의 속성을 분석했던 틀에서 유래한 것이다. 위의
　　분류 체계는 각 명사가 네 가지 속성역 중 어느 속성역에 중점을 두고 있는지
　　를 포착해 이를 분류할 수 있음을 보여주고 있다.

9)　고유 명사는 의미 속성을 가지지 않는다는 점에서 '[-내포]'로 볼 수 있지만,
　　보통 명사는 그것이 가리키는 사물과 관련한 의미 속성을 가진다는 점에서
　　'[+내포]'로 볼 수 있다.

10)　충청도, 전라도, 중국, 미국 등은 지명을 나타내는 말이지만, "충청도와 전라도
　　가 힘을 합쳤다."나 "중국과 미국이 기 싸움을 하고 있다."에서처럼 일정한
　　기능을 하는 조직체로서의 의미로 쓰일 수도 있다.

개체 - [-내포]

    [+내포] - 유정 - 형상: 돼지, 소, 말, 개, 닭

                  기능: 가축, 사냥개

         무정 - 형상: 가스, 공기, 나무, 눈물, 때, 물, 사과, 쌀, 풀,

                   흙

                  기능: 망치, 밥, 빵, 의자, 기관차, 자동차, 책상, 톱

                  작인: 인조물, 창작물

부분체 - 공간 부분 - 형상: 냇가, 강변, 상처

                기능: 길목, 방, 구멍, 창, 문, 문턱, 벽, 입구

    개체 부분 - 유정: 얼굴, 등, 가슴, 허리, 배, 무릎, 머리

            무정: 가지, 뿌리, 엔진, 손잡이, 뚜껑, 마개

이러한 분류 체계에서 확인되는 명사의 부류는 명사의 다양한 의미 작용을 설명할 때 유용하게 활용할 수 있다. 이는 인간의 머릿속 사전에 이러한 어휘 부류가 체계적으로 저장되어 언어 활동에서 활용된다는 뜻이기도 하다.

(19) 가. 학교에서는 이번 학기 등록금을 동결한다고 발표했다.

    나. 이 제품은 미국에서 수입을 금지하는 것이다.

    다. 나무(에, *에게) 물을 주었다.

    라. 땅(에, *에게) 물을 뿌렸다.

(19가, 나)에서처럼 '학교'와 '미국'이라는 공간 명사가 '행위주'로 쓰이는 현상은 어휘의 분류 체계를 근거로 설명할 수 있을 것이다. 위의 분류 체계에서 '학교'와 '미국'은 공간 명사이면서 '기능'의 부류로 설정되어 있는데, 이러한 부류에 속하는 어휘는 대부분 (19가, 나)와 같은 용법을 보인다. 특정한 기능을 하는 공간에는 그러한 기능을 수행할 수 있게 하는

주체가 있기 때문이다. (19다, 라)에서 '에게'를 쓸 수 없는 현상 또한 위의 분류 체계를 근거로 설명할 수 있다. 위의 분류 체계에서 '나무'는 '무정 명사'로, '땅'은 '공간 명사'로 분류되어 있는데, 이러한 분포 제약 현상을 다른 부류로 확대해 보면, '에게'는 유정 명사와만 결합할 수 있다는 결론 에 이르게 된다.

명사의 분포 제약 관계를 참고해 명사의 분류 체계를 설정하는 것은 동사의 분류 체계를 설정하는 데에도 참고할 수 있다. 즉, '분포 제약 관 계'를 '논항 선택 관계'로 확대하여 보면 동사 분류의 근거를 확인할 수 있을 것이다.

(20) 가. 철수가 영어를 <u>배운다</u>/공부한다/혐오한다.
　　 나. 철수가 학교에 <u>다닌다</u>/들른다/간다.
　　 다. 철수가 친구에게 책을 <u>주었다</u>/기증했다/팔았다/샀다.
　　 라. 물이 <u>흘렀다</u>/뛰었다/넘었다.

(20)의 예를 통해 일차적으로 확인할 수 있는 것은 동사에 따라서 논항 구조가 다르다는 것이다. (20가)는 대상(theme)을, (20나)는 방향 (direction)을, (20다)는 수혜자와 대상을, (20라)는 대상만을 필요로 하는 동사다. 이런 사실에 주목하면 논항 구조의 차이를 근거로 한 동사의 분류 체계를 생각해 볼 수 있다. 그러나 (20가)의 동사에서 의미적 공통성을 찾기 어려운 걸 보면, 논항 구조를 기준으로 한 분류 체계가 언제나 의미 에 근거한 분류 체계와 일치하는 것이 아님을 알 수 있다. 다만 (20나)의 동사에서는 [이동], (20다)에서는 [수여], (20라)에서는 [움직임]이라는 공 통 의미를 포착할 수 있는데, 이러한 의미적 공통성은 동사의 부류를 설정 하는 근거가 될 수 있다. 그런데 [움직임]이라는 공통 의미를 가진 (20라) 의 '<u>흐르다, 뛰다, 넘다</u>'는 상적 의미에 따라 다음과 같은 분포상 차이를 보이기도 한다.

(20) 라'. 물이 한 시간 동안 (흘렀다, $^{??}$뛰었다, $^{??}$넘었다).

위에서 '뛰다, 넘다'처럼 '순간성'이라는 상적 특성을 지닌 동사는 '한 시간 동안'과 공기할 경우 (20라)와 의미 해석이 달라진다. '한 시간 동안'과 공기하는 문장이 수용되기 위해서는 '뛰거나 넘는' 단발성 사건이 반복되는 것을 전제해야 하기 때문이다. 이런 점을 보면 동사에 내재되어 있는 상적 의미를 통해 동사를 분류하는 것도 어휘의 작용을 파악하는 데 유용함을 알 수 있다. 상적 특성을 동사에 내재하는 시간적 속성으로 보고 동사를 상적 특성에 따라 분류한 연구는 대체로 Vendler(1967)를 기반으로 한 것이다.

(21) 동사의 상적 부류(Vendler, 1967: 105-108)
   activity(행위): run, walk, swim, push a cart, drive a car...
   accomplishment(완성): paint a picture, make a chair, deliver a sermon, draw a circle, recover from illness...
   achievement(달성): recognize, spot, find, lose, reach, win, born, die...
   state(상태): know, believe, have, possess, desire, love...

이때 위 부류의 동사에 내재한 상적 특성은 다음과 같이 나타낼 수 있다.

(22) 동사에 내재한 상적 특성

	stative 정태적	telic 종결적	punctual 순간적	homogeneity 동질성
상태	+	-	-	+
행위	-	-	-	+
완성	-	+	-	-
달성	-	+	+	-

이러한 상적 특성은 구문 내에서 어휘의 의미 작용을 결정하게 되며, 이러한 현상을 통해 특정 어휘군을 하나의 어휘 부류로 설정할 수 있게 된다. 아래의 예는 상적 특성에 따른 어휘 부류가 구문 내에서 동사의 의미 작용을 설명할 수 있는 근거가 될 수 있음을 보여준다.[11]

> (23) 가. 나는 한 시간 (동안, *만에) 운동장에서 뛰었다.
> 나. 나는 한 달 (동안, 만에) 집을 지었다.
> 다. 나는 한 시간 (*동안, 만에) 도착했다.

'뛰다'처럼 '행위'의 부류에 속하는 동사는 (23가)에서처럼 '한 시간 동안'과는 결합하지만, '한 시간 만에'와는 결합하지 못한다. '행위'의 동사는 지속적이면서 동질성을 띠지만, '만에'는 종결성을 띠기 때문이다. '걷다, 말하다, 읽다, 연구하다' 등의 어휘가 이런 부류에 속한다.

'짓다'처럼 '완성'의 부류에 속하는 동사는 (23나)에서 볼 수 있듯이 '한 시간 동안'과 '한 시간 만에'와 모두 결합할 수 있다. '완성'의 동사는 지속적이면서도 완결성을 띠기 때문이다. '만들다, 그리다, 설계하다, 편집하다' 등의 어휘가 이런 부류에 속한다.

'도착하다'처럼 '달성'의 부류에 속하는 동사는 (23다)에서 볼 수 있듯이 '한 시간 만에'와는 결합하지만 '한 시간 동안'과는 결합하지 못한다. '달성'의 동사는 순간적이면서 종결성을 띠기 때문이다. '태어나다, 죽다, 잃다, 폭파하다' 등의 어휘가 이런 부류에 속한다.

---

11) 서술어의 특징에 따라서 진행상이 불가능하거나 완료상이 불가능한 경우가 나타나는 것은 어휘의 상적 특성이 문법상을 결정하는 바탕이 될 수 있음을 보여준다. 그러나 문장의 의미 해석이나 문법성 판단에서 모호한 면이 많이 나타나기 때문에 어휘상의 분류를 분류 체계로 발전시키기는 쉽지 않은 일이다.

3.2.3. 어휘 분류 체계의 응용

사물을 분류하여 인식하듯이 어휘도 분류하여 인식한다는 데 착안하여 분류 어휘집과 분류 사전이 편찬되었다. 대표적인 분류 어휘집인 로제 (P.M. Roget)의 『Thesaurus』는 어휘를 개념에 따라 분류한 것인데, 분류 체계 내 어휘들의 의미적 관계는 어휘장의 분절처럼 긴밀하지는 않고 직관적인 면이 있다.

시소러스

분류 사전 중 가장 저명한 것이 영어를 대상으로 한 분류 사전인 『Thesaurus』이다. 로제(P.M. Roget)는 26세 때인 1805년에 시작하여 1852년 『Thesaurus』라는 제목의 분류 사전을 완성하였다. 그의 생전에만 28판을 거듭할 만큼 『Thesaurus』는 저술가들이 기본적으로 갖추어야 할 도서로 명성을 떨쳤고, 시소러스(thesaurus)는 이후 분류 사전이나 유의어 사전을 가리키는 보통 명사가 되었다. 로제의 시소러스는 1000개의 주제(topic)별로 나뉘어 있다. 어휘는 일차적으로 '추상적 관계(abstract relation)', '공간(space)', '물질(matter)', '지성(intellect)', '의지(volition)', '감정(affection)' 등 6개의 부류(class)로 나뉘고, 6개의 부류는 다시 39개의 하위 부류(section)로 나뉜다. 그리고 이 하위 부류가 여러 주제(topic)로 다시 나뉘는데, 이 주제(topic)는 단일 의미 영역 내에 묶이는 어휘군의 대표 명칭으로 볼 수 있으며, 그 개수가 1000개이다. 이 주제 아래 여러 개의 유사한 어휘가 배열되어 있다.

우리의 경우 중세 때부터 어휘를 분류하여 제시한 어휘집이 다양하게 편찬되었는데, 이런 어휘집 편찬이 가능했던 것은 이 어휘집들이 한자 문화권의 자장(磁場) 안에서 구상되었기 때문이다. 한자 문화권에서 어휘를 분류하고 이를 하나의 체계로 엮은 것은 한자 자전을 편찬할 때부터인데, 한자 자전의 기원이라 할 수 있는 『설문해자(說文解字)』에서는 의미 자질에 해당하는 540개의 부수를 정하고 이에 따라 한자를 분류하였다.

『설문해자(說文解字)』는 9353자에 달하는 한자(漢字)의 글자 모양과 뜻 그리고 발음을 해설한 자전(字典) 성격의 책이다. 이 책에서 특별히 주목할 부분은 이 책이 모든 한자의 구성 요소를 분석·정리하여 그 공통된 부분을 추출하여 540개의 의미 부류인 의부(義符)를 제시하고, 이에 따라 9353자의 한자를 분류·수록하였다는 점이다. 의미 자질에 해당하는 의부 곧 한자의 부수(部首)를 540자로 정한 것은 6×9×10=540이라는 계산법에서 비롯되었다. 중국의 전통 사상에서 6은 가장 큰 음의 수이고, 9는 가장 큰 양의 수이고, 10은 완전한 수를 의미한다. 따라서 540이란 수는 세상 만물을 총망라한다는 의미가 있다.

『설문해자(說文解字)』를 펴낸 허신(許愼)의 아들인 허충(許沖)이 『상설문해자서(上說文解字書)』에서 이 책의 성격을 다음과 같이 기술하고 있다.

"만물을 같은 종류에 따라 모으고, 그 무리에 따라 구분하여 … 천지와 귀신, 산·시내·풀·나무, 새·짐승·곤충, 온갖 사물과 기괴한 것들, 왕제와 예의, 세상사 등 담아내지 않은 것이 없습니다.(方以類聚 物以群分 … 天地鬼神, 山川草木, 鳥獸昆蟲, 雜物奇怪, 王制禮儀, 世間人事, 莫不畢載)"

전통 어휘집의 분류 체계는 『설문해자(說文解字)』의 분류 방식과 유사한 측면이 있지만, 어휘집 편찬의 목적이나 편찬자 개인의 관점에 따라 차이를 보인다. 『훈몽자회(訓蒙字會)』는 사물의 유형화를 통해 귀납적으로 분류 체계가 이루어진 대표적인 학습용 분류 어휘집이다. 따라서 분류 항과 사물을 직접 연결하는 분류 방식을 취하고 있다.

(24) 『훈몽자회』의 분류 체계
천문(天文), 지리(地理), 화품(花品), 초훼(草卉), 수목(樹木), 과실(果實), 화곡(禾穀), 소채(蔬菜), 금조(禽鳥), 인개(鱗介), 곤충(昆蟲), 신체(身體), 천륜(天倫), 유학(儒學), 서식(書式), ……

세부적인 항목에는 차이가 있지만, 『신증유합(新增類合)』과 같은 한자 학습서나 『역어유해(譯語類解)』, 『방언집석(方言集釋)』 등과 같은 대역 분류 어휘집에서도 『훈몽자회』에서와 같은 분류 방식을 발견할 수 있다.

이중 『방언집석』의 분류 체계를 살펴보자.

(25) 『방언집석』의 분류 체계
천문류(天文類), 시령류(時令類), 기후류(氣候類), 지여류(地輿類), 존비류(尊卑類), 친속류(親屬類), 신체류(身體類), 용모류(容貌類), 동정류(動靜類), 기식류(氣息類), 성정류(性情類), 언어류(言語類), 궁전류(宮殿類), 조회류(朝會類), 정사류(政事類), ……

그러나 물명류 어휘집에서는 언어 학습의 효율성보다는 사물의 명칭, 즉 물명(物名)에 대한 지식 기반을 구축하는 데 목표를 두었고, 이렇게 구축된 지식 기반은 학습의 도구보다는 세계를 설명하고 사물을 적절하게 활용하기 위한 목적으로 사용되었다. 따라서 이 분류 방법은 분류 어휘집을 저술한 실학자들의 사상적 배경이라고 할 수 있는 유교 철학의 존재론에 바탕을 두고 있다. 특히 여기에 나타난 분류 체계의 위계성은 세계에 대한 존재론적 인식의 위계성을 반영한 것이라고 볼 수 있는데, 이는 언어 학습을 위한 분류 어휘집과 차이를 보이는 부분이다. 이중 『물보(物譜)』와 『재물보(才物譜)』의 분류 체계를 살펴보자.

(26) 『물보』의 분류 체계
천생만물(天生萬物): 초목부(草木部), 충어부(蟲魚部)
　　　　　　　　　　충치부(蟲豸部), 조수부(鳥獸部)
인위만사(人爲萬事): 신체부(身體部), 인도부(人道部)
　　　　　　　　　　기계부(器械部), 기용부(器用部)

(27) 『재물보』의 분류 체계
천보(天譜): 천(天): 천지(天地), 일(日), 월(月), 성진(星辰), 풍(風), 운(雲), …
지보(地譜): 지(地): 여지도(輿地圖), … 토(土), 산(山), 구(丘), 곡(谷), 수(水), 해(海), 강(江), … 금(金), 옥(玉), 석(石), 화(火)

인보(人譜):　一. 인(人): 신(身), 두(頭), 발(髮), 미(眉), 면(面), …

　　　　　　二. 인륜(人倫): 부모(父母), 조선(祖先), 숙(叔), 자(子), 여(女), …

　　　　　　三. 민(民): 사(士,), 농(農), 공(工), 가(賈), 잡술(雜術): 의(醫), …

　　　　　　四. 인품(人品), 인사(人事), 예(禮), 악(樂), 병(兵), …

물보(物譜): 물체(物體), 물용(物用,) 용물(用物), 성(聲), 색(色), 취(臭), …

　　　　　우충(羽蟲), 모충(毛蟲), 인충(鱗蟲), 개충(介蟲), 곤충(昆蟲),

　　　　　곡(穀), 채(菜), 과(果), 초(草), 목(木), 죽(竹)

위에서 '천생만물', '인위만사', '천보', '지보', '인보', '물보' 등과 같은 부류는 사물의 유형화를 통해 이루어진 분류가 아니다. 이는 세계관에 의거해 연역적으로 이루어진 분류 체계라 할 수 있다. 따라서 사물의 유형화를 통한 분류가 이루어지면서 분류 체계는 위계성을 띠게 된다.

　이러한 분류 전통은 근대 이후 계승되지는 못했고, 현대 분류 사전은 서양 분류 사전에 영향을 받아 작문용 사전으로서 편찬되었다. 작문용 사전이라는 특성상 가장 중요한 것은 독자와 편찬자가 분류 체계를 공유하는 것이다. 이 때문에 분류 사전 편찬자는 정교한 분류보다는 적절한 선에서 분류 계층을 통합하고, 일반적으로 공유할 수 있는 분류 기준을 설정하기 위해 노력한다.

　(28) 『우리말 갈래사전』의 분류 예

　　　1. 사람의 몸-몸의 구조와 생리

　　　　　1)이름씨 꼴 2)그림씨 꼴 3)움직씨 꼴

　　　2. 사람의 행위- 행위, 작업, 활동

　　　　　1)이름씨 꼴 2)그림씨 꼴 3)움직씨 꼴

　　　3. 사람의 마음-심리, 사념, 감정, 정신

　　　　　1)이름씨 꼴 2)그림씨 꼴 3)움직씨 꼴

4. 사람의 別稱
　　1)외모 2)행태 3)생태

　………………

14. 식생활 1)식품 2)음식물 3)기호식품 4)조리·음식맛 5)식사 6)식생활
　　도구

　그러나 계층적 분류를 하게 되면 분류의 기준과 관련하여 인식의 차이
가 나타날 수 있다는 점에서, 소규모 학습용 사전은 대분류와 소분류의
구분이 없이 분류 항목을 나열해 놓기도 한다. 비체계적으로 보이지만
계층 설정에 따른 복잡성을 고려하면, 복잡한 미로를 헤매는 것보다는
단순한 게 편리하기 때문이다.

(29)『의미로 분류한 현대 한국어 학습사전』의 분류 예

1.인간과 인간관계	11.식생활	21.놀이와 게임	31.연료와 에너지
2.가족과 친인척	12.주생활	22.운동	32.도로와 교통
3.성과 결혼	13.말과 글	23.나라 이름	33.자연현상
4.신체와 생리작용	14.언론과 출판	24.국가와 정치	34.동물
5.병과 치료	15.정보와 통신	25.법과 질서	35.식물
6.삶과 죽음	16.교육	26.국방	36.모양
7.감각과 감각기관	17.과학과 학문	27.사회와 사회활동	37.빛과 색채
8.생각과 감정	18.종교와 믿음	28.경제와 경제활동	38.수와 수량
9.성격과 태도	19.문명과 문화	29.직업과 직장	39.시간
10.의생활	20.예술 취미	30.산업	40.공간과 우주
			41.상태와 정도
			42.동작

　이처럼 의미적 관점에서 분류 체계를 설정하는 방법론은 특정 목적으로
균형 있게 어휘를 수집하는 데에도 유용하게 활용될 수 있다. 한 예로
1930년 영국의 언어학자 오그덴(C.K. Ogden)은 영어 학습을 위한 최소한

의 어휘를 제공하기 위해 850개의 제한된 어휘로 기초 영어(basic English)를 설계하였다. 이 850개의 어휘는 일정한 분류 체계를 근거로 배분되었다.

(30) 기초 영어(basic English)의 분류 체계
　　작용(Operations) 100
　　사물(Things) 600 : 일반적 사물(General) 400 / 묘사되는 사물(Pictured) 200
　　성질(Qualities) 150 : 일반적인 성질(General) 100 / 반대의 성질 (Opposites) 50

기초 영어(basic English)에서는 이러한 분류 체계에 따라 850개의 어휘를 다음과 같이 배치하였다.

(31) 『THE BASIC DICTIONARY』에 제시된 최소 어휘 850개

BASIC ENGLISH

OPERATIONS ETC. 100	THINGS 400 General				200 Pictured		QUALITIES 100 General	50 Opposites	EXAMPLES OF WORD ORDER
COME	ACCOUNT	EDUCATION	METAL	SENSE	ANGLE	KNEE	ABLE	AWAKE	THE
GET	ACT	EFFECT	MIDDLE	SERVANT	ANT	KNIFE	ACID	BAD	CAMERA
GIVE	ADDITION	END	MILK	SEX	APPLE	KNOT	ANGRY	BENT	MAN
GO	ADJUSTMENT	ERROR	MIND	SHADE	ARCH	LEAF	AUTOMATIC	BITTER	WHO
KEEP	ADVERTISEMENT	EVENT	MINE	SHAKE	ARM	LEG	BEAUTIFUL	BLUE	MADE
LET	AGREEMENT	EXAMPLE	MINUTE	SHAME	ARMY	LIBRARY	BLACK	CERTAIN	AN
MAKE	AIR	EXCHANGE	MIST	SHOCK	BABY	LINE	BOILING	COLD	ATTEMPT
PUT	AMOUNT	EXISTENCE	MONEY	SIDE	BAG	LIP	BRIGHT	COMPLETE	TO
SEEM	AMUSEMENT	EXPANSION	MONTH	SIGN	BALL	LOCK	BROKEN	CRUEL	TAKE
TAKE	ANIMAL	EXPERIENCE	MORNING	SILK	BAND	MAP	BROWN	DARK	A
BE	ANSWER	EXPERT	MOTHER	SILVER	BASIN	MATCH	CHEAP	DEAD	MOVING
DO	APPARATUS	FACT	MOTION	SISTER	BASKET	MONKEY	CHEMICAL	DEAR	PICTURE
HAVE	APPROVAL	FALL	MOUNTAIN	SIZE	BATH	MOON	CHIEF	DELICATE	OF
SAY	ARGUMENT	FAMILY	MOVE	SKY	BED	MOUTH	CLEAN	DIFFERENT	THE
SEE	ART	FATHER	MUSIC	SLEEP	BEE	MUSCLE	CLEAR	DIRTY	SOCIETY
SEND	ATTACK	FEAR	NAME	SLIP	BELL	NAIL	COMMON	DRY	WOMEN
MAY	ATTEMPT	FEELING	NATION	SLOPE	BERRY	NECK	COMPLEX	FALSE	BEFORE
WILL	ATTENTION	FICTION	NEED	SMASH	BIRD	NEEDLE	CONSCIOUS	FEEBLE	THEY
ABOUT	ATTRACTION	FIELD	NEWS	SMELL	BLADE	NERVE	CUT	FEMALE	GOT
ACROSS	AUTHORITY	FIGHT	NIGHT	SMILE	BOARD	NET	DEEP	FOOLISH	THEIR
AFTER	BACK	FIRE	NOISE	SMOKE	BOAT	NOSE	DEPENDENT	FUTURE	HATS
AGAINST	BALANCE	FLAME	NOTE	SNEEZE	BONE	NUT	EARLY	GREEN	OFF
AMONG	BASE	FLIGHT	NUMBER	SNOW	BOOK	OFFICE	ELASTIC	ILL	DID
AT	BEHAVIOUR	FLOWER	OBSERVATION	SOAP	BOOT	ORANGE	ELECTRIC	LAST	NOT
BEFORE	BELIEF	FOLD	OFFER	SOCIETY	BOTTLE	OVEN	EQUAL	LATE	GET
BETWEEN	BIRTH	FOOD	OIL	SON	BOX	PARCEL	FAT	LEFT	OFF
BY	BIT	FORCE	OPERATION	SONG	BOY	PEN	FERTILE	LOOSE	THE
DOWN	BITE	FORM	OPINION	SORT	BRAIN	PENCIL	FIRST	LOUD	SHIP
FROM	BLOOD	FRIEND	ORDER	SOUND	BRAKE	PICTURE	FIXED	LOW	TILL
IN	BLOW	FRONT	ORGANIZATION	SOUP	BRANCH	PIG	FLAT	MIXED	HE
OFF	BODY	FRUIT	ORNAMENT	SPACE	BRICK	PIN	FREE	NARROW	WAS
ON	BRASS	GLASS	OWNER	STAGE	BRIDGE	PIPE	FREQUENT	OLD	QUESTIONED
OVER	BREAD	GOLD	PAGE	START	BRUSH	PLANE	FULL	OPPOSITE	BY
THROUGH	BREATH	GOVERNMENT	PAIN	STATEMENT	BUCKET	PLATE	GENERAL	PUBLIC	THE
TO	BROTHER	GRAIN	PAINT	STEAM	BULB	PLOUGH	GOOD	ROUGH	POLICE
UNDER	BUILDING	GRASS	PAPER	STEEL	BUTTON	POCKET	GREAT	SAD	
UP	BURN	GRIP	PART	STEP	CAKE	POT	GREY	SAFE	
WITH	BURST	GROUP	PASTE	STITCH	CAMERA	POTATO	HANGING	SECRET	WE
AS	BUSINESS	GROWTH	PAYMENT	STONE	CARD	PRISON	HAPPY	SHORT	WILL
FOR	BUTTER	GUIDE	PEACE	STOP	CARRIAGE	PUMP	HARD	SHUT	GIVE
OF	CANVAS	HARBOUR	PERSON	STORY	CART	RAIL	HEALTHY	SIMPLE	SIMPLE
TILL	CARE	HARMONY	PLACE	STRETCH	CAT	RAT	HIGH	SLOW	RULES
THAN	CAUSE	HATE	PLANT	STRUCTURE	CHAIN	RECEIPT	HOLLOW	SMALL	TO
A	CHALK	HEARING	PLAY	SUBSTANCE	CHEESE	RING	IMPORTANT	SOFT	YOU
THE	CHANCE	HEAT	PLEASURE	SUGAR	CHEST	ROD	KIND	SOLID	NOW

ALL	CHANCE	HELP	POINT	SUCCESSION	CHIN	ROOF	LIKE	SPECIAL	
ANY	CLOTH	HISTORY	POISON	SUMMER	CHURCH	ROOT	LIVING	STRANGE	
EVERY	COAL	HOLE	POLISH	SUPPORT	CIRCLE	SAIL	LONG	THIN	
NO	COLOUR	HOPE	PORTER	SURPRISE	CLOCK	SCHOOL	MALE	WHITE	
OTHER	COMFORT	HOUR	POSITION	SWIM	CLOUD	SCISSORS	MARRIED	WRONG	
SOME	COMMITTEE	HUMOUR	POWDER	SYSTEM	COAT	SCREW	MATERIAL		RULES
LITTLE	COMPANY	ICE	POWER	TALK	COLLAR	SEED	MEDICAL	NO 'VERBS'	
MUCH	COMPARISON	IDEA	PRICE	TASTE	COMB	SHEEP	MILITARY	IT	ADDITION OF 'S'
SUCH	COMPETITION	IMPULSE	PRINT	TAX	CORD	SHELF	NATURAL	IS	TO THINGS WHEN
THAT	CONDITION	INCREASE	PROCESS	TEACHING	COW	SHIP	NECESSARY	POSSIBLE	THERE IS
THIS	CONNECTION	INDUSTRY	PRODUCE	TENDENCY	CUP	SHIRT	NEW	TO	MORE THAN ONE
I	CONTROL	INK	PROFIT	TEST	CURTAIN	SHOE	NORMAL	GET	
HE	COOK	INSECT	PROPERTY	THEORY	CUSHION	SKIN	OPEN	ALL	FORMS ENDING
YOU	COPPER	INSTRUMENT	PROSE	THING	DOG	SKIRT	PARALLEL	THESE	IN 'ER,' 'ING,' 'ED'
WHO	COPY	INSURANCE	PROTEST	THOUGHT	DOOR	SNAKE	PAST	WORDS	FROM 300 NAMES
AND	CORK	INTEREST	PULL	THUNDER	DRAIN	SOCK	PHYSICAL	ON	OF THINGS
BECAUSE	COTTON	INVENTION	PUNISHMENT	TIME	DRAWER	SPADE	POLITICAL	THE	
BUT	COUGH	IRON	PURPOSE	TIN	DRESS	SPONGE	POOR	BACK	'LY' FORMS
OR	COUNTRY	JELLY	PUSH	TOP	DROP	SPOON	POSSIBLE	OF	FROM
IF	COVER	JOIN	QUALITY	TOUCH	EAR	SPRING	PRESENT	A	QUALITIES
THOUGH	CRACK	JOURNEY	QUESTION	TRADE	EGG	STAMP	PRIVATE	BIT	
WHILE	CREDIT	JUDGE	RAIN	TRANSPORT	ENGINE	STAR	PROBABLE	OF	DEGREE
HOW	CRIME	JUMP	RANGE	TRICK	EYE	STATION	QUICK	NOTEPAPER	WITH
WHEN	CRUSH	KICK	RATE	TROUBLE	FACE	STEM	QUIET	BECAUSE	'MORE' AND 'MOST'
WHERE	CRY	KISS	RAY	TURN	FARM	STICK	READY	THERE	
WHY	CURRENT	KNOWLEDGE	REACTION	TWIST	FEATHER	STOCKING	RED	ARE	
AGAIN	CURVE	LANGUAGE	READING	UNIT	FINGER	STOMACH	REGULAR	NO	QUESTIONS
EVER	DAMAGE	LAUGH	REASON	USE	FISH	STORE	RESPONSIBLE	'VERBS'	BY CHANGE OF
FAR	DANGER	LAW	RECORD	VALUE	FLAG	STREET	RIGHT	IN	ORDER,
FORWARD	DAUGHTER	LEAD	REGRET	VERSE	FLOOR	SUN	ROUND	BASIC	AND 'DO'
HERE	DAY	LEARNING	RELATION	VESSEL	FLY	TABLE	SAME	ENGLISH	
NEAR	DEATH	LEATHER	RELIGION	VIEW	FOOT	TAIL	SECOND		FORM-CHANGES IN
NOW	DEBT	LETTER	REPRESENTATIVE	VOICE	FORK	THREAD	SEPARATE		NAMES OF ACTS,
OUT	DECISION	LEVEL	REQUEST	WALK	FOWL	THROAT	SERIOUS		AND 'THAT,' 'THIS,'
STILL	DEGREE	LIFT	RESPECT	WAR	FRAME	THUMB	SHARP	A	'I,' 'HE,' 'YOU,'
THEN	DESIGN	LIGHT	REST	WASH	GARDEN	TICKET	SMOOTH	WEEK	'WHO,' AS IN
THERE	DESIRE	LIMIT	REWARD	WASTE	GIRL	TOE	STICKY	OR	NORMAL ENGLISH
TOGETHER	DESTRUCTION	LINEN	RHYTHM	WATER	GLOVE	TONGUE	STIFF	TWO	
WELL	DETAIL	LIQUID	RICE	WAVE	GOAT	TOOTH	STRAIGHT	WITH	MEASURES
ALMOST	DEVELOPMENT	LIST	RIVER	WAX	GUN	TOWN	STRONG	THE	NUMBERS
ENOUGH	DIGESTION	LOOK	ROAD	WAY	HAIR	TRAIN	SUDDEN	RULES	DAYS, MONTHS
EVEN	DIRECTION	LOSS	ROLL	WEATHER	HAMMER	TRAY	SWEET	AND	AND THE
NOT	DISCOVERY	LOVE	ROOM	WEEK	HAND	TREE	TALL	THE	INTERNATIONAL
ONLY	DISCUSSION	MACHINE	RUB	WEIGHT	HAT	TROUSERS	THICK	SPECIAL	WORDS
QUITE	DISEASE	MAN	RULE	WIND	HEAD	UMBRELLA	TIGHT	RECORDS	IN ENGLISH
SO	DISGUST	MANAGER	RUN	WINE	HEART	WALL	TIRED	GIVES	FORM
VERY	DISTANCE	MARK	SALT	WINTER	HOOK	WATCH	TRUE	COMPLETE	
TOMORROW	DISTRIBUTION	MARKET	SAND	WOMAN	HORN	WHEEL	VIOLENT	KNOWLEDGE	
YESTERDAY	DIVISION	MASS	SCALE	WOOD	HORSE	WHIP	WAITING	OF	
NORTH	DOUBT	MEAL	SCIENCE	WOOL	HOSPITAL	WHISTLE	WARM	THE	
SOUTH	DRINK	MEASURE	SEA	WORD	HOUSE	WINDOW	WET	SYSTEM	THE
EAST	DRIVING	MEAT	SEAT	WORK	ISLAND	WING	WIDE	FOR	ORTHOLOGICAL
WEST	DUST	MEETING	SECRETARY	WOUND	JEWEL	WIRE	WISE	READING	INSTITUTE
PLEASE	EARTH	MEMORY	SELECTION	WRITING	KETTLE	WORM	YELLOW	OR	LONDON
YES	EDGE		SELF	YEAR	KEY		YOUNG	WRITING	

Word-list and rules printed with the approval of the Orthological Institute and the Basic English Foundation.

이처럼 분류 체계를 통해 균형 있는 어휘 선정이 가능하다는 점에서, 분류 체계의 설정은 기초 어휘 선정, 방언 조사를 비롯한 특정 언어 조사를 위한 어휘 선정 등에 활용되었다.

(32) 기초 어휘(1500)와 분류 체계(임지룡, 1991)

    I. 사람에 관한 어휘(201)

        1. 인체(68) 2. 정신(25) 3. 부류(101) 4. 기타(7)

    II. 의식주에 관한 어휘(159)

        1. 의생활(21) 2. 식생활(57) 3. 주생활(20) 4. 생필품(61)

    III. 사회생활에 관한 어휘(160)

        1. 사회조직(30) 2. 제도, 관습(28) 3. 교통, 통신(30): ㄱ.교통(17) ㄴ.통신(13) 4. 공공시설(21) 5. 경제분야(51): ㄱ.경제일반(12) ㄴ.농

업(6) ㄷ.어업(9) ㄹ.상업(17) ㅁ.공업(6)

Ⅳ. 교육 및 예체능에 관한 어휘(150)

    1. 교육 일반(39) 2. 언어(36) 3. 문학(9) 4. 체육, 오락(37) 5. 음악(21)

    6. 미술(8)

Ⅴ. 자연계에 관한 어휘(165)

    1. 천체(6)   2. 지리, 지형(28)   3. 자연 현상(34)   4. 동물(59)

    5. 식물(28) 6. 광물(6)

Ⅵ. 감각 및 인식에 관한 어휘(165)

    1. 일반부류(17) 2. 공간(36)   3. 시간(34)   4. 수량(57)   5. 추상(21)

Ⅶ. 동작에 관한 어휘(250)

Ⅷ. 상태에 관한 어휘(150)

Ⅸ. 기타(100)

    1. 대명사(15) 2. 의존명사(10) 3. 부사(49) 4. 보조동사, 형용사(9)

    5. 관형사(17)

임지룡(1991)에서는 기초 어휘의 목록을 제시하기 위해 의미적 기준에 따라 먼저 9개로 대분류를 하고 이어 35개로 하위분류를 하여 1500개의 기초 어휘를 선정하였다. 방언 조사 또한 해당 방언의 어휘를 균형 있게 조사해야 했던 만큼 분류 체계를 설정하였는데, 한국정신문화연구원의 『한국방언조사질문지』(1980)는 13개의 대분류와 70개의 소분류에 따라 1470항목의 어휘를 분류 배치하였다.

(33) 『한국방언조사질문지』의 분류 체계

    농사(107): 경작(29), 타작(21), 도정(17), 곡물(18), 채소(18)

    음식(87): 부식(19), 주식(11), 별식(17), 그릇(13), 부엌(27)

    가옥(63): 가구(16), 방(14), 건물(17), 마당(8), 우물(14)

    의복(37): 세탁(10), 복식(47)

    인체(149): 머리(11), 얼굴(20), 눈(15), 코.귀(17), 세수(16), 상체(12), 하

            체(14), 피부병(16), 발병(11), 생리(20)

육아(67): 발달(18), 재롱(18), 놀이(31)

인륜(52): 가족(18), 결혼(22), 친척(12)

경제(55): 마을(16), 대장간(7), 단위(23), 수(49)

동물(157): 물고기一(17), 물고기二(15), 벌레(36), 가축(56), 산짐승(15),
  날짐승(18)

식물(67): 꽃(15), 나물(10), 열매(8), 과실(17), 야생수(17)

자연(72): 산(8), 돌(10), 하루(15), 시후時候(11), 방향(12)

상태(67): 길이.두께(11), 넓이.높이(11), 수량.무게(6), 색채.농도.깊이(8),
  감각.정서(9), 맛(3), 성품.인상(19)

동작(175): 요리(19), 수혜(23), 갈무리(32), 사육(10), 놀이(17), 이동(19),
  감각(18), 교육(16), 인체(21)

기초 어휘나 어휘 조사를 위한 분류 체계는 유사한 점도 있으나 그 목적에 따라 어휘의 분류 체계가 달라짐을 확인할 수 있다. 방언 조사를 위한 분류 체계는 하위분류가 정교하게 이루어진 것이 특징이라면, 850개의 기초 영어는 간단한 분류 체계로 이루어져 있다. 이런 점에서 표제어의 구체적인 사용 맥락을 보여주기 위한 사전에서의 어휘 분류는 더 정교한 분류 체계를 필요로 하게 될 것이다. 최경봉(2014)에서는 관용어를 '감정, 심리', '성격, 태도', '동작, 행위', '상태, 가치', '문화 및 사회 생활' 등 다섯 부류로 대분류하고, 이를 다시 중분류(67개)와 소분류(290개)로 나누어 제시하였다. 이처럼 분류 체계가 복잡한 것은 관용어 사용의 화용적 맥락을 나타내려 했기 때문이다.

(34) 『의미 따라 갈래지은 우리말 관용어 사전』의 분류 체계 일부

대분류(1~5)	중분류 ≪ ≫	소분류 【 】
2. 성격(性格), 태도(態度)	참여 태도(參與態度)	【소극적(消極的)】 【방관(傍觀)】】 【신중(慎重), 망설임】 【적극적(積極的)】 【관여(關與), 참견(參見)】
	작업 태도(作業態度)	【능률적(能率的)】 【열중(熱中), 몰두(沒頭)】 【정성(精誠)】 【노력(努力)】 【나태(懶怠), 무사안일(無事安逸)】 【신속(迅速), 성급(性急)】

3.3. 어휘의 의미 관계

이 절에서는 의미 관계를 유형화하는 방법론을 설명하고, 유의 관계, 반의 관계, 상하의 관계, 부분·전체 관계, 동음 관계의 순으로 의미 관계 양상을 살펴볼 것이다. 이 중 동음 관계의 양상을 살필 때에는 동음어와 다의어의 구분과 관련지어 다의어의 특성에 대해 설명할 것이다.

3.3.1. 의미 관계의 유형화

김광해(1993:198-199)에서는 Ogden, C.K. & Richards, I.A.(1923)에서 제시한 기본 삼각형의 세 축인 '기호', '개념', '지시 대상'을 활용해 의미 관계의 성립 요인을 설명하면서 이를 세 가지로 유형화하였다. 이에 따라 유의 관계는 '기호 사이의 관계'로, 반의 관계는 '개념 사이의 관계'로, 상하의 관계, 부분·전체 관계, 공유 관계 등은 '지시 대상 사이의 관계'로 유형화하였다.

(36) 의미의 기본 삼각형

김광해(1993)의 설명은 어휘들이 의미적인 관계를 맺는다는 것을 그 어휘의 '개념'이 서로 관련을 맺고 있거나, '기호'가 서로 관련을 맺고 있거나, '지시 대상'이 서로 관련을 맺는 것으로 유형화함으로써, 의미 관계의 성격을 분명히 한 성과가 있다. 그러나 의미의 기본 삼각형의 세 축을 의미 관계와 대응시키면서, 반의 관계와 유의 관계를 '개념 사이의 관계'와 '기호 사이의 관계'로 구분한 것은 문제로 지적할 수 있다. '기호 사이의 관계'로 설정한 유의 관계 역시 개념적으로 유사성을 갖는 어휘 간의 관계를 가리키는 것이기 때문이다.

이 책에서는 김광해(1993)의 관점에 따라 기본 삼각형을 활용해 의미 관계의 성립 요인을 포착할 것이지만, 세 가지 기본 축을 통해 고찰하는 의미 관계는 김광해(1993)과 차이가 있다. 두드러진 차이는 '기호 사이의 관계'로 '동음 관계'를 설정한 것이다. 언어 기호의 동일함에 따른 어휘 관계를 '동음 관계'로 설정하게 되면, '기호 사이의 관계'였던 '유의 관계'는 '반의 관계'와 더불어 '개념 사이의 관계'로 된다. '지시 대상 사이의 관계'에는 '상하의 관계'나 '부분·전체 관계'가 포함되는데, 이는 김광해(1993)의 유형화와 일치한다.

이때 논란이 될 수 있는 것은 '동음 관계'를 어휘의 의미 관계로 설정한 부분일 것이다. 의미적으로 무관하면서 우연히 발음만 같은 어휘들의 특별한 관계를 동음 관계라 하기 때문이다. 그러나 동음 관계에 있는 어휘들의 의미적 관련성을 완전히 부정하기는 어렵다. 동음어에 대한 판단이

다의 현상의 이해로 이어진다는 점, 실제 언어생활에서 동음 관계에 있는 어휘를 의식하는 경우가 많다는 점 등을 감안할 필요가 있는 것이다. 그렇다면 동음 관계를 의미 관계에 포함하는 것은 의미 관계의 양상을 다양하게 포착할 수 있는 계기가 된다고 할 수 있다.

3.3.2. 유의 관계

어휘 의미론에서 의미적 동일성의 판단 기준으로 삼는 것은 '문맥에서의 대체 가능성'이다. 이 기준을 엄격하게 적용하면 동의 관계에 있는 어휘들은 모든 문맥에서 상호 대체가 가능해야 한다. 그러나 자연언어의 특성상 모든 문맥에서 상호 대체가 가능한 어휘는 거의 없다는 점[12]에서, 동의 관계라는 용어를 채택하는 것은 부담스러운 면이 있다. 물론 동의 관계를 모든 문맥에서 상호 대체가 가능한 '절대적 동의 관계'와 일정 문맥에서 상호 대체가 가능한 '상대적 동의 관계'로 나누어 설명할 수도 있지만, '절대적 동의 관계'처럼 실질적인 의의가 없는 의미 관계를 설정해야 하는 게 문제다. 이런 문제를 감안하면 '동의 관계' 대신 '유의 관계'란 용어를 채택하는 게 합리적이다. 이럴 경우 모든 문맥에서의 대체 가능성을 일정 문맥에서의 대체 가능성으로 완화하여 의미 관계의 양상을 설명할 수 있다.

---

12) 예를 들어 '분홍빛'과 '분홍색'의 경우 한자어와 고유어라는 차이 이외에 다른 차이를 찾기는 어렵다. '色'의 뜻이 곧 '빛'이기 때문이다. 그러나 이처럼 의미적으로 동일한 듯 보이는 어휘들도 모든 문맥에서 대체되어 쓰일 수 있는 건 아니다. "그의 얼굴이 분홍빛을 띠었다."는 가능하지만, "그의 얼굴이 분홍색을 띠었다."는 불가능하다. 이처럼 결합 관계에서 드러나는 연상적 의미까지 고려한다면 모든 문맥에서 완벽하게 교체될 수 있는 유의어는 없다고 봐야 할 것이다.

(37) 즐겁다 = 기쁘다

　가. 선희는 기쁜(=즐거운) 마음으로 손님을 맞았다.

　나. 즐거운(=$^?$기쁜) 분위기

　다. 소풍은 언제나 즐겁다(=$^?$기쁘다).

　라. 네가 와 주어서 정말 기쁘다(=$^?$즐겁다).

(37가)에서 '기쁜'을 '즐거운'으로 교체한 결과는 자연스럽게 받아들여진다. 반면, (37나-라)에서 '즐겁다'와 '기쁘다'를 상호 대체한 결과는 어색하게 받아들여진다. '즐겁다'와 '기쁘다'가 일부 문맥에서만 동일성을 보이는 것이다. 이러한 양상은 아래의 예에서도 확인할 수 있다.

(38) 뽑다 = 빼다

　가. 칼집에서 칼을 뽑았다(=뺐다).

　나. 치과에서 이를 뽑았다(=뺐다).

　다. 풀밭에서 풀을 뽑았다(=$^?$뺐다).

이처럼 상호 대체되기에 어색한 문맥이 있음에도 불구하고 '즐겁다'와 '기쁘다', '뽑다'와 '빼다' 등은 유의 관계로 본다. 이는 의미적 동일성보다는 의미적으로 겹치는 부분이 있는지를 판단하여 의미 관계의 성격을 판단한 것이다. 그렇다면 유의 관계는 '의미적 공통점을 지니면서 차이점도 있는 어휘들 간의 관계'로 정의할 수 있을 것이다. 문제는 이처럼 느슨한 정의를 선택할 때, 유의어의 판단 기준이 명확하지 않을 수 있다는 것이다. 즉, 이러한 정의는 '즐겁다'와 '기쁘다', '뽑다'와 '빼다' 등의 유의 관계를 판단하는 데에는 유효하지만, 이러한 정의로 모든 유의 관계를 판단할 수는 없다. 의미적 공통성이 있다고 모두 유의어가 되는 것은 아니며, 일정한 차이를 허용하지만 허용 가능한 선은 있기 때문이다.

(39) 가. 비평-논평-비판-비난

　　 나. 비평-논평-칭찬

위에서 (39)의 어휘들을 유의 관계로 볼 수 있는가? 유의 관계 판단 시 (39가)에서는 '비난'의 의미적 이질성이, (39나)에서는 '칭찬'의 의미적 이질성이 문제가 될 수 있다. 그런데 한국어 화자들에게는 (39가)에서 '비난'을 유의어군에 포함하는 것보다 (39나)에서 '칭찬'을 유의어군에 포함하는 데 대한 거부감이 더 클 것으로 보인다. 한국인들은 일반적으로 '비평'과 '칭찬'을 대조적인 관계로 보기 때문이다. 그러나 '평가'라는 측면에서 보면 '비평-논평-칭찬'에서 의미적 공통성을 발견하기는 어렵지 않다. 이를 보면 유의 관계에 포함하는 것과 제외하는 것을 가르는 기준은 그리 명쾌하지 않음을 알 수 있다. 그런데 다음 경우는 더 논쟁적일 수 있다.

(40) 예쁘다 - 아름답다 - 귀엽다 - 사랑스럽다 - 잘생기다

위의 어휘들을 유의 관계로 볼 수 있을까? 외모에 대한 '호감'을 나타내는 말이라는 공통점을 고려하면 이를 유의 관계로 볼 수 있지만, 적용하는 대상이 달라질 수 있다는 점에서 이 모든 어휘를 유의어로 보는 데 주저할 수도 있다. 모든 어휘를 유의 관계로 묶을 수 없다면 무엇을 제외할 것인가?

　'잘생기다'가 '남성명사'와 공기할 수 있는 형용사라고 생각하는 사람은 '잘생기다'를 유의어군에서 제외하려 할 것이다. 경우에 따라서는 '예쁘다'와 '아름답다'를 별도로 묶고, '귀엽다, 사랑스럽다, 잘생기다'를 하나로 묶을 수도 있을 것이다. 이런 선택을 한 사람은 '예쁘다, 아름답다'를 '여성명사'와 공기하는 형용사로 생각하면서, '귀엽다, 사랑스럽다, 잘생

기다'를 중립적인 형용사로 판단했을 것이다.

　그런데 문제는 이러한 방식의 판단이 논리적이지도 체계적이지도 않다
는 점이다. 결합 관계의 양상이 유의 관계를 판단하는 중요한 근거가 되지
만, 위에서 판단한 결합 양상은 어휘의 속성에 기반한 선택이라기보다는
관습에 따른 선택이라 할 수 있기 때문이다. 이런 점을 고려하면 유의
관계는 어휘 간 공통점뿐만 아니라 차이점을 전제하면서 정의해 볼 수
있을 것이다.

　(41) 유의 관계의 정의
　　유의 관계에 있는 어휘들은 상위 개념을 공유함으로써 의미적 공통성을
　　보이지만, 어휘 간 의미적 차이도 있다. 단, 이때의 의미적 차이는 대조
　　적이거나 대립적이지 않다.

　(41)의 정의에 따르면, 유의 관계를 탐구하는 목적은 어휘 간의 유사성
을 탐구하는 것과 더불어 차이점을 탐구하는 것이라 할 수 있다. 다양한
문맥에서 다양한 표현 의도를 충족할 수 있는 어휘를 선택할 수 있는 능력
은 유의 관계에 있는 어휘들의 미세한 차이점을 간파하는 능력과 같다.
사실 유의 관계를 이루는 어휘가 증가하는 것은 사용역(register)에 따라
표현 방식을 달리하고자 하는 언어 욕구 때문이라 할 수 있다. 유의어가
끊임없이 증가하는 영역이 대화 참여자의 감정을 특별히 고려해야 하는
부분[13]이라는 것도, 유의어 간의 의미적 차이점을 파악하는 것의 중요성
을 말해준다.

---

13)　한 예로 '죽음, 성, 배설' 등을 가리키는 말처럼 완곡하게 표현해야 하는 말에
　　서 유의어가 증가하는 것을 관찰할 수 있다.

사용역(register)

화자, 청자, 시간과 공간, 장면 등과 같이 의사소통 과정에 개입하는 필수적인 구성 요소들의 스펙트럼에 따라 화용론적 변이형들이 나타나게 된다. 이때 이러한 구성 요소들을 통틀어 '사용역'이라고 한다. Lyons(1977)에서는 사용역을 장(field), 양식(mode), 문체(style)의 세 가지로 나누고 있다. 첫째, 장(field)은 담화의 영역을 가리킨다. 우리는 담화 영역에 따라 자연스럽게 표현을 달리한다. 같은 개념의 표현이라도 법정에서의 표현과 광고에서의 표현은 달라지기 마련이고, 주로 사용되는 어휘의 유형이나 출현 빈도도 달라지기 마련이다. 둘째, 양식(mode)은 구어 양식이냐 문어 양식이냐 등에 따른 표현 양상을 나타낸다. 셋째, 문체(style)는 격식적인가 비격식적인가, 또는 적대적인가 우호적인가 등에 따른 표현 양상을 나타낸다.

이런 점에서 유의 관계의 양상은 한 언어의 전체 어휘 체계가 변화하는 양상을 파악하는 데에서도 중요한 참조 사항이 된다. 이와 관련하여 주목해야 하는 것이 유의어의 증가 양상과 유의 경쟁으로 인한 유의어의 축소 양상이다.

유의어의 증가 양상으로 두드러진 것은 고유어에 대응되는 한자어의 증가 양상이다. 우리말에서 고유어와 한자어의 '일대다(1 : 多)' 대응 양상은 한국어 어휘 체계의 역사적인 형성 과정과 관련되어 있다. 김광해(1993: 211)에서는 어휘의 대응 관계를 유의 관계와 별도로 다루며 어휘 대응 관계의 의의를 강조한 바 있다. 이러한 연구는 결국 한국어에서의 유의 관계 양상을 설명하는 연구의 일환이라 할 수 있다. 여기에서 특징적인 것은 고유어 중 기초적인 어휘일수록 '일대다(1 : 多)' 대응 양상을 보일 가능성이 높다는 점이다.

(42) 고유어와 한자어의 대응 양상(김광해, 1993: 216-217)
　　가. 값 : 가치(價値)/대금(代金), 대가(代價)/금액(金額), 가격(價格), 가액(價額)/액수(額數), 액면(額面)/물가(物價), 시가(市價), 시가(時價), 시

세(市勢), 시세(時勢), 금(金)/비용(費用), 생산비(生産費), 원가(原價)/
수치(數値), 답(答)

나. 고치다 : 수리(修理)하다, 수선(修繕)하다/치료(治療)하다, 치병(治病)
하다/교정(矯正)하다/시정(是正)하다/수정(修正)하다,　수정(修整)하
다, 수정(修訂)하다/정정(訂正)하다, 정정(訂定)하다/개정(改正)하다,
개정(改定)하다, 개정(改訂)하다/변경(變更)하다, 변개(變改)하다/개
혁(改革)하다, 개선(改善)하다, 개량(改良)하다, 개신(改新)하다/개조
(改造)하다, 개조(改組)하다, 개편(改編)하다, 개작(改作)하다/개혁(改
革)하다, 쇄신(刷新)하다, 혁개(革改)하다/경신(更新)하다/교정(校訂)
하다, 교정(校正)하다, 교열(校閱)하다/가필(加筆)하다, 첨삭(添削)하
다/개수(改修)하다, 수축(修築)하다, 중수(重修)하다/개심(改心)하다

위의 예에서의 '값'과 '고치다'처럼 기초 어휘에 해당하는 어휘는 다의성
을 띠기 때문에 이에 대응하는 한자어의 수가 많을 수밖에 없다. 따라서
한자어의 사용은 문맥에서 다의성을 해소하기 위한 전략적 선택이기도
하다. 엄밀한 의미 구분이 필요한 전문 분야에서 한자어가 많이 쓰이는
것도 이와 관련된다고 할 수 있다. 이러한 쓰임 양상이 지속되면서 고유어
와 한자어는 역할 분담을 하게 되었는데, 김광해(1993: 222)에서는 국어
어휘부의 변천사는 '한자어 증가'의 역사라기보다는 '역할 분담의 역사'
로 볼 수 있다고 한 바 있다. 고유어가 다의성을 기반으로 기초 어휘부를
담당하고, 한자어는 전문어의 역할을 했던 역사적 사실에 주목한 것이다.
　유의어 간 역할 분담이 있더라도 그 분담 영역이 명확하지 않은 경우
유의어의 존재는 언어 사용의 경제성을 떨어뜨리는 요인이 될 수 있다.
이런 이유로 유의어 간 경쟁을 통해 유의어의 수가 축소되는 변화가 일어
나기도 한다. 어휘 체계에서 두드러진 변화 양상은 고유어와 한자어의
경쟁에 따른 것이다.

(43) 고유어와 한자어의 경쟁

　　가. ᄀ룸 : 강(江)

　　나. 즈믄 : 천(千)

　　다. 미르 : 용(龍)

　　라. ᄇ룸 : 벽(壁)

　　마. 가ᅀ멸다 : 부유(富裕)하다

위의 예에서처럼 고유어와 한자어의 경쟁 결과 고유어가 소멸되고 한자어가 이를 대체하는 것은 한국어 어휘사에서 오랜 기간에 걸쳐 일어난 변화이다. 이때 고유어와 한자어의 경쟁은 유의 경쟁의 양상을 띠는데, 이는 대부분 (43)처럼 어느 하나가 살아남고 다른 하나는 소멸되는 결과로 이어진다. 이와 다른 결과로 이어지는 경우는 '의미의 공존', '의미의 변화', '의미의 중복' 등 3가지 유형으로 나눌 수 있다.

　'의미의 공존'은 유의 관계를 이루는 어휘가 모두 살아남아 공존하는 것을 말한다. (42)에서 거론했던 고유어와 한자어의 공존이 그 대표적인 예이다. 이렇게 유의 관계를 이루는 어휘가 공존하는 경우는 어휘의 사용 빈도가 차이가 있거나 문체적 의미가 다른 경우이다. 고유어는 사용 빈도도 높고 포괄적이며 일반적인 의미로 쓰이는 경우가 많지만, 그와 유의 관계에 있는 한자어는 사용 빈도도 낮고 한정적인 상황과 영역에서 쓰일 때가 많은 것이다.

　'의미의 변화'는 유의 경쟁 과정에서 일부 어휘의 의미가 변하는 것을 말한다. 의미의 변화는 대체로 의미의 가치가 변하거나 의미가 축소되거나 확대되는 방식으로 이루어진다. "여자"를 뜻하던 '계집'이 비속어로 쓰이게 된 것이나, "자태(姿態)"를 뜻하던 '얼굴'이 "안면(顔面)"의 뜻으로 축소된 것이나14), '온'이 '백(百)'과 유의 경쟁을 하다가 "전체", "전부"의

────────────

14) '얼굴'의 의미가 '안면(顔面)'으로 축소하면서, '안면'을 뜻하는 단어 '᷁'의

의미로 확대된 것 등을 들 수 있다.

'의미의 중복'은 유의 관계에 있는 두 개의 어휘가 결합하여 하나의 합성어를 만드는 것을 말한다. '담'과 '장(牆)'이 유의 경쟁한 결과 '담장'이란 합성어가 만들어진 것이 그런 예이다.

3.3.3. 반의 관계

반의 관계는 동일한 상의어를 공유하면서 양립할 수 없는 어휘들 사이의 관계를 말한다. 그러나 이런 관계의 어휘들이 모두 반의 관계인 것은 아니다. '남자'와 '여자' 그리고 '백합'과 '장미'는 각각 동일한 상의어를 공유하면서 비양립적[15]이지만, 이중 '남자'와 '여자'의 관계만을 반의 관계로 본다. 이때 주목하는 것은 '남자'와 '여자'는 하나의 특성, 즉 [성별]에서의 차이로 대립적이지만, '백합'과 '장미'를 대립적으로 구분하는 하나의 특성은 없다는 점이다. 이를 보면 '최소의 차이에 따른 대립'이 반의 관계의 특성임을 알 수 있다. 이러한 점을 고려하여 반의 관계의 특성을 정리하면 다음과 같다.

(44) 반의 관계의 특성
첫째, 반의 관계의 어휘들은 상의어를 공유한다는 점에서 의미적으로 공통성을 지닌다.
둘째, 반의 관계의 어휘들은 양립할 수 없다.
셋째, 반의 관계의 어휘들은 최소의 차이에 근거하여 대립적이다.

의미가 축소된다. '둥근 (얼굴/*낯)', '잘생긴 (얼굴/*낯)에서 보듯이 현대 국어에서 '낯'은 '머리 앞면의 전체적 윤곽이나 생김새'를 뜻하는 맥락에서는 쓰이지 않게 된 것이다.
15) '남자'이면서 '여자'일 수 없고 '백합'이면서 '장미'일 수 없다는 점에서, '남자'와 '여자' 그리고 '백합'과 '장미'는 비양립 관계이다.

반의 관계에 있는 어휘들은 위의 특성을 지니지만, 의미 관계의 양상이 동일한 것은 아니다. 반의 관계의 양상은 특정한 개념 영역을 양분하는 대립인지 아닌지에 따라 '상보적 반의 관계'와 '정도적 반의 관계'로 구분해 볼 수 있다.

(45) 상보적 반의 관계
　　살다 ↔ 죽다 : [?]그 사람은 살지도 죽지도 않았다.
　　열다 ↔ 닫다 : [?]그는 문을 열지도 닫지도 않았다.

위의 예에서처럼 대립적인 어휘들이 특정한 개념 영역을 양분할 때, 즉 개념 영역의 중간 지점을 가정할 수 없을 때, 이를 상보적 반의 관계라 할 수 있다. 둘로 나뉜 개념 영역에 중간 지점이 없다는 것은 오른쪽에 제시한 예문이 비정상적이라는 사실로 알 수 있다. 이는 개념 영역에서 중간 지점을 생각할 수 있는 정도적 반의 관계와 구분되는 특성이다.

(46) 정도적 반의 관계
　　길다 ↔ 짧다 : 그것은 길지도 짧지도 않다.
　　좋다 ↔ 나쁘다 : 그것은 좋지도 나쁘지도 않다.
　　춥다 ↔ 덥다 : 오늘은 춥지도 덥지도 않다.

반의 관계는 위에 제시된 상보적 반의 관계와 정도적 반의 관계 이외에도 다양하다. 이러한 관계 양상은 아래와 같이 유형화해 볼 수 있다. 아래에서는 ( ) 안에 그 관계 양상을 추상화하여 제시했는데, 이를 통해 반의 관계의 양상이 다양함을 확인할 수 있을 것이다.

(47) 앞 ↔ 뒤, 오른쪽 ↔ 왼쪽 (역방향)
　　천장 ↔ 바닥, 시작 ↔ 끝 (대척)

천당 ↔ 지옥, 음지 ↔ 양지 (대응)

묶다 ↔ 풀다, 전진 ↔ 후퇴 (역동작)

명령 ↔ 복종, 주다 ↔ 받다 (상호 작용)

뒤지다 ↔ 찾다, 시도 ↔ 실패 (수행 결과)

부모 ↔ 자식, 스승 ↔ 제자 (관계)

그런데 이 지점에서 반드시 짚고 넘어가야 할 것은 반의 관계를 성립시키는 문맥이다. 반의 관계에 있는 어휘들은 맥락과 무관하게 반의성을 띠는 것처럼 보이지만, 반의성은 대부분 특정한 맥락을 전제로 성립한다. 전형적인 반의 관계로 보는 상보적 반의 관계에서도 일정한 맥락을 전제하고 상보적 반의 관계를 설정하는 경우가 많다. 가령 상보적 반의 관계의 대표적인 예로 거론되는 '남자 ↔ 여자'의 대립에서도 일반적인 맥락 즉 관습화된 성적 정체성을 수용한다는 것을 전제할 때에만 이를 상보적 반의 관계로 볼 수 있는 것이다.

상호 작용적 반의 관계로 보는 '명령 ↔ 복종'도 특정한 맥락에서의 반의성에 주목하는 결과라 할 수 있다. 맥락에 따라서는 '명령 ↔ 불복종'도 반의 관계가 될 수 있기 때문이다. 그렇다면 '명령, 복종, 불복종'이라는 세 어휘의 관계 안에서, '명령'은 맥락에 따라 '복종' 혹은 불복종'과 상호 작용적 반의 관계를 이룬다고 할 수 있다. 그리고 '명령이 내려진 맥락'이 전제된다면, 이때는 '복종'과 '불복종'이 상보적 반의 관계를 이루게 된다. 이처럼 반의 관계의 판단에 맥락이 개입하면 반의 관계의 양상은 더 복잡하게 전개될 것이다.

3.3.4. 상하의 관계와 부분·전체 관계

상하의 관계에 대한 탐구는 어휘장 논의와 더불어 진행되었다. 따라서 3.1에서의 설명과 상당 부분 유사하다. 그런데 상하의 관계가 어휘의 위계적 관계에서 중요한 것은 상하의어 간의 함의(含意) 관계 때문이다. 상하의 관계에 있는 어휘들은 하의어가 상의어를 함의하게 되는데, 이러한 함의 관계는 문맥에서 어휘를 선택하는 데 영향을 미친다.

(48) A: 나는 동물 키우는 것을 좋아해.
　　 B: 내 친구가 강아지를 분양한다는데 한 번 키워 볼래?

위의 대화가 자연스럽게 전개될 수 있는 것은 대화 참여자가 '동물'과 '강아지' 간의 상하의 체계를 공유하고 있기 때문이다. 즉, 대화 참여자는 '강아지'가 '동물'을 함의한다는 점을 이해하고 있는 것이다.

　자매 하의어(co-hyponyms)들 간의 관계를 이해하는 것도 자연스러운 대화를 유지하는 데 필수적인 능력이 된다. 아래의 대화가 이어지지 못한 것은 대화 참여자 중 한 사람이 '강아지'와 '토끼'가 '포유동물'의 자매 하의어임을 알지 못했기 때문이다.

(49) A: 강아지나 토끼를 키우면 좋을 것 같아.
　　 B: 강아지나 토끼보다 포유동물을 키우는 건 어때?
　　 A: ???

　이러한 점을 보면, 상하의 관계는 하의어가 상의어를 함의하고, 상의어의 의미 정보가 하의어로 계승되는 것을 특징으로 하는 어휘 관계임을 알 수 있다. 이 때문에 하의어와 상의어를 함께 사용하면 하의어만 나열할 때보다 해당 사물의 속성을 자연스럽게 설명할 수 있다. 아래의 (49'ㄱ)은 하의어만 나열한 예이고, (49'ㄴ)은 하의어와 상의어를 함께 사용한 예이다.

(49') ㄱ. 강아지나 토끼를 키우면 좋을 것 같아.

ㄴ. 강아지나 토끼와 같은 포유동물을 키우면 좋을 것 같아.

상하의 관계와 더불어 살펴봐야 하는 관계는 '부분·전체' 관계이다. 그런데 사물을 기준으로 한 부분·전체 관계는 언어적으로 무의미한 부분·전체 관계까지를 포괄할 수 있다. 이런 점에서 부분·전체 관계를 설정하는 것은 주의가 필요하다. 가령 '집'과 '문' 그리고 '문'과 '손잡이'는 '부분·전체' 관계를 맺지만, '집'과 '손잡이'는 언어적으로 무의미한 관계이다. 이러한 점은 '손'과 '손가락'이 '부분·전체' 관계를 맺지만, '손'과 '손톱'을 '부분·전체' 관계로 보는 것이 어색한 데에서도 확인할 수 있다. 그렇다면 '부분·전체' 관계는 상하의 관계처럼 의미 정보를 계승하는 관계는 아니다. 상하의 관계에 있는 어휘는 하의어가 상의어의 의미 정보를 그대로 계승하지만16), 부분·전체 관계는 그렇지 않을 수 있다는 것이다.

3.3.5. 동음 관계

"배를 타고 강을 건넜다."에서의 '배(舟)'와 "배가 아파 병원에 갔다."에서의 '배(腹)'는 낱말의 형태와 발음이 같지만 의미는 다르다. 이 경우 첫째 문장의 '배(舟)'와 둘째 문장의 '배(腹)'는 동음이의어(同音異義語) 혹은 동형이의어(同形異義語)라 한다. 발음과 형태가 같지만 뜻은 다른 단어란 뜻이다. '동음이의어'는 '동음어'로, '동형이의어'는 '동형어'로 줄여 쓰기도 한다. 이 책에서는 철자로 나타나는 형태보다는 동일한 음으로 실현되는 어휘들의 관계에 주목한다는 점에서 '동음어'라는 용어를 사용

---

16) '남자'는 '사람'의 하의어로서 상의어인 '사람'의 의미 정보를 계승하며, '남자'의 하의어인 '아저씨'는 상의어인 '남자'와 '사람'의 의미 정보를 계승하게 되는 것이다.

한다.

동음어(homonymy), 즉 동음이의어(同音異義語)는 두 개 이상의 어휘소들이 우연히 같은 음을 가지는 것이기 때문에 원칙상 의미 관계에 포함하기가 어렵다. 그러나 동음어에 대한 판단은 다의(polysemy) 현상에 대한 이해와 연결되어 있기 때문에 동음어를 의미 관계와 완전히 단절된 것으로 보기도 어렵다.17) 더구나 우리는 일상 언어생활에서 동음 관계를 이용해 자신이 말하고자 하는 의미를 강조해 표현하기도 한다.18)

(50) 가. 말[馬] 없어 말[言] 많은 농촌장학재단
　　　나. 친구의 고민을 <u>들어주는</u> 것은 지친 친구의 짐을 <u>들어주는</u> 것입니다.
　　　다. 잘한다! 자란다!
　　　라. <u>사기</u>(士氣)를 북돋운 게 아니라 <u>사기</u>(詐欺)를 친 거지.

위의 예는 동음어를 활용하여 다양한 문체적 효과를 노리는 경우이다. (50가)는 신문 기사의 제목인데, 경마 사업을 통해 마련된 재원으로 만든 '농촌장학재단'의 이름에 경마 관련 단어가 없어 마사회와 경마 팬들이 거세게 반발한다는 내용을 표현한 것이다. (50나)에서는 '들어주다'라는 두 가지 뜻을 활용해 친구의 고민을 들어주는 일의 의미를 설득력 있게 표현하였다. (50다)는 동형의 단어는 아니지만 발음의 유사성을 활용한

---

17) 의미는 다르지만 형태가 같은 어휘들을 구분하여 사용하는 것이 언어생활에서 중요한 문제라는 인식이 있기 때문에 동음어 사전이 편찬되기도 한다. 한국어의 동음어를 광범위하게 수집한 것으로는 『한국어 동음어사전』(김병균 편, 2000)이 있다.

18) '말(馬)'과 '말(言)'이나 '사기(士氣)'와 '사기(詐欺)'처럼 장단의 차이가 있는 경우가 있지만, 현재 장단을 분명히 의식하며 말하는 사람이 드물다는 점을 감안하여 이를 동음 관계에 포함한다. 따라서 이들의 관계는 '유사 동음 관계'라 할 수 있다.

표현이다. 아이에게 칭찬을 많이 해 줄수록 아이가 잘 자란다는 의미를 담은 표현이다. (50라)에서는 한자어의 동음 관계를 활용해 행동이 뒤따르지 않는 입에 발린 말은 결과적으로 남을 속이는 것이라는 점을 날카롭게 지적하고 있다.

이처럼 동음어를 활용한 표현 전략을 빈번히 사용한다는 것은 우리의 머릿속 사전에서 동음어가 별도로 관리된다는 것을 보여준다고 할 수 있다.[19] 또한 동음 관계에 있는 어휘들 사이에서는 동음 회피 현상이 일어나기도 한다. 동음 회피 현상이 어휘 체계의 변화로 이어진다는 점에서 동음 관계를 기호 간의 관계로서 고찰할 필요가 있다.

(51) 동음어 간 경쟁
　　가. 길(道路) : 길(利子)
　　나. ᄆᆞᄅᆞ다>마르다(乾) : ᄆᆞᄅᆞ다>마르다(裁)
　　다. 곱(脂) : 곱(培)
　　라. ᄇᆞ람>바람(壁) : ᄇᆞ람>바람(風)

동음 회피 현상으로 (51가)의 '길(利子)'은 '이자'로 대체되고 이에 따라 현재 '길'은 '도로(道路)'의 의미로만 쓰인다. 다른 말로 대체된 어휘의 형태가 복합어 속에 화석화되어 남기도 한다. (51나)의 '마르다(裁)'가 '재단(裁斷)하다'란 한자어로 대체되고, '마르다(裁)'는 '마름질'이란 어휘에 남아 있다.[20] (51다)의 '곱(脂)'이 '기름'으로 대체되고, '곱(脂)'은 '눈곱'

---

19)　동음어를 활용해 표현 효과를 극대화하는 것은 모든 언어에서 나타나는 현상이다. 한 예로 중국에서 대문 앞에 '복(福)' 자를 뒤집어 걸어놓는 풍습도 동음 관계를 활용한 표현 전략으로 이해할 수 있다. 뒤집혀 걸린 '복(福)' 자를 보면 중국어로 '다오푸(倒福)'라고 하는데, 이는 '복이 온다'는 뜻의 '다오푸(到福)'와 발음이 같다. '뒤집히다'는 뜻의 '다오(倒)'가 '도착하다'는 뜻의 '다오(到)'와 동음 관계임을 활용한 언어 유희인 것이다.

이나 '곱창'이란 어휘에 남아 있다. (51라)의 '바람(壁)'이 '벽'으로 대체되고, '바람(壁)'의 잔영은 '바람벽'21)에 남아 있다. 이를 보면 고유어가 한자어로 대체되는 어휘 변화의 원인 중 하나가 동음어를 회피하려는 언어 작용임을 알 수 있다.

그런데 앞서 언급했듯이 동음 관계에 대한 이해는 다의 현상에 대한 이해와 연결되어 있기 때문에 동음어와 다의어를 관련지어 고찰하는 논의가 필요하다.

> (52) 가. 배를 타고 강을 건넜다.
> 나. 과식을 했더니 너무 배가 불렀다.
> 다. 아이가 배를 내놓고 잠을 자고 있다.

(52가)에서의 '배(舟)'와 (52나, 다)에서의 '배(腹)'는 동음 관계에 있다. 그렇다면 (52나)와 (52다)의 '배'는 어떠한가? (52나)에서의 '배'는 소화기관인 '위장'의 뜻이고, (52다)에서의 '배'는 '등'의 반대편 신체 부위란 뜻이다. 이를 보면 세 어휘는 발음과 형태가 같고 의미가 다르다고 할 수 있겠지만, 여기에서 '의미가 다르다'는 판단의 차원이 동일하지 않음을 알 수 있다. '배(舟)'와 '배(腹)'는 의미적으로 전혀 관련이 없지만, '신체 부위인 배'와 '소화기관인 배'는 인접해 있으면서 의미적으로도 연관되는 것이다. 이때 (52나)와 (52다)의 '배'에는 문맥에 따른 의미적 변이 현상이 일어났다고 볼 수 있다. 이러한 의미적 변이 현상을 '다의(多義) 현상'이라

---

20) 물론 현대 국어사전에서도 '마르다'가 '재단하다'의 뜻으로 등록되어 있지만, 이러한 뜻의 '마르다'는 현실 언어에서 거의 쓰이지 않는다.

21) '바람벽'은 같은 뜻의 어휘 '바람'과 '벽'을 합성한 것으로, "집의 둘레 또는 방의 칸막이를 하기 위해 널빤지, 돌, 콘크리트, 벽돌, 타일 등을 쌓고 흙이나 종이 따위를 발라 만든 벽"을 뜻하는 말이다.

하고, 다의 현상을 보이는 어휘를 '동음어'와 구분하여 '다의어(多義語)'라 한다. 국어사전에서는 동음어를 각각 올림말로 수록하면서 '배¹', '배²' 등으로 표시하고, 다의어는 하나의 올림말로 수록하면서 각 의미를 ①, ②, ③ 등으로 표시한다.

그런데 동음어와 다의어의 구분이 항상 분명한 건 아니다. "심장이 뛰었다."와 "집으로 뛰었다."에서의 '뛰다'를 설명할 때, 이들을 별개의 낱말 '뛰다¹'과 '뛰다²'로 볼 수도 있고, 하나의 '뛰다'가 두 문맥에서 '①벌떡벌떡 움직이다'와 '②어떤 공간을 달려 지나가다'는 뜻으로 쓰였다고 볼 수도 있는 것이다. 결국 동음어와 다의어의 구분은 의미 사이의 관련성을 판단하는 관점에 달린 것이다. 이러한 관점은 일치하는 경우가 많지만, 간혹 그 차이가 두드러진 경우도 있다. 임지룡(2009)에서는 '다리'를 다음과 같이 다의어로 볼 수 있음을 강조한 바 있다.

(53) 가. 다리를 다쳤다. [신체어]
　　나. 책상의 다리가 부서졌다. [사물]
　　다. 다리를 건설했다. [공간]
　　라. 한 다리를 거치다. [과정·단계]
　　마. 나는 그 사람을 잘 모르니 자네가 다리가 되어 주게. [중개자]

위의 견해는 다의어와 동음이의어의 처리가 불투명한 경우 다의어를 폭넓게 해석하는 것이 타당하다는 것이다. 즉 어원적 차이보다 의미적 관련성의 고리를 찾다 보면, (53가)의 '다리'와 (53나)의 '다리'를 관련지어 생각했듯이, (53가)의 '다리'와 (53다)의 '다리'를 관련지어 생각할 수 있다는 입장인 것이다. 이는 인간의 유추 능력을 중시한 견해다.

가령 '인체의 다리'만 알고 있는 어린아이에게 '책상의 다리'와 '강에 놓인 다리'를 가리키며 '다리'라고 하면, 어린아이는 '책상의 다리'와 '강에 놓인 다리'를 '인체의 다리'와 관련지어 이해하려 할 것이다. 이는 자연스러운 인지 작용인데, 이 과정을 거쳐 세 가지 대상 간의 유연성을 인식한다면 그 사람의 머릿속 사전에서 '다리'는 다의어인 것이다. 그렇다면 다의적 해석 가능성은 모든 동음어에 열려 있다고 할 수 있다. 그러나 사전 편찬자는 어원적 동일성까지 고려하기 때문에 개인적 인지 작용의 결과가 그대로 사전에 반영되는 것은 아니다.

국어사전에서는 대부분 (53가, 나)를 '다리^1'의 다의적 현상으로 보고, (53다, 라, 마)를 '다리^2'의 다의적 현상으로 본다. 어원적 차이를 중시하여 동음어를 설정하고, 의미적 관련성을 중시하여 다의 현상을 설명하는 것이다. 어원적 차이와 의미적 관련성을 동시에 고려하게 되면 의미적 관련성을 엄격하게 판단하게 되는데, 국어사전에서는 '인체의 다리'와 '강에 놓인 다리'에서 파악할 수 있는 '지탱하는 기능'과 '연결하는 기능'이라는 자질 간에는 의미적 유연성이 없다고 본 것이다.

이외에도 문법적인 차이를 어떻게 판단하느냐에 따라서 동음어 설정의 범위가 달라질 수도 있다. 가령 동일 형태의 서술어가 다양한 논항 구조로 실현될 경우, 동일 형태의 서술어를 논항 구조에 따라 별개의 동음어로 봐야 하는지, 하나의 서술어가 다의성을 보이는 것으로 봐야 하는지는 논란이 될 수 있다.

(54) 가. 그는 호주머니에 손을 집어넣었다가 <u>뺐</u>다.
　　　나. 점잖만 <u>빼는</u> 것만이 능사가 아니다.
　　　다. 그렇게 노래를 안 부르려고 <u>빼도</u> 소용없다.

남경완(2008)에서는 위의 예문의 '빼다'를 (54가)의 [나오게 하다]란 기본 의미에서 확장된 것으로 보고 있다. [나오게 하다]란 의미가 (54나)와 (54다)로 확장된다고 보는 것이다. 이는 위 세 의미를 동음어로 처리하고 있는 『표준국어대사전』과 대비된다.

(55) 『표준국어대사전』의 의미 기술

빼다[1] ① 속에 들어 있거나 끼여 있거나, 박혀 있는 것을 밖으로 나오게 하다. ② 전체에서 일부를 제외하거나 덜어 내다. ③ 긴 형태의 물건을 뽑아내다.

빼다[2] ① 차림을 말끔히 하다. ② 짐짓 행동이나 태도를 꾸미다.

빼다[3] ① 두렵거나 싫어서 하지 아니하려고 하다. ② [같은 말] 내빼다 ((속되게) 피하여 달아나다).

『표준국어대사전』에서는 논항 구조의 차이를 의미 구분에 반영하여 이를 동음어로 처리하고 있다. 남경완(2008)의 경우 '빼다'가 쓰이는 문맥에 따라 논항 구조가 달라지는 것보다 '빼다'의 기본 의미를 축으로 한 의미적 연상의 가능성을 일차적으로 고려하였다. 이처럼 의미적 연상 가능성에 대한 판단이 다르다 보면 국어사전에서의 동음어 처리가 달라질 수 있다.

(56) '눈'에 대한 처리

『표준국어대사전』

눈[1]

①빛의 자극을 받아 물체를 볼 수 있는 감각 기관.

…

⑥태풍에서, 중심을 이루는 부분. 늑목13(目).

눈[3]

①그물 따위에서 코와 코를 이어 이룬 구멍.

②당혜(唐鞋), 운혜(雲鞋) 따위에서 코와 뒤울의 꾸밈새.

③바둑판에서 가로줄과 세로줄이 만나는 점.

『고려대 한국어대사전』

눈[1]

①빛의 강약 및 파장을 받아들여 뇌에 시각을 전달하는 감각 기관.

...
⑦바둑판 따위의 가로줄과 세로줄이 만나는 지점. 바둑판에서는 바둑
돌을 놓는 자리이다.

눈⁵
그물에 나 있는 하나하나의 구멍.

『표준국어대사전』에서는 '바둑판에서 가로줄과 세로줄이 만나는 점'을
'눈¹'에서 분리하여 '눈³'에 포함했으나, 『고려대 한국어대사전』에서는
'눈¹'의 의미 항목으로 처리하였다. 『표준국어대사전』에서는 '바둑판에서
가로줄과 세로줄이 만나는 점'이 '그물에 나 있는 하나하나의 구멍'에서
연상되는 것이라 봤지만, 『고려대 한국어대사전』에서는 이 또한 '사람의
눈'에서 연상될 수 있다고 본 것이다.

3.4. 어휘 체계의 복잡성과 의미망의 모색

이 절에서는 분류 체계와 의미 관계에 대한 전통적인 논의에서 반영하
지 못한 어휘 체계의 복잡성을 설명하고, 이러한 문제를 해결하기 위해
제안된 의미망의 구축 사례를 살펴볼 것이다.

3.4.1. 분류 체계의 복잡성과 의미망

어휘의 분류 체계는 속성상 위계성을 띠기 때문에 어휘의 다양한 속성
을 분류 체계에 완전히 수용하기는 쉽지 않다. 또한 전통적인 어휘장 이론
에서는 언어적 중간 세계로서 어휘장을 가정하기 때문에 실세계와 어휘
의 세계를 간접적인 관계로 간주한다. 그러나 어휘의 다양한 속성을 파악
하기 위해서는 어휘 간 관계를 실세계에서의 관련성을 중심으로 살펴볼

필요성도 있다. 이러한 요구에 따라 주목받게 된 것이 실세계의 지식과 관련하여 어휘 정보를 체계화한 의미망이다.

의미망[22)]은 1968년 퀼리언(Quillian, M.R.)에 의해 제안된 지식 체계의 심리적 모델이다. 그는 우리가 가지고 있는 지식은 고립된 개개 지식의 집합이 아니라 상호 연관된 지식의 집합이라고 생각하였다. 따라서 다른 지식과 관련지어 개개의 지식에 대한 의미가 정해진다. 이것은 지식의 체계가 개개 지식과 지식 간에 상호 연결되는 망(網, net) 구조에 대응되는 것을 의미한다. 인간은 이 개개 지식의 망 구조를 추적해 가면서 연상과 추론을 하게 되는 것이다.

어휘 의미에 작용하는 지식 기반의 범위와 그것의 표상 방식에 대한 언어학적인 고민은 컴퓨터 언어학의 발달로 새로운 국면을 맞이한다. 이와 관련한 대표적인 성과가 프린스턴 대학의 워드넷(Wordnet)이다. 워드넷 연구는 인간의 머릿속 사전에 대한 심리학적 탐구로 출발하였고, 결국 그 결과물은 방대한 지식 기반을 의미망으로 체계화하는 것으로 귀결되었다. 이 연구는 인간의 경험이 반영된 온톨로지를 기반으로 하는 의미망 구축으로 이어진다.

> ### 온톨로지(ontology)
>
> 온톨로지라는 말은 희랍어 'Ontos(being)'와 'logos(word)'에서 비롯되었다. 철학에서 온톨로지는 존재의 본질에 대해 연구하는 학문을 가리키는 말이자 세상 사물에 어떤 분류 체계를 제공하는 것을 뜻하였다. 어휘론에서 온톨로지는 주로 어휘망을 구축하는 연구와 관련하여 거론되었는데, 실세계 또는 특정 영역(domain)에 존재하는 개념의 속성과 그것들의 의미적 관계에 대한 정보를 포함하는 지식 기반을 가리키는 말이자, 어떤 영역에서 공통적으로 사용되는 어휘들의 집합을 표현하는 방법을 뜻한다.

---

22) 이에 대한 기술은 이주근(1992:224)를 참조하였다.

프린스턴 워드넷(Wordnet)과 더불어 온톨로지를 기반으로 하는 의미망의 대표적인 성과는 유로워드넷(EuroWordNet)이다. 이는 프린스턴 워드넷을 기반으로 한 것인데, 다국어 번역을 궁극적 목적으로 하는 유로워드넷은 어휘의 계열적 관계를 나타내는 데 머무르지 않고 문장의 생성과 해석 과정에 관여하는 어휘 정보를 구축하고자 하였다.

이러한 목적이 온톨로지의 구축 방법론에서 차이를 가져왔다. 유로워드넷은 온톨로지를 영역 온톨로지(Domain Ontology)와 상위 온톨로지(Top Ontology)로 구분하여 설정하였다. 상위 온톨로지와 영역 온톨로지는 위계 하에서 연결되는 것이 아니라 각각 독립적으로 존재한다.

상위 온톨로지는 언어 독립적인 개념의 위계(hierarchy) 구조로, 사물의 존재론적 분류 체계를 반영한다. 즉, 사물의 존재를 구체적 실체를 뜻하는 1차 실체(1st Order Entity)와 상태나 동작을 뜻하는 2차 실체(2nd Order Entity)로 나눈 후, 1차 실체를 '기원, 형상 구성, 기능' 등에 따라 하위분류하고, 2차 실체를 '상황 유형'('동태성'과 '상태성', '속성', '관계', '종결사건', '비종결사전')과 '상황 성분'('용도, 시간, 사회성, 수량, 목적, 소유, 물리적, 양태, 정신, 방식, 처소, 경험, 존재, 외적 상태, 의사소통, 원인')으로 하위분류한다.

존재론적 분류 체계를 반영하는 상위 온톨로지와 달리 영역 온톨로지는 구체적인 경험적 사실을 범주화하여 반영한다. 즉, 영역 온톨로지는 인간의 머릿속에 구조화되어 있는 경험 범주를 목록화하는데, '교통', '스포츠', '병원', '식당', '상거래', '의사소통' 등의 경험 범주에는 해당 경험의 상황과 그 상황에 참여하는 요소들이 제시된다.

이를 보면 상위 온톨로지는 본질적이고 언어 보편적인 개념 체계를 표시하는 반면, 영역 온톨로지는 일상 세계의 경험 범주를 표시한다고 볼 수 있다. 예를 들어, '철수'는 상위 온톨로지에서 [인간]으로 표시될 것이지만, '상거래 영역'에서는 [구매자]가 될 수도 있고, [판매자]가 될 수도 있다. 그렇다면 상위 온톨로지와 영역 온톨로지를 독립적으로 설정하여 이들을 적절히 연계함으로써 인간의 개념 체계와 경험을 풍부하게 보여 줄 수 있을 것이다.

3.4.2. 의미 관계의 복잡성과 의미망

지금까지 살펴봤던 어휘의 의미 관계인 유의 관계, 반의 관계, 상하의 관계 등을 통해서는 다음과 같은 어휘의 의미 관계를 설명하기 어려울 것이다. 다음의 의미 관계는 어휘 간의 연상 작용까지 포함하고 있기 때문이다.

(50) 가. 흙 - 땅 - 나무 - 집
    나. 사진 - 사진기 - 필름 - 암실
    다. 집 - 가정 - 건물 - 근거지 - 고향

(50가)에서는 '흙, 땅, 나무, 집'이 상호 연관되어 있는데, 그러한 연관성은 우리의 경험 지식에 근거하여 인식하는 것이다. 즉, '흙'은 '땅'의 구성 성분이고, '땅'은 나무가 자랄 수 있는 기반이면서 나무를 키우는 역할을 하고, '나무'는 '집'의 재료가 될 수 있으며, '땅'은 집이 들어설 수 있는 기반이 된다. (50나)에 제시된 어휘들은 '사진'이 나오기까지 '도구', '재료', '생산 장소' 등의 기능을 하는 것을 가리키는 어휘들이다. 그런데 연상 작용에 따라 어휘의 관계망은 더 확장될 수 있다. 예를 들어 (50가)는 (50다)와 연결되어 더 큰 관계망을 이룰 수 있다. '집'은 사람이나 유정물이 살 수 있는 터전으로서의 역할을 하기도 하고, 사회와 구별되는 '가정'의 의미도 띠기 때문이다.

그간 의미 연구에서 이러한 의미 관계를 다루지 않은 것은 이들처럼 경험 지식에 근거하여 연상되는 어휘들의 의미 관계를 체계화하는 것이 어려울 뿐만 아니라, 이러한 의미 관계가 어휘를 체계화하는 데 중요하지 않다고 판단했기 때문이다. 그런데 어휘 체계를 지식 기반(knowledge base)으로 활용하려 한다면, 모어 화자의 경험 지식을 반영한 위의 의미 관계를 체계화하는 문제를 고민할 필요가 있다. 이에 따라 최근 언어 정보 처리 분야에서는 어휘의 위계적 관계를 파악하는 데에서 벗어나 어휘의 다양한 관계망을 구성하는 논의가 구체화되고 있다. 이중 코퍼스 언어학과 관련하여 관심을 끄는 것이 언어 사용에 기초한 화제(topic) 의미 관계이다. 화제 의미 관계처럼 코퍼스를 기반으로 한 관계망은 우리의 일반적 경험 지식을 가장 근접하게 보여줄 수 있다는 장점이 있다.

강범모(2017)에서는 언어 사용에 기초한 화제(topic) 의미 관계를 논의한 바 있는데, 화제 의미 관계는 하나의 화제 아래에서 함께 자주 사용되는 어휘들 사이의 관계를 말한다. 이러한 관계 설정은 어휘가 서로 가까이에서 자주 나타나 쓰이면 이들이 화제적으로 관련이 된다는 것을 전제로 한다. 실제 언어 사용에서 공기하는 어휘 간의 출현 빈도에 기반한다는 점에서, 화제 의미 관계는 유의, 반의, 상하의, 부분·전체 관계 양상과도 다르며, 어휘 연상에 따른 의미 관계와 반드시 일치하는 것도 아니다.

가령 '병원'은 '환자, 의사, 의료, 치료, 수술' 등과 자주 공기하여 나타나는데, 이는 '병원'이라는 개념이 '환자, 의사, 의료, 치료' 등의 개념과 연관된다는 것을 뜻한다. 이처럼 공기어와 연어를 통해 한 어휘에 대한 관련어들을 추출하고 이들의 의미망을 구성하면, 특정 화제에 대한 관련어 네트워크를 구성할 수 있을 뿐만 아니라, 화제 간 관련어 네트워크를 구성할 수 있게 된다.

강범모(2017: 20)에서 제시한 관련어 네트워크(그림 1)를 보면, '병원'과 '학교'의 관계망은 각각 독립적인 네트워크를 구성하지만, '은행'과 '회사'의 관계망은 '금융'과 '기업'의 노드로 연결되어 있다. 여기에서는 편의상 관련어 수를 10개로 제한한 예를 보였지만, 관련어의 수를 확대하면 독립적인 네트워크를 구성하고 있는 '병원'과 '학교' 등이 다른 화제와 어떻게 관련되는지도 드러나게 될 것이다. 그렇다면 대상 화제와 관련어 수를 확대함으로써, 세계를 구성하는 요소들의 상호 관련 양상을 다양한 측면에서 포착해 설명할 수 있을 것이다.

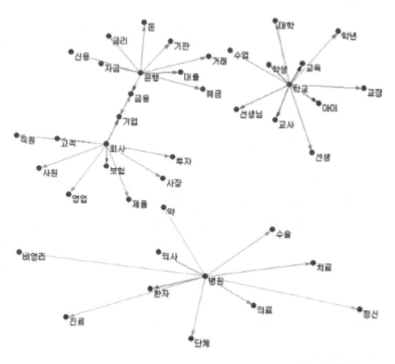

그림 1 병원, 학교, 은행, 회사의 관련어/관련개념 네트워크 (상위 10개씩)

연습 문제

1. "바람의 종류는 이분만이 아니다. 강에서 불어오는 강바람, 바다에서 뭍으로 불어오는 바닷바람과 갯바람, 산꼭대기에서 불어오는 산바람, 골짜기에서 불어오는 골바람, 들에서 부는 들바람, 벌판에서 부는 벌바람, 물 위에서 불어오는 시원한 물바람, 등 쪽에서 부는 등바람, 양쪽에서 마주 불어오는 맞바람, 맞은 편에서 불어오는 맞은 바람, 문틈으로 들어오는 문바람, 방향 없이 이리저리 부는 왜바람, 골짜기로 내리부는 재넘잇바람 등이 있다." (정주리, 『생각하는 국어』, 도서출판 도솔, 1994: 19)

   위의 글에서는 바람의 종류를 제시하고 있다. 글쓴이의 설명을 토대로 하여 '바람'의 어휘장을 구성해 보자.

2. 조선 후기 실학자 유희는 『물명고』에서 사물의 상위 분류에서 '유정류(有情類), 무정류(無情類), 부동류(不動類), 부정류(不靜類)'의 4부류를 제시한 바 있다. 여기에서 '유정류'와 '무정류'는 '생물'의 하위 부류이고, '부동류'와 '부정류'는 '무생물'의 하위 부류이다. 본문에서 살펴본 『재물보』의 분류 항목 중 '지보(地譜)'와 '물보(物譜)'의 부류 항목을 아래 제시한 『물명고』의 상위 부류에 따라 재배치해 보며, 『물명고』에서 제시한 상위 부류의 의의를 생각해 보자.

   > **『재물보』의 분류 체계**
   >
   > **지보(地譜)**
   >   지(地): 토(土), 산(山), 구(丘), 곡(谷), 수(水), 해(海), 강(江), … 금(金), 옥(玉), 석(石), 화(火)
   >
   > **물보(物譜)**
   >   우충(羽蟲), 모충(毛蟲), 인충(鱗蟲), 개충(介蟲), 곤충(昆蟲), 곡(穀), 채(菜), 과(果), 초(草), 목(木), 죽(竹)

유정류(有情類) :

무정류(無情類) :

부동류(不動類) :

부정류(不靜類) :

3. 다음 한자어가 포함된 예문을 만들어 보고, 예문에 쓰인 한자어를 적절한 고유
   어로 바꿔보자. 그리고 한자어와 고유어의 기능에 대해 생각해 보자.

   가. 수리(修理)하다, 치료(治療)하다, 수정(修正)하다, 개조(改造)하다
   나. 치장(治粧)하다, 수식(修飾)하다, 날조(捏造)하다, 가장(假裝)하다

4. 아래 예문에서 '거두다'의 쓰임을 보고, 다의어로 처리할 예문과 동음어로 처리
   할 예문을 나누어보자. 그리고 나눈 결과를 기존 사전과 비교해 보자.

   가. 철수는 웃음을 거두고 술잔을 들었다.
   나. 우리는 다음 달부터 모임에 늦은 사람에게는 벌금을 거두기로 했다.
   다. 나를 쳐다보던 그는 내가 고개를 들자 황급히 시선을 거두었다.
   라. 이번 아시안 게임에서 한국 야구는 좋은 성과를 거두었다.
   마. 그 아주머니는 남의 자식을 친자식처럼 거두었다.
   바. 저만치 들녘에서 농부가 벼를 거두는 모습은 시인에게 향수를 불러일으켰다.
   사. 나누어준 답안지는 뒷사람이 잘 거둬 이리 가져오너라.
   아. 앞집 분이네는 살림을 거두어 고향으로 다시 내려갔다.
   자. 그는 죽은 적군들의 시체를 잘 거두라고 명하였다.

4. 어휘의 변화

　우리가 살고 있는 세계는 시간이 흐르면서 변화한다. 예전에 없던 새로운 개념이나 현상, 사물 등이 생겨나기도 하고 원래 존재하고 있던 것이 다른 성격으로 변하거나 사라지기도 한다. 이러한 세계의 변화는 그것을 지시하는 언어 표현과 연계되기 마련인데, 이에 따라 새로운 어휘가 나타나기도 하고 이미 쓰이고 있던 어휘가 다른 의미로 쓰이거나 더 이상 쓰이지 않기도 한다. 그러나 시간의 흐름에 따라 어휘가 겪는 생성, 변화, 소멸의 과정은 비단 우리를 둘러싼 세계의 변화와만 관련되는 것은 아니다. 이 세계 안에 살고 있는 우리의 인식 변화와 관련될 수도 있고 우리가 사용하고 있는 언어 자체의 내적 변화와 관련될 수도 있다. 이러한 변화는 어떤 단어에서만 확인되는 개별적인 것일 수도 있고 혹은 더 나아가 어휘 체계 전반에 영향을 주기도 한다.

　4장에서는 어휘의 변화 과정에서 관찰되는 어휘 변화의 유형, 어휘 변화의 요인, 그리고 국어의 어휘가 변화해 온 과정에서 나타나는 주요 특징도 살펴보기로 한다.

4.1. 어휘 변화의 유형

어휘 변화의 유형은 형태 변화, 의미 변화, 범주 변화로 나누어 살펴볼 수 있다. 이러한 유형은 어휘의 형태, 의미, 그리고 그것이 가지고 있는 문법적 지위인 범주가 달라지는 것에 따라 나뉘는데, 어휘에 따라 이들 변화 유형 중 한 가지 유형의 변화만을 겪을 수도 있고 여러 유형의 변화를 겪을 수도 있다. 여기에서는 이러한 어휘 변화의 유형에 대해 차례대로 살펴보기로 한다.

4.1.1. 형태 변화

어휘의 형태 변화는 음운의 변화나 탈락, 음절 축소로 인해 나타난다. 이러한 형태 변화는 국어의 음운 체계에서 보이는 일반적인 음운 변화의 영향으로 나타나기도 하지만, 어떤 경우에는 해당 어휘에만 보이는 특수한 변화인 경우도 있다. 또한 하나의 어휘가 다른 형태 변화를 겪은 후 어휘 분화로 이어지는 경우도 있다.

먼저 어휘가 음운 변화를 겪으면서 형태 변화가 일어난 예들을 살펴보자.

 (1) 가. 아ᄃᆞᆯ > 아들, 낫 > 낮, ᄀᆞᄂᆞᆯ다 > 가늘다
   나. 디다 > 지다, 티다 > 치다, ᄠᅵᆯ다 > 찧다
   다. 믈 > 물, 블 > 불, 플 > 풀

(1가)는 'ㆍ'의 소멸에 따른 음운 변화를 겪은 예들이다. 중세 국어의 'ㆍ'는 두 단계에 걸쳐 소멸의 과정을 겪는데, 일반적으로 비어두 음절의 'ㆍ'는 16세기에 'ㅡ'로 변하였고 어두 음절의 'ㆍ'는 18세기 이후에는 'ㅏ'로 변하였다. (1나)는 구개음화를 겪은 예들이다. 17세기경 일어난 이 변화로

인해 '디, 티, 띠(찌)'는 '지, 치, 찌'로 바뀌게 되었다. (1다)는 'ㅁ, ㅂ, ㅍ' 와 같은 양순 자음 아래의 모음 'ㅡ'가 'ㅜ'로 변화하는 원순 모음화를 겪은 예들이다. 18세기경에 일어난 이 변화로 인해 '므, 브, 프'는 '무, 부, 푸'로 바뀌게 되었다.

(1)과 같은 변화는 음운 체계 전반에서 일어난 음운 변화가 어휘에 반영되어 나타난 형태 변화여서 국어 음운사의 일반적인 변화 흐름과 일치하는 것이지만, 어휘에 따라서는 이러한 일반적인 음운 변화의 흐름과 달리 개별적인 양상을 보이기도 한다.

(2) 가. ᄇᆞᄅᆞᆷ > 바람
　　　㉠ 香風ᄋᆞᆫ 香 ᄇᆞ로미라 <석상 3:42ㄱ>
　　　㉡ 볃 뙤며 ᄇᆞ람 불여 <은중 14ㄴ>
　　　㉢ 바람도 죠히 부럳기예 <개첩 1:11ㄴ>
　　나. ᄒᆞᄫᆞᅀᅡ > ᄒᆞ오ᅀᅡ > ᄒᆞ온자 > 혼자
　　　㉠ 셔ᄫᅳᆶ 긔벼를 알ᄊᆡ ᄒᆞᄫᆞᅀᅡ 나ᅀᅡ가샤 모딘 도ᄌᆞ골 플리시니이다 <용가 35장>
　　　㉡ 뫼ᅀᆞ본 사ᄅᆞᆷ 믈리시고 ᄒᆞ오ᅀᅡ 기픈 道理 ᄉᆞ랑ᄒᆞ더시니 <석상 3:19ㄴ>
　　　㉢ 나옷 도라오면 내죵내 그듸로 ᄒᆞ온자 예 잇게 아니 호리라 <이륜 36 ㄱ>
　　　㉣ 남지니 죽고 子息이 업스니 혼자 사라셔 므슴ᄒᆞ료 <속삼 열:8ㄱ>

(2가)에서 'ᄇᆞᄅᆞᆷ'의 어두 음절과 비어두 음절의 'ㆍ'는 모두 'ㅏ'로 변하였는데, 어두 음절의 'ㆍ' 변화는 'ㆍ'의 일반적인 변화 경향과 일치하는 것이지만, 비어두 음절의 'ㅏ' 변화는 그렇지 않다. (2나)의 'ᄒᆞᄫᆞᅀᅡ'는 여러 음운 변화가 반영된 예이다. 우선 양순 마찰음 'ㅸ'[β]는 15세기 말에 [w] 로 변하는데, 'ᄒᆞᄫᆞᅀᅡ'의 'ㅸ'도 이러한 일반적인 음운 변화에 따라 '오'로 변하였다. 그러나 'ㅿ'이 'ㅈ'으로 변화한 점이나 제2음절의 종성에 'ㄴ'이 첨가된 것은 일반적인 음운 변화와는 일치하지 않는다.

개별 어휘의 형태 변화는 좀 더 다양한 양상을 보인다. 다음의 (3)은 어휘 내의 'ㆍ'가 탈락하면서 음절이 축소된 예들이다.

(3) 가. 만ᄒ다 > 많다
  ㉠ 아랫 세 하ᄂᆞᆫ 煩惱ㅣ 만ᄒ고 <석상 6:35ㄴ>
  ㉡ 길헤 ᄀᆞ르미 잇더니 므리 만코 <월석 10:23ㄴ>
  나. 됴ᄒ다 > 둏다 > 좋다
  ㉠ 모미 곳 ᄉᆞᆨᄆᆞ로 디나갈ᄉᆡ 저저도 됴ᄒ고 <두시 21:22ㄴ>
  ㉡ 곳 됴코 여름 하ᄂᆞ니 <용가 2장>
  다. ᄀᆞᆮᄒ다 > ᄀᆞᇀ다 > 같다
  ㉠ 敎法이 블 ᄀᆞᆮᄒ더니 <석상 24:1ㄱ>
  ㉡ 孔雀이 꼬릿 빗 ᄀᆞᇀ 프리 나고 <월석 1:46ㄱ>

(3가)의 '만ᄒ다'와 (3나)의 '됴ᄒ다'는 제2음절 'ᄒ'의 'ㆍ'가 탈락하면서 음절이 축소되어 '많다', '둏다'와 같은 형태가 보인다. (3다)의 'ᄀᆞᆮᄒ다'는 연철 표기된 'ᄀᆞᇀ다'로도 나타났는데, 지금의 '같다'는 여기에서 'ㆍ'가 탈락된 후 음절이 축소된 형태이다.

개별 어휘에 나타난 형태 변화가 서로 다른 방향으로 진행되어 각각 다른 형태로 굳어진 경우도 있다. 예를 들어 'ᄒ' 말음을 가진 명사는 'ᄒ' 말음이 탈락한 형태로 변하는 것이 일반적이었다. (4가)의 '웋'이나 (4나)의 '않'도 'ᄒ' 말음이 탈락하여 현재는 '위', '안'이 일반적인 형태이다. 그런데 '웃거름, 웃돈, 웃어른'과 같은 예에서 '웃-'은 '웋'이 관형격 조사 'ㅅ'과 결합한 형태가 그대로 남아 있는 것으로서, 다른 환경에 쓰이는 '위'와는 형태가 다르다. '안'과 '밖'이 결합한 어휘가 '안밖'이 아니라 '안팎'인 것은 '않'이 여전히 남아 있는 것으로서, 다른 환경에 쓰이는 '안'과는 형태가 다르다.

(4) 가. 웋 > 위, 웃-

　　㉠ <u>우흘</u> 도바 아랠 利케 ᄒᆞ야 <월석 19:94ㄴ>

　　㉡ ᄀᆞ룺 <u>웃</u> 집 알ᄑᆡᆫ 이거시 업스니 <두시 18:11ㄱ>

　　㉢ 불법을 니즈시면 범디 <u>위에</u> ᄶᅥ러디고 <전설 37ㄱ-37ㄴ>

　　나. 않 > 안, 않-

　　㉠ 文王ᄋᆞᆫ 밧골 다스리시고 文母ᄂᆞᆫ <u>안홀</u> 다스리시ᄂᆞ니라 <내훈 3:12ㄱ>

　　㉡ 집 <u>안애</u> 각벼리 브석 밍ᄀᆞ라 두고 먹더니 <번소 7:13ㄴ>

　　음운 변화의 영향으로 형태 변화가 일어났는데, 그 결과가 방언에 따라
다른 경우도 있다.

(5) 가. 여ᅀᅳ > 여우, 여시

　　㉠ <u>여ᅀᅳ논</u> 疑心 하고 <법화 2:111ㄴ>

　　㉡ <u>여우도</u> 굴이 잇고 나ᄂᆞᆫ 시도 깃시 이소되 <예성 누가9:58절>

　　나. 낡~나모 > 나무, 낭구

　　㉠ 불휘 기픈 <u>남ᄀᆞᆫ</u> ᄇᆞᄅᆞ매 아니 뮐씨 <용가 2장>

　　㉡ 부톄 그 <u>나모</u> 아래 안ᄌᆞ샤 <석상 3:39ㄴ>

　　㉢ 祠堂 겨틔 흰 大棗 <u>나무</u> 닐굽 뒤 忽然히 나거늘 <속삼 효:14ㄱ>

　　다. 돓 > 돌, 독

　　㉠ 石은 <u>돌히오</u> <석상 9:24ㄴ>

　　㉡ 향싱이 도적을 ᄭᅮ짓고 <u>돌로ᄡᅥ</u> 티고 <동신 신속열6:82ㄴ>

(5가)의 '여ᅀᅳ'는 'ㅿ'의 소멸 이후 중앙 방언, 즉 표준어에는 '여우'로 남
아 있지만, 방언에 따라서는 'ㅿ[z] > ㅅ[s]'의 변화를 겪어 '여시'로 남아
있다. (5나)의 '낡'과 '나모'는 이형태 관계를 이루던 어휘여서, '낡'은 모
음으로 시작하는 조사와 결합할 때 나타나고 '나모'는 단독으로 쓰이거나
조사 '와'나 자음으로 시작하는 조사와 결합할 때에 나타났다. 표준어에
서는 '나모'가 형태 변화를 겪은 '나무'로 남아 있지만 방언에 따라서는
'낡'이 형태 변화를 겪은 '낭구'가 남아 있기도 하다. (5다)의 '돓'은 'ㅎ'

말음 명사로서 표준어에서는 'ㅎ' 말음이 탈락한 '돌'이 남아 있지만, 방언에 따라서는 '독'으로 남아 있는 경우가 있다.

4.1.2. 의미 변화

의미 변화는 다양한 양상으로 나타난다. 원래 가지던 의미와 전혀 다른 의미를 가지게 되기도 하고, 포괄적인 의미를 가지다가 특수한 의미로 축소되거나 여러 의미를 가지는 다의어였다가 그 중 한 가지 의미만을 가지게 되기도 한다. 이러한 의미 변화 과정에서 유의 관계를 형성하다가 별개의 어휘로 분화되는 예들도 있고 새롭게 유의 관계를 형성하기도 한다.

다음 (6)의 예들은 전혀 다른 의미로 변화한 경우이다.

(6) 가. 보람
    ㉠ 즐게 우희 ᄃᆞ라 보람 두니라 <석상 3:42b>
    ㉡ 咎徵은 凶ᄒᆞᆫ 이릐 몬졋 보라미니 <능엄 8:119ㄴ>
  나. 싁싁ᄒᆞ다 > 씩씩하다
    ㉠ 여슷 하ᄂᆞ래 宮殿이 싁싁ᄒᆞ더라 <석상 6:35ㄴ>
    ㉡ 밧긔 싁싁ᄒᆞᆫ 스승과 버디 업스면 <내훈 3:18ㄴ>
  다. 노릇 > 노릇
    ㉠ 戲ᄂᆞᆫ 노루시라 <월석 13:4ㄴ>
    ㉡ 온 가짓 노릇 ᄒᆞᆫ 後에 나모 지ᄂᆞᆫ 놀애 브르놋다 <두시 5:52ㄱ>
  라. 구의실 > 구실
    ㉠ 구위실 마로미 ᄯᅩ 사ᄅᆞᄆᆞ로브테어놀 <두시 10:29ㄱ>
    ㉡ 그 집 구실을 영히 덜라 ᄒᆞ시니라 <번소 9:67ㄱ>

(6가)의 '보람'은 중세 국어에서 ㉠과 ㉡처럼 "표시(혹은 표시하는 것)"의 의미였다. 현재도 사전에는 이런 의미가 설명되어 있으나 실제 언어생활에서는 "어떤 일을 한 뒤에 얻어지는 좋은 결과나 만족감 또는 자랑스러움이나 자부심을 갖게 해 주는 일의 가치"의 의미로 주로 쓰인다. (6나)의

'싁싁ᄒ다'는 음운 변화를 겪어 현재의 '씩씩하다'로 남아 있다. 중세 국어에서 '싁싁ᄒ다'는 ㉠과 ㉡처럼 "장엄하다, 엄숙하다"의 의미였지만, 지금은 "굳세고 위엄스럽다"의 의미이다. (6다)의 '노릇'은 음운 변화를 겪어 현재의 '노릇'이 되었다. 중세 국어에서 '노릇'은 ㉠과 ㉡처럼 "놀이, 장난"의 의미를 가졌지만 지금 '노릇'은 직업이나 직책을 낮잡아 이르거나 "맡은 바 구실, 일의 됨됨이나 형편"의 의미를 가진다. (6라)의 '구의실'은 음운 변화를 겪어 현재의 '구실'로 남아 있다. 중세 국어에서 ㉠처럼 "관직"의 의미와 ㉡처럼 "부역(負役, 백성이 부담하는 공역)"의 의미였지만, 지금은 주로 "자기가 마땅히 해야 할 맡은 바 책임"의 의미로 쓰인다.

다음의 (7)과 (8)은 포괄적인 의미를 가지다가 특수한 의미로 축소된 경우이다.

(7) 가. 얼굴
    ㉠ 形體ᄂᆞᆫ 얼구리라 <월석 2:69ㄴ-70ㄱ>
    ㉡ 形 얼굴 형 <훈몽 상:24ㄱ>, 狀 얼굴 장 <훈몽 상:35ㄴ>
    ㉢ 型 얼굴 형 模 얼굴 모 <훈몽 하:16ㄱ>, 式 얼굴 식 <훈몽 하:21ㄱ>
  나. 늧 > 낯
    ㉠ ᄂᆞ치 조ᄒᆞᆫ 보ᄅᆞᆷ 둘 곧ᄒᆞ시고 <월석 25:119ㄴ>
    ㉡ 顏 ᄂᆞᆾ 안 <훈몽 상:24ㄴ>, 面 ᄂᆞᆾ 면 <훈몽 상:24ㄴ>, 臉 ᄂᆞᆾ 렴 <훈몽 상:25ㄱ>

(8) 가. ᄢᅵ, ᄢᅵ니 > 끼, 끼니
    ㉠ 이 ᄢᅵ 부톗 나히 닐흔ᄒᆞ나히러시니 <석상 13:1ㄱ>
    ㉡ 여슷 ᄢᅵ니ᄂᆞᆫ 낫 세 밤 세히라 <월석 7:65ㄱ>
    ㉢ 時 ᄢᅵ니 시 <훈몽 상:2ㄱ>
  나. ᄣᅢ > 때
    ㉠ 둙 울 ᄣᅢ예 머기면 <구간 1:78ㄴ>

(7)의 '얼굴'은 중세 국어에서 ㉠과 ㉡처럼 "형체, 형상, 모습"의 의미를 가지거나 ㉢처럼 "형식"의 의미를 가지는 어휘였으나 지금은 신체의 일부인 "얼굴"만을 가리키는 의미로 쓰인다. 이에 따라 현대 국어에서 '얼굴'은 중세 국어의 'ᄂᆞᆾ'에서 변화한 '낯'과 유의 관계를 가지게 되었다. (8)의 'ᄢᅵ, ᄢᅵ니'는 중세 국어에서 "때"를 가리키는 의미였으나 지금은 "날마다 일정한 시간에 먹는 밥 또는 그렇게 먹는 일"의 의미를 가리키는 것으로 축소되었다. 이에 따라 중세 국어에서 "때"를 가리키는 어휘로서 유의 관계를 가지던 'ᄢᅵ, ᄢᅵ니'와 'ᄢᅢ'는 현대 국어에서는 '끼, 끼니'와 '때'로 남아 있고, 이들은 서로 구분되는 의미를 가지게 되었다.

의미가 축소되는 유형 중에는 기존 의미의 일부를 다른 어휘가 담당하게 되는 경우도 있다.

(9) 가. ᄉᆞ라ᇰᄒᆞ다 > 사랑하다
　　　㉠ 샹녜 이 이를 <u>ᄉᆞ라ᇰᄒᆞ야</u> <법화 2:9ㄴ>
　　　㉡ 네 ᄯᆞᄅᆞᆯ 네 <u>ᄉᆞ라ᇰᄒᆞᄂᆞ니</u> <내훈 2상:16ㄱ>
　　나. 싱각ᄒᆞ다 > 생각하다
　　　㉠ 미샹 제 아ᄃᆞᄅᆞᆯ <u>싱각ᄒᆞ며</u> <법화 2:189ㄴ>
　　　㉡ 의심도왼 일란 무로ᄆᆞᆯ <u>싱각ᄒᆞ며</u> <번소 4:6ㄱ>

(10) 가. 어리다
　　　㉠ <u>어리닌</u> 어딘 사ᄅᆞ미게 묻고 <육조 69ㄱ>
　　　㉡ <u>어린</u> 제브터 늘그매 니르히 <소학 5:9ㄴ>
　　나. 졈다 > 젊다
　　　㉠ 蔡氏 <u>져믄</u> 아기 안고 <삼강 열:27ㄱ-27ㄴ>
　　　㉡ 幼 <u>져믈</u> 유 沖 <u>져믈</u> 튱 孺 <u>져믈</u> 슈 稚 <u>져믈</u> 티 <훈몽 상:32ㄴ>

(9가)의 'ᄉᆞ라ᇰᄒᆞ다'는 중세 국어에서 ㉠처럼 "생각하다"의 의미와 ㉡처럼 "사랑하다"의 의미를 모두 가진 어휘였지만, 현대 국어에서는 후자의 의

미만 가지게 되었다. '스랑ᄒ다'가 가진 ㉠의 의미는 중세 국어에서 유의 관계였던 '싱각ᄒ다'가 담당하게 되었다. (10)의 '어리다'는 중세 국어에서 ㉠처럼 "어리석다"의 의미와 ㉡처럼 "어리다"의 의미를 모두 가진 어휘였으나, 현대 국어에서는 "어리다"의 의미만을 가지게 되었다. 이에 따라 중세 국어에서 "어리다"는 의미를 공통적으로 가지면서 유의 관계를 형성하던 '어리다'와 '졈다'는 현대 국어에서 가리키는 대상의 나이가 달라졌는데, '어리다'는 10대 전반을 넘지 않은 나이를 가리키고 '젊다'는 그보다는 윗세대를 가리키게 되었다.

어휘에 따라 형태 변화와 의미 변화가 함께 나타나기도 하는데, 이러한 과정에서 어휘 분화가 초래되기도 한다. 예를 들어 '붉다'와 '밝다', '늙다'와 '낡다'는 양성 모음과 음성 모음의 대립을 이루는 짝이라고 할 수 있는데, '붉다', '늙다'의 의미가 축소되면서 짝이 되었던 '밝다', '낡다'와는 서로 다른 의미를 가지는 어휘가 되었다.

(11) 가. 붉다 > 밝다
　　㉠ 어젯 바민 도로 붉곤 ᄃᆞᆯ 조차 가도다 <남명 45ㄱ>
　　㉡ 브스왠 저긔 붉곤 ᄆᆞᅀᆞ미 허니 <두시 7:15ㄴ>
　　나. 붉다 > 붉다
　　㉠ 블근 ᄆᆞᅀᆞ미 ᄭᅮᆷ로외요ᄆᆞᆯ 오직 더으며 <두시 12:1ㄴ>

(12) 가. 늙다 > 낡다
　　㉠ 늘곤 옷 니버 <월곡 상:57ㄱ>
　　나. 늙다
　　㉠ 늘근 한아비ᄂᆞᆫ 일 나미 어려우니 <두시 11:30ㄴ>
　　㉡ 녀름 짓ᄂᆞᆫ 지븻 늘근 디새盆을 웃디 말라 <두시 25:17ㄴ>

(11)의 '붉다'는 중세 국어에서 ㉠처럼 "밝다"의 의미뿐만 아니라 ㉡처럼 "붉다"의 의미도 가지고 있어서, "붉다"의 의미를 가진 '붉다'와 유의 관

계에 있는 어휘였다. 그런데 18세기 이후 어두 음절의 'ᆞ'가 소실됨에 따라 '붉다'는 '밝다'가 되고 '붉다'는 원순 모음화의 영향으로 '붉다'가 되었다. 형태 변화와 더불어 '붉다'의 의미도 축소되면서 현대 국어에서는 "밝다"의 의미는 '밝다'에, "붉다"의 의미는 '붉다'에 남아 있다. (12)의 '늙다'는 중세 국어에서 "낡다"의 의미를 가지고 있었고, '늙다'는 ㉠처럼 "늙다"의 의미와 ㉡처럼 "낡다"의 의미를 모두 가지고 있었다. 18세기 이후 어두 음절의 'ᆞ'가 소실됨에 따라 '늙다'는 '낡다'가 되고 '늙다'의 의미도 축소되면서, 현대 국어에서는 '낡다'와 '늙다'는 각기 다른 의미를 가리키는 어휘가 되었다.

'조금'과 이것의 준말인 '좀'도 형태 변화와 의미 변화가 함께 나타난 예로 볼 수 있다. 현재 '좀'은 (13가)처럼 "정도나 분량이 적게"의 의미로 쓰이거나 (13나)처럼 "시간적으로 짧게"의 의미로 쓰이는데, 이때는 '좀'을 '조금'으로 바꾸어도 문맥의 의미가 통한다. 그러나 (13다)처럼 부탁이나 동의를 구할 때 '좀'을 쓰는 경우도 있는데, 이때는 '조금'으로 바꾸어 쓸 수 없다. 준말인 '좀'이 본말인 '조금'과는 다른 새로운 의미를 가지게 된 것이다. 이러한 '좀'의 변화는 19세기부터 확인되는데, (14가)는 '조금'과 같은 의미를 지니는 예이고 (14나)와 (14다)는 새로운 의미를 가지는 예이다.

(13) 가. 물건값이 <u>조금/좀</u> 비싸다.
     나. <u>조금/좀</u> 늦었습니다.
     다. 이것 <u>좀/*조금</u> 드세요.

(14) 가. 동편ㅅ 셤은 크고 셔편ㅅ 셤은 죨 젹으니 <사민 31>
     나. 죠야에 잇눈 죠션 졔군즈눈 싱각들 죰 하시요 <독립 1897. 3. 6. 논설>
     다. 더 죰 다고 <국한 77>

4.1.3. 범주 변화

범주 변화는 특정 어휘가 가지는 문법적 지위가 달라지는 변화이다. 이러한 예로는 어휘의 지위를 유지하면서 품사가 달라진 예들이나 어휘의 지위를 잃어버리는 예들이 있다.

중세 국어의 '새'나 '녀느'는 품사가 달라진 경우이다. '새'는 (15가)에서 보듯이 ㉠처럼 명사, ㉡처럼 관형사, ㉢처럼 부사로 쓰였으나 현대 국어에서는 '새 책, 새 옷' 등에서 보듯이 관형사로만 쓰인다. '녀느'는 형태 변화를 겪어 지금의 '여느'로 남아 있는데, 중세 국어에서는 (15나)에 보듯이 ㉠처럼 명사, ㉡처럼 관형사로 쓰였으나 현대 국어에서는 '여느 때, 여느 마을'처럼 관형사로만 쓰인다.

(15) 가. 새
　　㉠ 놀ㄱ닐 덜오 <u>새</u>롤 더으며 <원각 상1-2:188ㄴ>
　　㉡ 녯 대예 <u>새</u> 竹筍이 나며 <금삼 3:23ㄴ>
　　㉢ <u>새</u> 出家ᄒᆞᆫ 사ᄅᆞ미니 <석상 6:2ㄱ>
　　나. 녀느 > 여느
　　㉠ ᄒᆞ다가 ᄯᅩ <u>녀늣</u> 일 因緣이 업거든 <원각 하3-2:8ㄴ>
　　㉡ <u>녀느</u> 나라돌히 두토리니 <월석 25:59ㄴ>

반면 현대 국어에서 접사로 남아 있는 '암-, 수-', '맏-', '-바치'는 중세 국어에서는 어휘의 지위를 가졌었다. '암-, 수-'와 '맏-'은 현재 '암탉, 수탉'이나 '맏아들'과 같은 예에 남아 있는데, (16가)와 (16나)에서 보듯 중세 국어에서는 명사로 쓰인 어휘였다. 중세 국어의 '-바치'는 "기술자, 장인(匠人)"의 의미를 가지는 명사였는데, 형태 변화를 겪어 지금의 '-바치'가 되었다. 현재 접미사 '-바치'는 '갖바치, 흥정바치' 등과 같은 어휘에서 볼 수 있다.

(16) 가. 암ㅎ, 수ㅎ > 암-, 수-

　　　㉠ 암히 수흘 좃놋다 <두시 17:5ㄴ>

　　나. 뭀 > 맛-

　　　㉠ 내 아ᄃ리 비록 모디라도 <월석 2:5ㄴ>

　　다. 바지 > -바치

　　　㉠ 匠ᄋ 바지라 <법화 1:21ㄴ>

　언어 변화가 어휘적인 것에서 문법적인 것으로, 자립적인 요소에서 의존적인 요소로 변한다는 단일 방향성 가설(unidirectional hypothesis)은 언어 변화를 설명하는 문법화(grammaticalization) 이론에서 일반적으로 받아들여지는 것이다. (16)에 제시된 예들처럼 어휘의 지위를 가지다가 접사로 남게 된 예들은 이러한 가설에 맞는 경우이다. 그러나 모든 언어 변화가 이에 맞는 경우만 있는 것은 아니다. 단일 방향성 가설에 맞는 예들에 비해서 그 수가 매우 적지만, 역방향의 변화를 겪는 예들도 있는데, 이러한 예들은 역문법화(degrammaticalization)라는 개념으로 설명된다.

　예를 들어 동사의 활용형이 조사로 문법화한 '보다'는 근대 국어 시기에 그 용법이 보이기 시작하여 현재까지 비교격 조사로 쓰인다. 조사로서의 '보다'는 (17가), (17나)와 같은 예에서 확인할 수 있다. 그런데 (17다)에서 보듯이 19세기 말부터 부사로서의 '보다'가 보이기 시작하여 (17라), (17마)와 같은 20세기 초의 예에서도 확인된다.[1] 19세기 말에서 20세기 초의 자료에서 부사로서의 '보다'는 비교격 조사 '보다'에 비해 매우 적은 예가 확인되기는 하지만, 현재는 확고한 부사로서의 지위를 가지고 있다.

---

[1]　이기문(1998: 243)에서는 조사 '보다'가 부사의 용법을 획득하게 된 것을 일본어 'より'의 직접적인 영향으로 해석하였다. 일본어에서 비교격 조사로 쓰이던 'より'가 부사의 용법을 가지게 된 것은 서구어의 비교급을 번역하는 과정에서 나타난 것이라고 한다.

(17) 가. 금으로 곤익ᄒᄆᆯ 구졔ᄒᄂᆫ 것보다 나ᄒᆞ니 <경셕 1ㄱ>

　　나. 외국 부인을 맛나 볼 ᄣᅢ에ᄂᆫ 례를 사나희게보다 더 공경ᄒᆞ고 <독립
　　　 1896. 11. 14. 논셜>

　　다. 용속ᄒᆫ 사ᄅᆞᆷ덜은 눈 압히 리를 취ᄒᆞᄂᆫ 고로 셰샹이 보다 닷투ᄂᆫ 바이
　　　 요 ᄯᅩ 그 리가 극히 젹으리라 <신진>

　　라. 이십삼일에는 요셉의게 편지 세흘 주어 북경에로 보내니 ᄒᆞ나흔 북
　　　 경에 계신 남경 쥬교쯰 ᄒᆞ고 ᄒᆞ나흔 보다 몬져 죠션에 드러갈 즁국
　　　 신부 유바시피고의게 ᄒᆞ고 ᄒᆞ나흔 동지ᄉᆞ 편에 드러오ᄂᆫ 죠션 교우
　　　 의게 ᄒᆫ 편지라 <경향 3:93-94>

　　마. 그것은 보다 더 善한 것이거나, 或은 보다 더 惡한 것이거나 何如間.
　　　 <표본>

단일어화(lexicalization)

　새로운 어휘가 생겨나는 과정에서 자주 사용되는 기제 중 하나가 '단일어
화'이다. 단일어화의 사례로는 어휘가 아니었던 구성이 어휘가 되는 경우나
파생어(derived word)나 합성어(compound)와 같은 복합어(complex word)가
단일어(simple word)가 되는 경우가 흔히 제시되곤 한다. 전자의 예로는 중세
국어에서 "갖추어지다"의 의미를 가지던 'ᄀᆽ-'의 관형사형 'ᄀᆞᄌᆫ'이 형태 변화
를 겪어 현재의 관형사 '갖은'이 된 경우를 들 수 있다. 후자의 예로는 "치우다,
정리하다"의 의미를 가지던 '설엊-'에 명사 파생 접미사 '-이'가 결합한 어휘가
현재의 명사 '설거지'로 남아 있는 예를 들 수 있다. 전자의 경우는 용언의
관형사형이 관형사가 된 것이므로, 엄밀하게는 어휘 범주가 변화한 것은 아니
다. 후자의 경우는 어기였던 동사 '설엊-'이 소멸되면서 파생어라는 인식이
사라지게 되고 그에 따라 단일어로 인식된 것이므로, 변화를 겪기 전이나 겪은
후나 여전히 어휘였던 예이다. 어휘 범주 변화를 어휘의 단어 형성법적 특징의
변화까지 포함해야 한다면 '설거지'의 경우도 어휘 범주의 변화로 다루어질
수 있을 것이다. 그러나 여기서는 이러한 예는 엄밀한 의미에서 어휘 범주의
변화는 아니라고 보아 특별히 설명하지 않았다.

4.2. 어휘 변화의 요인

어휘가 변화하는 요인은 언어 사실에 의한 것이냐 아니냐에 따라 언어적 요인과 비언어적 요인으로 나누어 볼 수 있다. 언어적 요인에 의한 어휘 변화는 언어 내적으로 설명되는 경우도 있지만 그렇지 않은 경우도 있다. 비언어적 요인에 의한 어휘 변화는 어휘가 가리키는 지시 대상이 변하거나 특정 어휘에 대한 인식이 변화한 경우이다. 여기에서는 이러한 어휘 변화의 요인에 대해 차례대로 살펴보기로 한다.

4.2.1. 언어적 요인

어휘는 언어적 요인 때문에 변화하기도 한다. 예를 들어 중세 국어의 '믈'은 원순 모음화를 겪어 '물'로 변화했는데, 이 변화에 대해 선행하는 양순 자음 'ㅁ'의 양순성에 모음 'ㅡ'가 동화되었기 때문에 나타난 것으로 설명할 수 있다. 언어학적으로 볼 때 성질이 유사한 발음이 연속될 때 발음하기가 더 쉬운데, 조음 위치나 조음 방식의 변화를 최소화하기 때문이다. 이런 면에서 보면 원순 모음화의 예들은 발음의 편의 때문에 변화했다고 볼 수 있다.

구개음화가 반영된 예들도 역시 발음의 편의와 관련지어 설명될 수 있다. 구개음화는 경구개 위치에서 조음되는 'ㅣ' 모음의 영향을 받아 경구개음이 아닌 'ㄷ, ㅌ'과 같은 자음이 경구개음인 'ㅈ, ㅊ'으로 변화하는 음운 현상이다. 예를 들어 '디다, 티다'가 '지다, 치다'로 변화한 것은 이러한 음운 변화를 받아들였기 때문이다. 음운 변화는 다른 언어 변화에 비해 일반적으로 적용되는 특징을 보이므로, 동일 음운 환경이라면 같은 음운 변화가 적용되는 것이 원칙이다. 그런데 현대 국어의 '디디다, 티끌'이나 '라디오'는 구개음화의 적용을 받지 않는다. 이에 대해서도 언어학적으로 설명할 수 있다. 'ㄷ, ㅌ'와 'ㅣ' 모음이 결합된 음절에 구개음화가 적용되던 시기는 근대 국어 시기였는데, 이때 '디디다, 티끌'은 '드듸다, 틔끌'이었기 때문에 구개음화가 적용되지 않은 것이다. 외래어인 '라디오'도 구개음화가 적용되던 시기를 지나서 우리말에 받아들여졌기 때문에 구개음화가 적용되지 않은 것이다.

그러나 모든 어휘 변화를 이렇게 설명할 수 있는 것은 아니다. 예를 들어 15세기에는 'ㆍ'가 음소로 존재하였지만 16세기 이후 소멸되기 시작하여 근대 국어 시기부터는 음소의 자격을 가지지 않는다. 이에 따라 'ㆍ'를 가진 어휘들은 'ᄆᆞᅀᆞᆷ>마음', 'ᄂᆞᆾ>낯'처럼 'ㆍ'가 다른 모음으로 변화하게 된다. 그러나 'ㆍ'가 왜 소멸하였는지, 어두 음절과 비어두 음절의 'ㆍ'가 왜 시차를 두고 변화하였는지에 대해서는 설명하기 어렵다.

같은 음운 환경을 가진 어휘라도 경우에 따라 변화 양상이 다르게 나타나기도 한다. 예를 들어 중세 국어의 'ㅎ' 말음을 가진 명사들은 동일한 변화 과정을 겪지 않았다. 다음의 (18)이 보여 주는 이러한 차이는 이유를 설명하기 어렵다.

(18) 가. 하ᄂᆞᆶ > 하늘, 나랗 > 나라
　　나. 쌓 > 땅
　　다. 숧 > ㉠ 살 ㉡ 살코기

대부분의 'ㅎ' 말음 체언은 (18가)처럼 'ㅎ' 말음이 탈락하는 변화를 겪었다. 그러나 (18나)처럼 'ㅎ' 말음 대신 'ㅇ' 말음으로 남아 있는 예들도 있다.[2] (18다)는 "피부, 살"의 의미를 가지던 중세 국어의 '숧'이 두 가지

---

2)　현대 국어의 '위'에 대응되는 중세 국어의 '웋'도 'ㅎ' 말음 체언인데, 현대 국어의 '지붕'은 '집+웋'이 결합한 형태에서 변화한 것이라고 보기도 한다. 그렇다면 '웋'도 (18나)처럼 'ㅎ' 말음 대신 'ㅇ' 말음으로 남은 예가 된다.

형태로 남아 있는 모습을 보인다. ㉠의 '살'처럼 단일 명사로 쓰일 때는 'ㅎ' 말음이 탈락하였지만, 합성어의 어기로 쓰일 때는 ㉡의 '살코기'처럼 여전히 'ㅎ' 말음이 남아 있다.

의미 변화의 경우에도 언어적 요인에 의한 예들을 볼 수 있다.

(19) 가. ᄆᆞᅀᆞᆷ "마음, 심장" > 마음
　　　 ㉠ 몸과 ᄆᆞᅀᆞᆷ괘 便安코 즐겁더니 <석상 23:27ㄱ>
　　　 ㉡ 손과 발와 ᄆᆞᅀᆞᆷ괘 더워 <구방 하:50ㄱ>
　　 나. 치다 "(가축을) 기르다, (부모를) 봉양하다" > 치다 "(가축을) 기르다"
　　　 ㉠ 畜生ᄋᆞᆫ 사르미 지븨셔 치논 중시이라 <월석 1:46ㄴ>
　　　 ㉡ 누미 늘근 어미를 치다가 <삼강 효:5ㄱ>

(19가)의 'ᄆᆞᅀᆞᆷ'은 중세 국어에서 ㉠처럼 "마음"의 의미와 ㉡처럼 신체 기관인 "심장"의 의미를 가지고 있었지만, 지금은 "마음"의 의미로만 쓰인다. (19나)의 '치다'는 중세 국어에서 ㉠처럼 "(가축을) 기르다"의 의미와 ㉡처럼 "(부모를) 봉양하다"의 의미를 가지고 있었지만, 지금은 "(가축을) 기르다"의 의미로만 쓰인다. (19)와 같은 예에서 보이는 의미 변화는 다의어였던 어휘의 의미가 축소된 것으로 볼 수 있지만, 이러한 변화의 이유에 대해서는 알기 어렵다.

4.2.2. 지시 대상의 변화

어휘의 의미는 우리가 존재하는 세계의 어떤 것을 가리킨다. 그것은 현실에 존재하는 구체적 대상일 수도 있고 현실에 존재하지 않는 상상 속의 대상일 수도 있다. 혹은 추상적 개념일 수도 있고 특정 현상일 수도 있다. 이러한 것들을 어휘의 지시 대상이라고 한다면, 이러한 지시 대상의 변화는 어휘 변화를 가져올 수 있다. 어휘의 의미가 지시 대상 혹은 지시 대상이 가리키는 개념과의 지시 관계에 의해 나타나는 것이라고 할 때 어떤 어휘가 지시하는 특정 지시 대상 자체가 변한다면, 이는 해당 어휘의 변화로 볼 수 있다. 지시 대상 자체가 변한 것이 아니라 어떤 어휘가 이전 과는 다른 지시 대상과 지시 관계를 가지게 되면서 의미가 달라지는 경우 도 있는데, 이런 경우도 특정 어휘가 가리키는 지시 대상이 변하는 것으로 볼 수 있다.

우선 지시 대상이 소멸되면 그것을 가리키는 어휘도 사라지는 경우가 많다. 예를 들어 '전차(電車)'는 전기의 힘을 동력으로 하여 궤도 위를 달리는 차량인데, 1898년에 처음 등장하여 1969년에 모두 철거되었다. 이에 따라 '전차'라는 어휘는 더 이상 사용되지 않게 되었다. 1974년에 전차와 유사한 방식의 운송 수단이 새롭게 등장하였지만 이를 가리키는 어휘로 '전차'는 더 이상 사용하지 않고 '전철(電鐵)' 혹은 '지하철(地下鐵)'로 부른다. 이와 달리 지시 대상이 소멸되었지만 그것을 가리키던 어휘는 남아서 다른 지시 대상을 가리키는 경우도 있다. '영감'은 원래 조선 시대에 정3품과 종2품의 벼슬아치를 가리키던 어휘였다. 그런데 '영감'이 가리키던 지시 대상인 관직은 사라졌지만, '영감'은 급수가 높은 공무원이나 지체가 높은 사람을 높여 이를 때, 나이든 부부 사이에서 아내가 남편을 가리키거나 부를 때, 중년이 지난 남자를 대접하여 부를 때에 쓰인다.

어휘가 가리키는 지시 대상이 변하면 그것을 가리키는 어휘 의미도 변하는데, 이러한 양상은 다양하게 나타난다. 예를 들어 지시 대상이 달라졌는데 예전의 어휘를 그대로 쓰는 경우가 있다. '전봇대(傳報-)'는 예전에는 나무로 기둥을 만들었으나 지금은 콘크리트나 철근 구조물을 기둥으로 삼는다. 또한 중세 국어의 '다리우리'에서 변화한 '다리미'는 지금의 프라이팬과 같은 도구에 숯불을 올려 옷이나 옷감을 다리는 도구였다. 따라서 '전봇대'나 '다리미'가 여전히 사용되는 어휘라고 하더라도 이들 어휘가 가리키는 지시 대상은 예전과는 달라진 것이다.

기존의 어휘가 예전과는 다른 지시 대상을 가리키게 되면서 그 결과 어휘 의미가 달라지기도 한다. 중세 국어에서 "사람"의 의미였던 '놈'이 지금은 주로 남자를 낮추어 부를 때 쓰인다거나 "여자" 혹은 "아내"를 가리키던 '겨집'에서 형태가 변화한 '계집'이 여자를 낮추어 부를 때 쓰이는 경우가 이러한 예에 해당된다. 중세 국어의 '마노라'에서 형태가 변한 '마누라'도 지시 대상의 변화에 따라 어휘 의미가 변화한 예이다.

(20) 가. <u>마노랏</u> 父母 l 늘그시니 <삼강 충:18ㄱ>
    나. **마누라**: 늙은 부인에 대한 경칭. 늙은 부인. (때때로 늙은 여인들을 그렇게 부른다.) (Titre honorifique des vieilles dames. Vieille dame. On appelle ainsi quelquefois les vieilles femmes.) <한불>
    다. **마누라**: ㉠ 老婆. ㉡ 自己의 妻의 稱. <조선_총>
    라. **마누라**: ㉠ 중년이 넘은 아내를 허물없이 이르는 말. ㉡ 중년이 넘은 여자를 속되게 이르는 말. <표준>

중세 국어의 '마노라'는 (20가)처럼 자신보다 신분이 높은 사람을 가리키는데, 그 대상은 남녀를 가리지 않았다. 그러나 19세기 말의 사전에서는 (20나)와 같이 '노부인'을 가리키는 말로 지시 대상이 변하였다. 자신보다 높은 사람을 가리키는 경칭이라는 의미는 남아 있지만 그 대상이 나이가 많은 여성으로 축소된 것이다. 20세기 초의 사전에는 (20다)와 같이 자기 부인을 가리키는 데에도 쓰였다. 현재는 (20라)처럼 사전에 기술되어 있으나 일반적으로는 자신의 아내를 낮추어 부른다는 의미가 더 강하게 느껴진다.

어휘가 가리키는 지시 대상이 확대되어 어휘 의미가 변한 예들도 있는데, 호칭 혹은 지칭으로 쓰이는 어휘들에서 이러한 경우를 많이 볼 수 있다. 여자 친족을 가리키던 '아ᄌᆞ미'에서 변한 '아주머니'는 지금도 여자 친족을 가리키기도 하지만, 지시 대상이 확대되어 친족 관계가 아니라도 중년 이상의 여자를 가리키게 되었다. 역시 친족 관계에서 쓰이는 '오빠,

언니, 형'과 같은 어휘도 기존에 이들이 가리키던 지시 대상 외에 친족 관계가 아닌 선배를 친근하게 가리킬 때 쓰이기도 하며, 최근에는 식당에서 일하시는 분들을 부르는 호칭으로 '이모'가 쓰이는 경우도 볼 수 있다. '선생님'도 원래는 학생을 가르치는 일을 하는 사람을 가리켰으나 지금은 가르치는 일과 관계없이 상대방을 대우하는 경우에 폭넓게 쓰인다.

예전에 없던 지시 대상이 나타나면 이를 가리키는 어휘가 필요한데, 새로운 어휘가 만들어지는 방식은 매우 다양하다. '포스트잇(Post It)', '스카치테이프(Scotch tape)', '호치키스(Hotchkiss)'처럼 상표명이 특정 지시 대상을 가리키는 일반 명사로 쓰이기도 하고, '샌드위치(sandwich)', '로봇(robot)'3)처럼 고유 명사가 일반 명사로 쓰이는 경우도 있다. 이런 예들이 우리말 어휘로 받아들여진 것은 차용의 결과이다.4) 차용은 새로운 문물의 도입과 함께 그것을 가리키는 어휘도 함께 받아들이는 방식인데, 새로운 어휘가 생기는 가장 보편적인 방식 중의 하나이다. 우리가 흔히 쓰는 '컴퓨터(computer), 마우스(mouse), 인터넷(internet), 홈페이지(homepage)', '버스(bus), 택시(taxi), 드라마(drama), 오렌지(orange), 파인애플(pineapple)' 등은 바로 이러한 예이다.

새로운 지시 대상이 나타났을 때 새로운 어휘를 만들어 쓰는 경우도 있다. 예를 들어 '무선 호출기(無線 呼出機)'는 흔히 '삐삐'라고도 하는데, 이는 무선 호출기의 음을 흉내 낸 의성어를 사용하여 만든 어휘이다. 작은 공기주머니가 올록볼록하게 되어 있는 포장용 비닐인 '뽁뽁이', 단추나

---

3) '로봇'은 체코슬로바키아의 카렐 차페크(Karel Čapek)가 1920년에 쓴 희곡인 ≪로썸의 인조인간(Rossum's Universal Robots)≫에서 유래된 것으로 알려져 있다.

4) 고체풀을 가리키는 일반 명사로 쓰이는 '딱풀', 세탁기의 한 종류처럼 쓰이는 '통돌이 세탁기'의 '통돌이', 승합차를 가리키는 '봉고차'의 '봉고(bongo)'도 상표명에서 유래한 것이지만 차용어는 아니다.

끈 대신 두 개의 물체를 붙였다 뗐다 하는 데 쓰는 '찍찍이'도 이런 방식으로 만들어진 어휘이다. 파생의 방식으로 만들어진 어휘들도 있는데, 접두사 '양(洋)-'이 결합한 어휘들이 대표적이다. '양복(洋服), 양방(洋方), 양식(洋食), 양옥(洋屋)'과 같은 어휘들은 외래에서 도입된 문물을 가리키는 어휘인데, '한복(韓服), 한방(韓方), 한식(韓食), 한옥(韓屋)'처럼 '한(韓)-'이 결합한 어휘와 대응을 이루기도 한다.

새로운 지시 대상을 가리키기 위해 기존 어휘를 활용하는 경우도 있다. '콩'은 콩과 식물의 한해살이풀 혹은 그 열매를 가리키지만, 최근 커피의 원두(原豆)를 '커피콩'이라고 부르는 일이 많다. 커피나무는 꼭두서닛과의 상록 관목이므로 이것의 열매인 원두는 '콩'의 지시 대상과는 다르다. 그럼에도 불구하고 '커피콩'이라는 어휘가 널리 쓰이게 된 것은 '콩'의 지시 대상이 확대되어 '콩'의 의미가 변한 경우라고 볼 수 있다.

기존의 어휘를 활용하여 새로운 지시 대상을 가리키게 되는 과정에서 어휘의 분화가 일어나기도 한다. 중세 국어의 '하ᄂᆞᆯ'은 형태 변화를 겪어 '하늘'로 남아 있는데, 이 과정에서 비어두 음절 모음 'ㆍ'가 'ㅡ'로 바뀌거나 'ㅏ'로 바뀌는 경우가 있었다. 이에 따라 '하ᄂᆞᆯ'에 접미사 '-님'이 결합한 '하ᄂᆞ님'이 후대에 '하느님' 혹은 '하나님'으로 쓰인 예들이 보인다. 아래의 (21)은 '하ᄂᆞ님', '하느님', '하나님'이 "우주를 창조하고 주재한다고 믿어지는 초자연적인 절대자"로서의 의미와 가톨릭 및 개신교에서 말하는 유일신의 의미로 모두 쓰였음을 보여 준다. 그러나 최근에는 개신교의 유일신에 대해서 '하나님'으로 쓰고 가톨릭의 유일신을 포함한 다른 경우에는 모두 '하느님'으로 쓰게 됨으로써 같은 기원인 '하ᄂᆞ님'에서 온 어휘가 분화되었음을 보인다.

(21) 가. 하ᄂᆞ님

　　　㉠ 아무려나 됴케 ᄒᆞ심을 <u>하ᄂᆞ님씌</u> 비ᄋᆞᆸ노이다　<현풍>

　　　㉡ 쥬 예수는 <u>하ᄂᆞ님의</u> 아ᄃᆞ리니 <진리>

　나. 하느님

　　　㉠ 에그 <u>ᄒᆞ느님</u> 맙시스 <목단>

　　㉡ 찬송가(讚頌歌): 예수교에서 <u>하느님</u> 또는 예수의 덕을 찬송하는 노래.
　　　讚美歌. <조선_문>

　다. 하나님

　　㉠ 하나님: 天帝. (上帝·玉皇上帝). <조선_총>

　　　㉡ 쥬 너의 <u>하나님을</u> 사랑ᄒᆞ라 <예성 마태22:37절>

　새로운 지시 대상을 가리키는 어휘를 만든다 하여도 그것이 널리 쓰여 어휘로서의 생명력을 가지게 되는가 하는 점은 또 다른 문제이다. 언어 정책의 관점에서 불필요하게 남용되는 외국어를 고유어로 바꾸려는 노력을 하게 되는데, 이런 노력이 언제나 성공하는 것은 아니다. 예를 들어 '리플(←reply)'을 '댓글'로, '네티즌(netizen)'을 '누리꾼'으로, '노견(路肩)'을 '갓길'로, '고수부지(高水敷地)'를 '둔치'로 바꾼 것은 새롭게 만든 어휘가 정착한 좋은 예이다. 그러나 의도를 가지고 새롭게 만든 어휘가 언중들에게 쉽게 받아들여지지 않는 경우도 있는데, '텀블러(tumbler)'를 '통컵'으로, '사이드 메뉴(side menu)'를 '곁들이'로, '마인드맵(mind map)'을 '생각 그물'로 바꾸려고 하는 시도는 여전히 성공적인 것은 아닌 듯하다.

4.2.3. 인식의 변화

　어떤 지시 대상에 대한 언중의 인식이 어떠한가 하는 점도 어휘 변화에 영향을 준다. 예를 들어 특정 대상을 기피하는 경우에 그것을 직접적으로 가리키는 어휘 대신 다른 어휘로 그 지시 대상을 가리키는 경우가 있다.

이러한 예들을 금기어라고 하는데, '호랑이'를 '산신령(山神靈)'으로 부른다거나 '천연두(天然痘)'를 '손님'으로 부르는 것은 바로 이러한 경우에 해당된다.

특정 지시 대상에 대한 언중의 인식이 변화함에 따라 원래 쓰이던 어휘가 아닌 다른 어휘를 사용하는 경우도 있다. 대표적인 예는 특정 계층 혹은 특정 집단에 대한 비하의 의미가 있다고 느껴지는 경우 그러한 부정적인 의미를 없앤 새로운 어휘로써 그 지시 대상을 가리키는 예들이다.[5]

'간호부(看護婦)'라는 어휘는 여성을 뜻하는 접미사 '-부(婦)' 때문에 해당 직업에 여성만 종사한다는 차별적 의식을 가지는 것이므로 해당 직업군에 종사하는 사람을 가리키는 어휘로 '간호원(看護員)'을 사용하게 되었다. 그러나 이 어휘도 '의사(醫師)'라는 어휘에 비하여 직급이 낮다거나 의사의 업무를 보조하는 역할을 한다는 인상을 주는 차별적 어휘라고 인식하게 되면서 최근에는 '간호사(看護師)'라는 어휘가 널리 쓰인다. 신문 기사에서 '간호부, 간호원, 간호사'를 검색해 보면, 아래의 (22)처럼 이들 어휘가 주로 쓰이는 시기가 구별되는 것을 확인할 수 있다.

---

5) (22)에 제시된 '간호부, 간호원, 간호사'의 연도별 분포, (23)에 제시된 '불구자, 장애자, 장애인'의 연도별 분포, (25)에 제시된 '도우미'의 공기어 빈도 변화는 <물결21>(http://corpus.korea.ac.kr/)에서 검색한 결과를 바탕으로 한 것이다.

(22) 신문 기사에 나타난 '간호부, 간호원, 간호사'의 연도별 분포

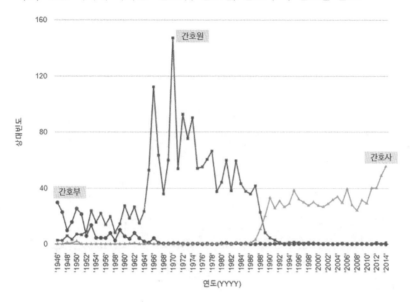

　　'불구자(不具者), 장애자(障碍者), 장애인(障碍人)'과 같은 어휘도 인식
의 변화와 관련이 있다. 예전에는 신체에 장애가 있는 사람들을 가리켜
'불구(不具)' 혹은 '불구자'라고 부르던 때도 있었다. 그러나 이 어휘가
신체에 장애가 있는 사람들에 대한 비하와 편견을 담고 있는 것이라고
하여 '장애자'로 바꿔 부르게 되었다. 지금은 접미사 '-자(者)'보다는 '-인
(人)'이 결합된 '장애인(障碍人)'이 덜 차별적인 어휘로 인식되는 까닭에
'장애인'이 더 많이 쓰인다. '불구자, 장애자, 장애인'에 대한 인식이 변함
에 따라 이들 어휘가 사용되는 시기도 구별되는데, (23)은 신문 기사에서
검색된 이들 어휘의 연도별 분포이고, (24)는 '패럴림픽(paralympics)'에
대한 번역어가 달라지는 것을 확인할 수 있는 신문 기사들이다.6)

──────────

6)　　최근에는 장애가 있는 사람과 그렇지 않은 사람을 구분하여 '장애인(障礙人)'

(23) 신문 기사에 나타난 '불구자, 장애자, 장애인'의 연도별 분포

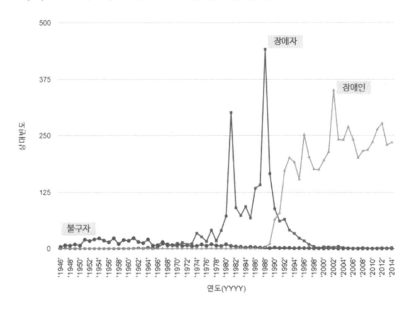

(24) 가. <u>不具者</u>『올림픽』 8日부터 東京서【東京=올림픽取材本部24日發】東京
「올림픽」 대회에 이어 日本에서는 소위 「파라림픽」이라는 <u>불구자</u>
「올림픽」이 개최된다. … 한국에서도 四명의 선수와 「에스코트」 三
명이 참가 신청하고 있다. <u>불구자</u>「올림픽」은 국제불구자회의 「L·구
트만」 박사가 지난 48년 처음으로 제창, 「올림픽」이 끝난 후 그 「그
라운드」에서 거행하는 것이 관례로 되어 있다. <『동아일보』 1964.
10. 25, 기사>

나. 인간승리 大祭典 <u>**장애자올림픽**</u> 개막 세계 5억 장애자들에게 재활의
의지와 희망을 심어 줄 제8회 서울 <u>장애자올림픽</u>대회(88서울파랄림
픽)가 15일 서울 올림픽의 성화가 타올랐던 서울 蠶室벌에서 성대한
개막식과 함께 막이 올랐다. … 高貴男 서울 장애자올림픽조직위원장

과 '정상인(正常人)'으로 부르던 관행도 차별적이라는 인식이 생기면서 '장애
인(障礙人)'과 '비장애인(非障礙人)'으로 부르려는 움직임도 있다.

은 … 「옌스 브로만 옌센」세계장애자스포츠기구 국제조정위원회 위원장은 … 한편 장애자올림픽 행사 기간 중 장애자 작품 전시회 농아 연주 민속공연 서울영상전 등 경축 문화 행사와 함께 국제척수장애자경기연맹총회를 비롯, 각종 국제회의가 잇따라 열린다. <『동아일보』1988. 10. 15. 기사>

다. **"장애인올림픽도 관심 가져주세요"** 애틀랜타서 15일 개막 하계 올림픽의 성화가 꺼진 미국 애틀랜타에 오는 15일부터 25일까지 또 하나의 성화가 타오른다. 올해로 10회째를 맞는 장애인올림픽대회다. … 이번 대회에서 우리는 종합 10~15위를 목표로 하고 있다. 92년 9회 바르셀로나 장애인올림픽대회에서는 12위를 차지했었다. <『동아일보』1996. 8. 9. 기사>

정치·역사적 사건에 대한 인식이 달라지면서 해당 사건을 가리키는 용어가 달라지는 경우도 있다. 예를 들어 개항 이후 1910년을 전후한 시기를 가리키는 '개화기(開化期)', 1910년부터 1945년까지 일본이 우리나라를 침략하여 강점한 시기를 가리키는 '식민지 시기(植民地 時期)', 1910년 일본에 의한 조선의 강제 병합을 가리키는 '한일합방(韓日合邦)'과 같은 표현 대신 각각 '근대 계몽기(近代 啓蒙期)', '일제 강점기(日帝 强占期)', '한일 강제 병합(韓日 强制 倂合)' 혹은 '경술국치(庚戌國恥)'를 써야 한다고 보는 시각이 있다. 이러한 시각은 전자의 표현들이 해당 사건에 대한 부정적인 혹은 잘못된 인식을 담고 있어서 사건의 본질을 명확하게 인식하지 못하도록 한다는 생각 위에 서 있다.

인식 변화와 관련된 어휘 변화의 예들 중에서 '도우미'라는 어휘의 확산 과정은 흥미롭다. 원래 '도우미'는 1993년 대전 엑스포에서 활동하던 여성 전문 안내원을 가리키기 위해 새롭게 만들어진 어휘였다. 처음에 '도우미'라는 어휘는 좀 이상하다고 여겨졌는데, 동사의 명사형인 '도움'에 접미사 '-이'를 결합한 어휘가 사람을 가리키는 데는 적절하지 않다고 생각했기 때문이다. 그런데 '도우미'는 점차 그 영역이 확장되어 거의 모든 영역에서 새로운 어휘들을 만들어 내는 데 쓰이고 있다. 예를 들어 집안일을 도와주는 사람을 가리키던 '파출부(派出婦)', 아이 양육을 도와주는 사람을 가리키던 '유모(乳母)'와 같은 어휘에 차별적 인식이 있다고 느껴지게 되면서 이를 대신할 표현으로 '가사 도우미', '육아 도우미'를 쓰게 된 예들을 볼 수 있다. 이러한 변화는 (25)에 보인 '도우미'의 공기어 변화를 보면 더욱 두드러진다. 이를 보면 2000년에는 '도우미'가 원래 쓰였던 맥락의 의미와 관련되는 '안내, 홍보, 운영'과 같은 어휘와 공기되는 빈도가 더 높지만, 최근에는 '가사, 육아, 산모'와 같은 어휘와 공기되는 빈도가 더 높다.

(25) '도우미'의 공기어 빈도 변화[7)]

연도별 빈도 어휘	2000년		2005년		2010년		2013년	
	순위	t-score	순위	t-score	순위	t-score	순위	t-score
안내	1	8.884	7	7.585	16	5.129	19	3.629
홍보	5	5.97	11	6.545	17	4.579	21	3.38
운영	14	4.204	15	6.039	15	5.229	18	3.927
가사	24	0	12	6.543	1	14.098	1	11.831
육아	31	0	25	2.84	18	4.319	5	7.774
산모	26	0	23	3.952	13	5.524	17	4.211

7) t-score는 원래 통계학에서 사용되는 평가 척도 중 하나로서 모집단이 정규 분포를 이룬다는 전제하에 표본 집단의 유의미성 여부를 판정하기 위해 도입된 것이다. 어휘 사용의 양상은 정규 분포는 아니지만 단어의 출현 빈도와 관련하여 t-score는 유의미한 결과를 보여주는 데 유효한 것으로 알려져 있는데, 일반적으로 t-score가 높을수록 유의미한 정도가 높아지는 것으로 해석된다. t-score 계산에 대해서는 김일환 외(2010: 124-125) 참조.

최근에는 '도우미'가 도움이 필요한 사람을 돕는 사람을 가리키는 것을 넘어서서 이와 유사한 역할을 하는 개나 로봇까지도 '도우미'라고 부르는 경우를 볼 수 있다.

(26) 가. 장애인의 동반자, <u>도우미견</u>을 아시나요 (『오마이뉴스』 2007. 1. 30. 기사)

　　나. 자폐증 소년 지키는 뉴질랜드 <u>도우미 개</u> SNS서 화제 (『YTN』 2016. 3. 4. 기사)

　　다. <u>도우미 로봇</u>, 노인 쓰러지자 자녀에게 바로 영상 전화 (『중앙일보』 2018. 9. 17. 기사)

어휘 변화에 영향을 주는 인식의 변화가 비단 차별적 인식 혹은 잘못된 인식에만 국한되는 것은 아니다. 어떤 지시 대상을 가리키는 어휘를 선택하는 과정에서도 언중의 인식이 작용하는 예들을 볼 수 있다. 동네에서 소규모로 식료품이나 일용 잡화를 파는 상점들이 내거는 간판에서 '슈퍼' 혹은 '슈퍼마켓(supermarket)', '마트(mart)' 같은 어휘를 보는 경우가 잦다. 일반적으로 '슈퍼'나 '마트'는 좀 더 규모가 큰 대형 할인점 등에 더 적절할 것으로 생각되지만, 동네의 소규모 상점들도 '가게'보다는 '슈퍼'나 '마트'를 상호명으로 쓰는 것을 더 선호한다. 병원들이 '○○ 병원(病院)' 혹은 '○○ 의원(醫院)'이나 특정 진료 과목을 내세운 '△△△ 내과(內科)', '□□□ 치과(齒科)' 등의 상호명 대신 '○○ 클리닉(clinic)'을 간판으로 내거는 경우도 유사한 상황인 듯하다. 이러한 현상은 기존에 써 왔던 어휘가 아닌, 새로운 어휘를 쓰면 좀 더 새롭고 전문적이고 고급스러운 인상을 준다는 언중들의 인식이 바탕에 깔려 있는 것으로 보인다. 음식점에서 조리를 담당하는 사람들을 일컫는 어휘도 이런 인식 변화에 영향을 받는 듯하다. 전통적으로 음식을 조리하는 사람을 일컫는 어휘로는 '숙수(熟手)'가 쓰였지만, 이후 '요리사(料理師)', '조리사(調理士)'와 같은 어휘가 쓰이게 되었다. 규모가 있는 음식점의 주방은 직급에 따라 종사하는 사람들을 가리키는 어휘가 달라지기도 하는데8), 음식점의 주방에서 조리를 맡은 사람들의 우두머리를 '주방장(廚房長)'이라고 해 왔지만, 최근에는 '셰프(chef)'라는 말이 더 자주 쓰이는 듯하다. '주방장' 대신 '셰프'라는 어휘를 사용하게 되는 맥락에는 '셰프'가 좀 더 비싸고 고급스러운 요리를 할 것 같은 그런 인상을 주기 때문인 듯하다. 최근에 좀 더 두드러지게 나타나는 이런 추세에서 선택되는 어휘는 서구어에 유래를 둔 경우가 많다.

특정 어휘에서 보이는 이러한 현상은 '양층 언어 현상(diaglossia)'과 관련지어 생각해 볼 수 있다. Ferguson(1959)는 한 언어 사회 안에서 계통적으로 관련된 두 언어를 사용하되 상위 언어(H)는 격식적인 상황에서 고급 기능을 위해 사용하고 하위 언어(L)는 친밀하고 비격식적인 상황에서 사용하는 현상을 양층 언어 현상이라고 하였는데, 이집트의 고전 아랍어(Classical Arabic)와 이집트 아랍어(Egyptian Arabic), 스위스의 표준 독일어와 스위스 독일어, 아이티의 프랑스어와 아이티크리올(Haitian Creole)의 예를 들었다.9) Singleton(2000)은 이에 대해 '부호 전환(code-switching)'의 특별한 예, 즉 '상황적 부호 전환'의 예라고 하였다.10)

---

8) 주방의 직급에는 '총주방장(總廚房長, Master chef, Head Chef, Executive Chef), 주방장(廚房長, Sous Chef), 조리장 (調理長, Chef de partie), 조리사 (調理士, Cook), 수습생(修習生, Helper, Apprentissage)' 등이 있다고 한다.

9) 피진(pidgin)은 서로 소통이 안 되는 두 집단 간에 소통을 위해 발달시킨 단순화된 소통 수단이고, 크리올(creole)은 피진이 어휘적으로나 문법적으로 더 복잡해지고 풍부해져서 만들어진 언어이다.

10) 여기서는 '부호 전환'을 세 유형으로 나누어 설명하였다. '대화상의 부호 전환(conversational code-switching)'은 두 가지 언어 변종을 번갈아 사용하는 것이 그 집단의 암묵적인 관습으로 여겨지는 현상인데, 예를 들면 라틴계 미국인이 두 문화권에 속한다는 자신의 민족적 정체성을 드러내기 위해 스페인어로 말할 때 영어 표현을 끼워 넣거나 영어로 말할 때 스페인어를 끼워 넣는 경우가

'양층 언어 현상'이나 '부호 전환'이 특정 맥락에서 선택되는 언어 표현 및 사용과 관련되는 것이라면, 앞에서 살펴본 서구어에 기반한 어휘를 좀 더 고급스럽게 인식하는 현상도 이러한 맥락과 닿아 있다고 할 수 있다. 외국어와 접촉하면서 나타나는 이러한 현상은 고유어-한자어의 경우에도 적용된다고 할 수 있는데, 다만 이러한 새 어휘들이 우리 어휘 체계 안에 수용되어 외래어로 남아 있게 되는가 하는 점은 또 다른 문제이다.

　이런 점에서 '스타벅스(Starbucks)'나 '커피빈(Coffee Bean)'이라는 상호를 '별다방', '콩다방'이라는 애칭으로 부르는 것은 흥미롭다. '다방(茶房)'은 이미 차용어인 '커피숍(coffe shop)'이나 '카페(café)'에 밀려 선호되는 어휘가 아니었는데, 언중들에 의해 다시 사용되기 시작했기 때문이다. 이는 어떤 어휘가 경쟁에서 밀려 쓰임이 줄어들고 결국에는 소멸하는 과정을 거치는 일반적인 상황과는 다른 경우이다. 아마도 언중들이 '다방(茶房)'에 덧붙여졌던 고리타분한 이미지를 벗겨 내고 이 어휘에 친근한 이미지를 덧붙이게 되면서 다시 쓰이게 된 것으로 보인다.

해당된다. '상황적 부호 전환(situational code-switching)'은 상황에 따라 다른 언어를 쓰는 현상인데, 예를 들면 가족과 대화할 때는 스위스 독일어를 쓰다가 공식적인 상황에서는 표준 독일어를 쓰는 경우나 런던에서 파리로 여행을 갈 때 여행을 시작할 때는 영어를 쓰지만 여행을 마칠 때는 프랑스어를 쓰게 되는 경우가 해당된다. '은유적 부호 전환(metaphorical code-switching)'은 화제를 바꿀 때 부호 전환이 일어나는 현상인데, 예를 들면 노르웨이에서 공무원과 민원인은 업무상의 대화를 할 때는 표준어를 쓰고 신변 잡담을 할 때는 사투리를 쓰는 경우가 해당된다.

4.3. 국어 어휘 체계 변화의 주요 특징

국어의 어휘들이 개별적으로 보이는 다양한 변화들을 유형화하여 살펴보면 국어의 어휘 체계가 어떻게 변화해 왔는지를 파악할 수 있게 된다. 이를 위해 우선 국어의 어휘 체계 변화에 대한 서술 방법을 개괄적으로 살펴보고, 여기에서 두드러진 두 가지 특징, 즉 한자어와 외국어 차용의 문제에 집중하여 살펴보기로 한다.

4.3.1. 국어 어휘 체계 변화의 서술 방법

2장에서 살펴보았듯이 어휘를 유형화하고 이를 통해 체계를 수립하는 기준은 품사, 기원, 사용역, 형식 등이 다양하게 있다. 현대 국어의 어휘 체계를 연구할 때는 사전에 수록된 어휘나 균형적으로 구축된 말뭉치를 활용할 수도 있기 때문에 다양한 기준을 적용하여 어휘를 유형화하거나 이들의 분포를 통계적으로 제시하고 분석하는 일이 가능하다. 이러한 방식의 연구 방법을 통해 국어 어휘 체계의 특징을 다각도에서 살펴볼 수 있기도 하다.

그러나 문헌 자료의 기록에 근거하여 어휘 변화의 흐름을 살펴볼 수밖에 없는 역사적인 연구에서는 현대 국어의 어휘 체계를 분석하는 것과 동일한 연구 방법론을 적용하기가 쉽지 않다. 먼저 역사적 연구에 활용될 수 있는 사전이나 말뭉치가 현대 국어의 것과 같은 규모나 정밀함을 갖추고 있지 못하다. 또한 어떤 문헌 자료에서 확인되는 어휘의 유형은 해당 문헌 자료의 내용과 성격에 크게 영향을 받는다. 따라서 어떤 어휘가 특정 문헌 자료에서 출현 빈도가 높다고 하더라도 그것이 곧 그 어휘의 실제 빈도를 반영하는 것이라고 확언하기는 어렵다. 이외에도 문헌 자료에서 어떤 어휘가 최초로 확인된다는 사실이 그 어휘가 바로 그 시기에 새롭게 만들어진 것을 뜻하는 것은 아니라는 점도 고려되어야 한다.

어휘의 변화에 대한 역사적 연구가 가진 이러한 어려움 때문에 국어 어휘 체계의 변화에 대한 서술은 시기별 특징을 종합적으로 서술하고 이를 통해 어휘 체계의 변화가 드러나는 것을 지향하지만, 결과적으로는 각 시기의 문헌에서 확인되는 개별 어휘들을 나열하는 방식으로 서술되곤 한다. 물론 이러한 서술은 각 시기의 개별 어휘들을 파악하게 하고 현재와의 비교를 통해 특정 어휘가 유지 혹은 소멸하였음을 확인할 수 있도록 하지만, 이러한 개별 어휘의 변화를 유형화하고 이를 통해 체계의 변화까지 논의하기는 어려운 측면도 있다.

이런 상황에서 국어 어휘 체계의 변화를 가장 특징적으로 보여 줄 수 있는 한 가지 방법은 기원에 따라 어휘를 유형화하고 이를 통해 체계의 변화를 이해할 수 있도록 하는 것이다. 국어 어휘 체계가 고유어, 한자어, 외래어로 구성된다고 할 때 어휘 체계의 변화는 개별 어휘가 겪어 온 변화뿐만 아니라, 이 어휘들이 속하는 각 유형들의 변화, 즉 고유어의 변화, 한자어의 변화, 외래어의 변화들이 유기적으로 관련된 결과이기 때문이다. 고유어의 변화에 대해서는 앞의 4.1.과 4.2.에 제시된 여러 예를 통해 살펴볼 수 있고, 한자어와 외래어의 변화에 대해서는 다음의 4.3.2.와 4.3.3.에서 좀 더 자세하게 논의될 것이다.

훈민정음 창제 이전의 어휘 연구

어휘 변화에 대한 연구는 문헌 자료에 나타난 어휘를 확인하고 그것의 역사적 변화 과정을 추적하는 방식으로 이루어진다. 그런데 현재 우리가 사용하는 문자 체계인 한글, 창제 당시의 이름으로는 훈민정음(訓民正音)은 1443년에 만들어지고 1446년에 반포되었다. 따라서 이 시기 이후에 기록된 문헌 자료에서는 현재 우리가 사용하는 표기 방식으로 쓰인 우리말 어휘를 확인하고 연구할 수 있다.

그렇다면 그 이전 시기의 어휘는 어떠한 방식으로 확인하고 연구할 수 있을까? 훈민정음 창제 이전에는 차자 표기(借字 表記)를 사용하였는데, 이는 한자의 음과 뜻을 빌어 우리말을 표기하던 방식으로, 향찰(鄕札), 이두(吏讀), 구결(口訣)이 있다. 이러한 차자 표기로 기록된 문헌 자료에서 15세기 이전의 어휘들을 확인할 수 있는데, 이들에 대한 연구는 동일 계통의 언어 양상, 후기 중세 국어 이후의 문헌 자료에서 확인되는 언어 양상, 현재의 방언에 남아 있는 언어 양상과의 비교(比較)나 이를 통한 내적 재구(內的 再構)의 방식으로 이루어진다. 이러한 방식에 의한 연구는 상당히 제한적일 수밖에 없지만, 현재로서는 이에 의지할 수밖에 없다.

이러한 방식으로 확인되는 후기 중세 국어 이전의 어휘 중에는 지금은 사라진 예들도 있지만, 변화를 겪으면서 지금까지 남아 있는 경우도 있다. 예를 들어 신라 시대의 향가인 <제망매가(祭亡妹歌)>에는 "하나"의 뜻인 '一等隱'이 보이는데, '*ㅎ돈'으로 재구된다. 이 어휘는 12세기 초 고려에 온 송나라 손목(孫穆)이 저술한 ≪계림유사(鷄林類事)≫에 '一曰河屯'으로 기록되어 있다. ≪계림유사≫에는 '天曰漢捺'도 보이는데, 이는 후기 중세 국어의 'ㅎ늘'에 대응되며 현재의 '하늘'로 남아 있다. 13세기 중엽의 ≪향약구급방(鄕藥救急方)≫에는 '鉛俗云那勿'이라는 기록이 보이는데 여기의 '那勿'은 '*나믈'로 재구되며, 현재의 '납[鉛]'에 대응됨을 알 수 있다.

4.3.2. 한자의 수용과 한자어의 확산

한자는 기원전 2세기에 우리에게 전해졌다고 알려져 있는데, 우리말 어휘에 한자가 끼친 영향은 이 시기부터 시작되었을 것으로 추정된다. 우리말 어휘 변화의 관점에서 주목되는 몇몇 사건들은 역사 기록에서 확인할 수 있다. 먼저 '居西干, 次次雄, 尼師今, 麻立干'으로 불리던 신라의 왕명이 23대 법흥왕 때부터 한자어인 '왕(王)'으로 바뀌었으며, 8세기 중엽 신라 경덕왕 때는 우리말 지명을 중국식 지명으로 바꾸었다. 또한 10세기 중반인 고려 광종 때에 과거 제도가 시행되었던 일도 한자가 우리말 어휘에 끼치는 영향력을 좀 더 높이는 사건이 되었을 것으로 보인다. 이외에도 한자로 기록된 여러 문헌들, 예를 들면 불교 경전이나 유학 경서 등이 중국에서 들어와 우리 문화 전반에 영향을 주게 되고 이것은 우리의 한자 문화의 중요한 기반이 되었다. 이러한 흐름 속에서 한자를 기반으로 한 한자어는 우리말 어휘 체계의 중요한 축을 이루게 되었던 것이다.

한자어가 점차 확산되어 우리말 어휘 체계 안에서 중요한 위치를 차지하게 되면서 나타나는 여러 변화들은 문헌을 통해서도 확인된다. 예를 들어 후기 중세 국어의 문헌에서 한자어가 한자로 표기되지 않고 훈민정음으로 표기된 경우가 있다. 당시 한문으로 쓰인 문헌을 우리말로 번역한 경우, 즉 언해문의 표기 방식은 한자어는 한자로 표기하고 고유어는 훈민정음으로 표기하는 것이 일반적이었다. 그런데 후기 중세 국어의 문헌에는 한자어임에도 훈민정음으로 표기된 예들이 종종 나타난다. 이러한 현상은 한자어가 널리 쓰이게 되면서 언중(言衆) 사이에서 어떤 어휘가 본래 한자어라는 의식이 희미해진 까닭에 나타나는 것으로 이해되기도 한다.

(27) 가. 樣 ~ 양

　　ㄱ 히 디논 양이 드론 붑 곤거든 <월석 8:6ㄱ>

　　ㄴ 짐줏 미친 양 ᄒᆞ고 그우실 아니 홀시 <내훈 3:68ㄱ>

　　ㄷ 皇帝 木像 밍ᄀᆞ랏논 樣ᄋᆞᆯ 그리라 ᄒᆞ시니라 <삼강 효:10ㄴ>

　　나. 常例 ~ 샹녜

　　ㄱ 어마니미 샹녯 사ᄅᆞ미 아니러시이다 <월석 23:74ㄴ>

　　ㄴ 내 샹녜 이리 니르다니 <석상 13:60ㄱ>

　　ㄷ 變은 常例예셔 다ᄅᆞᆯ 씨오 <월석 1:15ㄱ>

(27가)의 ㄱ과 ㄴ에서 '양'은 ㄷ의 '樣'을 훈민정음으로 표기한 예들이다. '양'은 '樣'처럼 "모습, 모양"의 의미를 가지는데, ㄷ은 문맥상 "척, 체"의 의미에 좀 더 가깝다. (27나)의 ㄱ과 ㄴ에서 '샹녜'는 ㄷ의 '常例'를 달리 표기한 예들로, 현재의 '상례'에 해당된다. ㄱ에서는 "보통"의 의미로, ㄴ은 "늘, 항상"의 의미로 쓰였다.

한자어가 우리말 어휘의 체계에서 점차 영향력을 확대해 가면서 일부 한자어는 유사한 의미를 지니는 고유어와 경쟁하기도 한다. 이 과정에서 고유어가 소멸하고 한자어만 남거나 고유어와 한자어가 유사한 의미를 가지면서도 사용 영역이 구분되어 쓰이기도 한다. 먼저 고유어와 한자어의 경쟁에서 고유어가 소멸하고 한자어만이 남게 된 예들을 보자.

(28) 가. 슈룹 : 우산(雨傘)
　　　㉠ 슈룹 <훈해>
　　　㉡ 傘 우산 산 <훈몽 중:13ㄴ>
　　나. 오래 : 문(門)
　　　㉠ 門 오래 문 <천자_광 27ㄱ>
　　　㉡ 門 문 문 俗呼門子 在外爲門 國語 오래문 <훈몽 중:4ㄱ>
　　다. 미르 : 용(龍)
　　　㉠ 龍 미르 룡 <훈몽 상:20ㄱ>
　　　㉡ 龍骨 룡의 뼈 <구간 2:102ㄱ>
　　　㉢ 龍 룡 룡 <신증 상:14ㄴ>
　　라. 온 : 백(百), 즈믄 : 천(千)
　　　㉠ 百 온 빅 千 즈믄 쳔 <훈몽 하:34ㄱ>
　　　㉡ 百 일빅 빅 千 일쳔 쳔 <신증 상:1ㄱ>

(28가)의 '슈룹'은 "우산"의 뜻을 가지는 고유어인데, 12세기 초의 ≪계림유사≫에 '傘曰聚笠'이라는 기록에서도 확인된다. 그러나 '슈룹'은 훈민정음 창제 당시의 문헌인 ≪훈민정음≫ 해례본에서만 확인될 뿐, 16세기 초에는 ㉡과 같이 한자어인 '우산(雨傘)'으로 나타난다. (28나)의 '오래'는 한자어인 '문(門)'에 대응되는 고유어였으나, 지금은 쓰이지 않는다. 16세기 초의 ≪훈몽자회≫에서는 ㉡처럼 한자어인 '문'으로 뜻풀이를 했지만 16세기 후반의 ≪천자문≫ 광주판에서는 ㉠처럼 '오래'로 뜻풀이를 한 것을 보면 이 시기에 고유어인 '오래'와 한자어인 '문'이 둘 다 쓰이고 있었음을 알 수 있다. (28다)의 '미르'는 "용"의 뜻을 가지는 고유어인데, 지금은 쓰이지 않는다. 후기 중세 국어의 문헌에서 한자로 표기한 '龍'이 주로

쓰이고 드물게는 ⓛ처럼 '룡'으로 표기한 예가 있는 것을 보면 한자어 '룡, 龍'은 꽤 이른 시기에 고유어 '미르'를 대체했다고 추정해 볼 수 있다. (28라)는 잘 알려져 있는 수사의 예이다. 16세기 초의 《훈몽자회》에서는 고유어인 '온, 즈믄'으로 뜻풀이가 되어 있던 예들이 16세기 후반의 《신증유합》에서는 한자어인 '일빅[一百], 일쳔[一千]'으로 바뀌어 있다. 그런데 12세기 초의 《계림유사》에 '百曰醞, 千曰千'으로 기록되어 있는 것을 보면, 고유어 수사와 한자어 수사는 상당히 오랜 시간 동안 함께 쓰였고 이 과정에서 고유어 수사가 소멸한 것으로 볼 수 있다.

우리말 어휘 체계에 들어온 한자어도 고유어처럼 소멸하거나 의미가 변하기도 한다. 예를 들어 "미리 준비하고 기다림"의 뜻하던 '등대(等待)'는 지금은 쓰이지 않는다. "실정이나 사정을 진술함"의 뜻으로 쓰이던 '원정(原情)' 대신 지금은 '진정(陳情)'이 쓰이며, "어떤 직위에 있는 사람을 매수하여 사사로운 일에 이용하기 위해 넌지시 건네는 부정한 돈이나 물건"의 뜻으로 쓰이던 '인정(人情)' 대신 '뇌물(賂物)'을 쓴다. "감옥에 갇힘"을 뜻하는 '하옥(下獄)'이라는 어휘도 요즘에는 조선 시대를 배경으로 한 역사드라마에서나 쓰이지 일상에서는 '투옥(投獄)'이라는 말을 더 자주 듣게 된다.

경우에 따라서는 유사한 의미를 지니는 고유어와 한자어가 공존하기도 한다. '잔치'와 '연회(宴會)', '손발'과 '수족(手足)', '이'와 '치아(齒牙)', '걸음'과 '행보(行步)', '나들이'와 '출입(出入)' 등은 유사한 의미를 지니지만 이 어휘들이 쓰이는 맥락이 다른 경우가 많다. 예를 들어 어린아이의 생일을 축하할 때는 '생일잔치'라고 하는 것이 더 자연스럽고 '연회'라고 하면 뭔가 더 공식적이고 더 화려하게 느껴진다. '걸음'은 일상적으로 쓰이는 어휘이지만 '행보(行步)'라고 하면 뭔가 좀 더 지체 있는 사람의 걸음처럼 느껴진다.

이처럼 한자어도 우리말 어휘 체계 안에서 고유어처럼 시간의 흐름에

따라 다양하게 변화하게 되는데, 이런 한자어는 반드시 차용의 절차만을 통해서 새롭게 만들어지는 것은 아니다. 예를 들어 '편의점(便宜店)'은 영어의 'convenience store'를 대신하는 한자어이지만 중국에서는 '便利店'을 사용하고 일본에서는 영어의 발음을 가타카나로 옮긴 'コンビニエンスストア'를 사용한다. 또 우리는 '지갑(紙匣)'이라고 하지만 중국에서는 '钱包'를, 일본에서는 'さいふ[財布]'를 쓴다. 이런 예들은 우리가 받아들인 한자를 사용하여 우리 스스로 한자어를 만들어 내고 있음을 보여 준다.

4.3.3. 언어 접촉에 따른 외국어의 차용

우리말 어휘의 역사를 보면, 주변 언어와 접촉하게 되면서 그 언어의 어휘를 받아들이게 되는 예들을 종종 볼 수 있다. 어떤 예들은 유행어처럼 잠시 쓰이다가 사라지는 경우도 있으나 경우에 따라서는 우리말 어휘 체계 안에 확고하게 자리를 잡으면서 외래어로 인식되는 경우도 많다. 최근에는 영어와 같은 서구어에서 받아들인 어휘들이 외래어로서 자리를 잡게 되는 경우가 대부분이지만, 역사적으로는 다양한 주변 언어와의 접촉에서 차용된 어휘가 적지 않다. 여기에서는 이러한 외국어 차용의 역사를 살펴보기로 한다.

우리말의 어휘를 기원에 따라 분류할 때 흔히 고유어, 한자어, 외래어로 나누는 방식을 취하곤 한다. 한자어가 중국의 한자를 받아들이면서 형성된 새로운 어휘 부류라는 점을 생각해 보면 원칙적으로는 한자어도 외래어의 일종으로 다루어져야 할 듯하다. 그러나 앞에서 살펴본 바와 같이 한자는 다른 외래어에 비해서 우리말 어휘 체계에 들어온 역사가 길고 어휘 수용이나 생성의 관점에서도 다른 외래어와는 구별되는 점이 많다. 예를 들어 외국어 어휘가 차용되어 우리말 어휘 체계에 자리를 잡는다고 할 때, 그 어휘가 가리키는 개념과 함께 그 어휘의 형태, 즉 발음도 함께 수용되는 것이 일반적이다. 그런데 한자어는 중국의 한자에 기원을 두면서도 그 발음은 중국 한자음, 즉 화음(華音)이 아니라 한국 한자음, 즉 동음(東音)으로 읽히는 경우가 많다. 다시 말해 중국어의 어휘를 받아들이면서도 그 발음은 수용하지 않는 경우가 많은 것이다. 이런 점을 고려하여 한자어를 중국어 차용어와 구분하여 논의하는 경우가 많다. 이기문(1991: 214-226)에는 70여 개의 중국어 차용어가 제시되어 있는데, 이 중에는 '투구[< 頭盔]'처럼 현재도 그대로 사용되는 예도 있고, '천량[< 錢糧], 다홍[< 大紅], 샹투[< 上頭]'처럼 표기나 음운에서 약간의 변화가 있지만 여전히 사용되는 예들도 있다.

중국어 차용어와 관련하여 어휘 변화의 관점에서 흥미로운 몇몇 예들을 좀 더 자세히 살펴보자.

(29) 황호[< 荒貨] > 황아
　　㉠ 우리 <u>황호</u> 다 풀오(我貨物都賣了) <번노 하:66ㄱ>
　　　 그 잡<u>황호</u>전이 네 하가(那雜貨鋪兒是你的那？) <노언 상:44ㄱ>
　　㉡ **황우**: 「황화」(荒貨)의 옛말.
　　　 황화(荒貨): 재래의 잡화.
　　　 황아: 「황화」(荒貨)에서 온 말.
　　　 황아장수: 잡화를 등에 지고 팔러 다니는 사람. <조선_문>
　　㉢ **황우장수(荒---)**: → 황아장수
　　　 황화(荒貨): '황아'의 잘못.
　　　 황아(荒-): 여러 가지 자질구레한 일용 잡화. (어원: <荒貨)
　　　 황아장수(荒---): 집집을 찾아다니며 끈목, 담배쌈지, 바늘, 실 따위의 자질구레한 일용 잡화를 파는 사람. <표준>

'荒貨'는 "잡화"를 뜻하는데, ㉠에서 보듯이 16세기에는 '황호'로, 17세기에는 '황호'로 나타난다. 여기의 '貨'를 [호]로 읽은 것은 중국음 [huò]를 반영하였기 때문이다. 20세기 초의 사전 기술인 ㉡에서는 중국음을 반영한 '황우'를 옛말로 보고, 한국 한자음을 반영한 '황화'와 여기에서 변한 '황아'를 표준으로 보았다. 그런데 현대의 사전 기술인 ⓒ을 보면, 한국 한자음을 반영한 '황화'는 잘못된 어형으로 파악하고 여기에서 변한 '황아'를 표준으로 삼았으며 중국어 차용어 계열인 '황우'는 '황아'와 관련된 어형인 것으로 기술하였다. 이를 보면 '荒貨' 관련 어형은 중국어 차용어가 널리 쓰이다가 한국 한자음 계열의 어형이 쓰이기 시작한 것이며, 현재는 기원에 대한 인식이 모호해진 결과 중국어 차용어 계열인 '황우'와 한국 한자음 계열인 '황아'가 서로 관련된 형태라고 인식하게 된 것으로 볼 수 있다.

중국어 차용어 계열의 어휘와 한국 한자음 계열의 어휘가 공존하면서 나타나는 양상은 다음의 '갸ᄉ, 샤공'에서는 더 다채롭게 나타난다.

(30) 갸ᄉ[< 家事] > 개수
    ㉠ 갸ᄉ롤 몯 다 설어젯더이다 <월석 23:74ㄴ>
    ㉡ 器 그릇 ○ 터툰 ○又갸ᄉ <동문 하:13ㄱ>
    ㉢ **가슈**: Dish washing
        가ᄉ: Domestic affairs; household matters <한영>
    ㉣ **개수**: =개숫물(음식 그릇을 씻을 때 쓰는 물). (어원: << 갸ᄉ[器]<家事)
        가사(家事): ㉠ 살림살이에 관한 일. ㉡ 한 집안의 사사로운 일. <표준>

중국어의 '家事'는 "가재도구"의 의미와 "집안일"의 의미를 모두 가지고 있었으며, 중세 국어에서 '그릇'(<번노 상:43ㄱ>)이나 '짒일'(<내훈 2 상:40ㄴ>)로 번역되었다. "그릇"의 뜻으로 쓰인 ㉠의 '갸ᄉ'는 중국음을 받아들인 중국어 차용어 계열인데, 18세기 중반에는 ㉡처럼 '갸스'로 나타나기도 한다. '갸ᄉ' 혹은 '갸스'가 '家事'의 중국어 차용어라는 점은 황윤석(黃胤錫, 1729~1791)이 쓴 『이수신편(理藪新編)』의 "우리말에 중국어도 많다. … 家事 家갸事스(我國常談 亦多華語 … 家事 家갸事스)"와 같은 기록에서도 확인된다. 흥미로운 점은 19세기 말의 사전 기술인 ⓒ에서 중국어 차용어 계열인 '갸슈'는 "설거지"의 뜻, 즉 "그릇"과 관련된 어형으로 풀이되고 한국 한자음 계열인 '가亽'는 "집안일"과 관련된 어형으로 풀이되고 있다는 점이다. 이는 중국어 차용어 계열과 한국 한자음 계열의 어형이 서로 다른 의미로 분화되어 별개의 어휘로 인식되었음을 뜻한다. 현대의 사전 기술인 ⓔ에서도 이러한 인식이 이어지고 있음이 확인된다.

(31) 샤공[< 梢工] > 사공
 ㉠ 샤공이 幸혀 돕디 아니ᄒ야(篙工幸不溺) <두시 15:33ㄴ>
 ㉡ 그 중 믈의 닉은 쵸공 두어 사롬이 옷슬 벗고 <명행 51:20ㄱ>
 ㉢ 梢工(쵸공):「배ㅅ사공」에同じ.
  배ㅅ사공(沙工): 船員. (篙工·沙工·船人·梢工. 賤稱 배ㅅ놈) <조선_총>
 ㉣ 사공(沙工/砂工): 배를 부리는 일을 직업으로 하는 사람.
  초공(梢工): = 뱃사공(배를 부리는 일을 직업으로 하는 사람). <표준>

"사공"의 의미인 '梢工'은 중세 국어에서 ㉠처럼 '샤공'으로 나타나는데, 이는 중국음을 받아들인 중국어 차용어이다. 문헌 자료에는 '梢'의 한국 한자음은 [쵸]이며 중국음은 [샨]로 기록되어 있는데, 현재의 중국음은 [shāo]이다. 이를 보면 중세 국어의 예인 ㉠은 중국어 차용어 계열이고, 19세기 초반의 예인 ㉡은 한국 한자음 계열임을 알 수 있다. 이러한 점은 정약용(丁若鏞, 1762~1836)이 쓴 『아언각비(雅言覺非)』의 "'梢工'은 잘못 번역되어 '沙工'이 되었다. 중국음은 본래 '샨공'이다.(梢工誤飜爲沙工華音本샨공)"라는 기록에서도 확인된다. 이와 관련하여 20세기 초의 사전 기술인 ㉢과 현재의 사전 기술인 ㉣에서 주목되는 것은 '사공'의 한자 표기이다. 여기에서 중국어 차용어인 '샤공'의 후대형인 '사공'의 한자로 '沙工, 砂工'을 제시하였는데, 이는 취음자(取音字) 표기, 즉 우리말의 음에 맞는 한자를 취한 표기이다. 이러한 취음자 표기는 엄밀하게는 한자어 기원이라고 보기 어렵다. 그러나 ⓒ과 ⓔ의 사전 기술에는 '사공'의 한자로 제시되어 있기 때문에 마치 "뱃사공"의 뜻을 가진 어휘로 한자어 '사공(沙工)'과 '초공(梢工)'이 있는 것으로 이해되게 한다.

중국어 외에도 몽고어, 여진어, 만주어 등과 같은 언어와 접촉하여 그 언어의 어휘를 받아들인 기록들도 확인된다.

(32)는 몽고어 차용어를 확인할 수 있는 기록인데, 대체로 고려와 원(1206-1367)이 접촉하던 시기, 즉 13세기경에 몽고어가 차용되었을 것으로 추정된다.

(32) 가. 拔都 < 몽고어 ba'atur "용사(勇士)"
　　　　 '拔都'는 '拔突'로도 쓰는데, 몽고어에서 용감하고 무적이라는 말이다.(拔都或作拔突 蒙古語勇敢無敵之名也) <용가 7:10ㄱ>
　　나. 必闍赤 < 몽고어 bičiyeči "문사(文士), 서기(書記)"
　　　　 문사를 뽑아 이에 예속시키고, 이름을 '必闍赤'라 하였다.(選文士屬之 號曰必闍赤.) <고려사절요 15권, 을유 12년(1225)>

(32가)는 이성계가 1380년 8월에 왜적과 싸웠던 때의 기록인데, 여기서 '拔都'는 "용사(勇士)"를 뜻하는 몽고어 'ba'atur'의 취음자이다. 같은 사건에 대해 ≪태조실록≫에는 "우리 군사가 그를 아기발도라 일컬으면서 다투어 그를 피하였다.(我軍稱阿其拔都 爭避之)"라고 되어 있다. 우리 군사들이 왜적의 장수를 '拔都'라 불렀다는 점은 당시 '拔都'가 몽고어 차용어로서 널리 쓰였음을 짐작하게 한다. (32나)의 '必闍赤'는 "문사(文士), 서기(書記)"를 뜻하는 몽고어 'bičiyeči'의 취음자이다. 고려 시대 관직명에는 몽고어 '-či'에 대응되는 '赤'을 취음자로 한 경우가 많은데, 이러한 관직명은 조선 시대에도 여전히 남아 있는 경우가 있다. 왕실의 의례와 관련한 기록이 한글로 표기된 문헌 자료들에서 '赤'이 포함된 관직명을 확인할 수 있는데, 이들 관직명의 한글 표기에서 한국 한자음을 반영한

표기와 몽고어 발음을 반영한 표기가 모두 쓰이기도 한다. 예를 들면 '詔羅赤'는 고려 시대에는 임금의 호위를 맡았던 위사(衛士)의 관직이고, 조선 시대에는 궁중에서 잡일을 하던 하례(下隸)나 궁중을 지키던 위병(衛兵)의 관직이었다. 이 어휘는 한국 한자음으로 읽어 '죠라젹'으로 기록하기도 하였지만 몽고어 발음을 반영하여 '죠라치'로 기록하기도 하였다. 이는 몽고어 차용어의 발음이 상당히 오랜 기간 동안 사용되었음을 의미한다.

(33)은 여진어 차용어를 확인할 수 있는 기록인데, 이들 예는 주로 함경도 지명과 관련된다. 이 지역에 여진족이 거주한 시기는 12세기 이전이라고 추정되고 있으므로 이와 비슷한 시기에 여진어가 차용되었을 것으로 보인다.

(33) 가. 豆漫 < 여진어 tümen "만(萬)"

　　　　豆漫투먼江 … 여진의 속어에 '萬'을 '豆漫'이라고 하는데, 많은 물이 여기에 이르러 합류되는 까닭에 이름을 붙였다. (豆漫투먼江 … 女眞俗語 謂萬爲豆漫 以衆水至此合流故 名之也) <용가 1:8ㄱ-8ㄴ>

　　나. 斡合 < 여진어 wehe "돌"

　　　　斡合워허 … 그곳에 둥근 돌이 서 있는데 … 그곳 사람들은 돌을 '斡合'이라고 하므로 그 땅의 이름으로 삼았다. (斡合워허 … 其地有圓石屹立 … 其俗謂石謂斡合 故因名其地焉.) <용가 7:23ㄱ>

　　다. 童巾 <여진어 tungken "종(鍾)"

　　　　호인이 종을 '童巾'이라 한다. 그 부에 童巾山이 있으므로 이렇게 이름지었다. … (동건산은) 모양이 엎어 놓은 종처럼 생겼다. (胡人謂鍾爲童巾 府有童巾山 故名之. … 形如覆鍾.) <세종실록 지리지 155권>

(33가)의 '豆漫'은 지금의 '두만강'에 남아 있고, (33나)의 '斡合'은 지금의 함경북도 명천군(明川郡) 입암(立岩) 지역의 옛 지명이다. (33다)의 '童巾'은 지금의 함경북도 종성군(鍾城郡) 지역의 지명이다.

(34)는 만주어 차용어의 예이다. 근대 국어 문헌 자료에서 "도롱이"를 뜻하는 '널쿠', "안장"을 뜻하는 '소부리'가 확인되는데, 이는 모두 만주어가 차용된 어휘이다.

(34) 가. 널쿠 < 만주어 nereku "도롱이"
　　　　斗蓬 널쿠 <동문 상:55>
　　나. 소부리 < 만주어 soforo "안장"
　　　　鞍座兒 소부리 <동문 하:19ㄴ>

근대 국어 시기 이후에는 외래 문물이 수용되는 속도가 좀 더 빨라지고 그 양도 많아지게 되면서 더욱 많은 차용어들이 우리말에 수용되기 시작한다. 이전에는 역사적으로 접촉하는 사건이 있었거나 지역적으로 가까운 나라에서 새로운 문물과 함께 어휘가 차용되는 것이 좀 더 흔히 볼 수 있는 방식이었다. 그런데 이 시기에는 이러한 방식 외에도 어떤 직접적인 접촉의 계기가 되는 사건이 없어도 다양한 경로로 수용되는 외래 문물과 함께 그것을 가리키는 어휘도 함께 우리말에 들어오게 되는 일이 잦아졌다.[11] 예를 들어 '자명종(自鳴鐘), 천리경(千里鏡)'과 같은 예들은 서양 문물이 중국에 받아들여지면서 중국을 왕래하던 사람들에 의해 우리나라에 알려지게 된 것이고, '담배, 빵'과 같은 예들은 포르투갈어인 'tabaco, pão'가 일본에 받아들여진 후 우리나라에 전해진 것이다.

　개항 이후에는 새로운 문물이 더욱 빠른 속도로 우리 문화에 영향을 끼치게 되었는데, 그에 따라 더 많은 차용어들이 우리에게 알려지고 점차

---

[11] 근대 국어 시기 이전에도 직접적인 접촉 없이 차용어가 수용된 경우도 있는데, 대표적인 예가 불교 용어이다. 인도에서 기원한 불교는 중국을 통해 우리에게 전해졌는데, 이에 따라 산스크리트어 'Sakyamuni, kṣaṇa'는 중국에서 '釋迦, 刹那'로 음역하였고 이 음역어가 우리에게 전해져 '석가, 찰나' 등이 차용되었다.

우리말 어휘 체계 안으로 들어오게 되었다. 특히 법률, 경제, 정치, 예술 등의 분야에서 근대 학문 용어가 차용되는 경우가 많았는데, 주로 일본에서 번역된 한자어의 형태로 차용되었다. '과학(科學, 영어 science), 기하(幾何, 영어 geometry), 지양(止揚, 독일어 Aufhebung)'과 같은 학문 용어나 새로운 접미사 '-적(的), -주의(主義), -화(化)'에 의해 만들어진 '애국적(愛國的), 이상적(理想的)', '이상주의(理想主義), 낭만주의(浪漫主義)', '기계화(機械化), 민주화(民主化)'와 같은 예들이 이런 경우에 해당된다. 새로운 문물이 들어온다고 해서 반드시 예전에 없던 어휘가 새롭게 차용된 것만은 아니다. '방송(放送)', '발명(發明)', '정체(政體)'는 예전에 "석방", "변명", "다스리는 형편"의 의미로 쓰이던 어휘이지만 새로운 문물이 들어오면서 의미가 변하여 지금과 같은 의미를 가지게 된 예들이다.

이 시기에 들어온 차용어 중에는 지금도 쓰이는 예들이 많기 때문에 신어라는 생각이 들지 않는 경우도 많다. 당시 자료에는 우리에게 익숙한 어휘들을 신어로 소개하는 기록들이 남아 있는데, 흥미로운 몇 사례를 보기로 하자.

『대한민보(大韓民報)』라는 신문은 <신래성어문답(新來成語問答)>(1909-1910)이라는 기사를 135회에 걸쳐 연재하였다. 이 기사는 당시에 우리말에 들어와 사용되고 있으나 일반 독자들에게는 낯선 경제 분야나 법률 분야의 전문어를 주로 설명하고 있으며, 여기에 실린 어휘들이 일본에서 들어온 한자어이기 때문에 일본어도 함께 적고 있다. 이 자료는 당시 일본어에서 들어온 한자어의 일면을 살필 수 있다는 점에서 흥미롭다. 아래의 (35)는 몇 개의 기사를 예로 보인 것인데, 여기에 제시한 '배당, 견적서, 도합'은 현재 우리가 흔히 쓰고 있는 어휘이다.

(35) 가. [문] '배당'의 뜻은 무엇인가? (問, 配當의 意義는 如何)

　　　[답] 배당(일본어 はいとう)는 분배의 뜻이니 예를 들어 회사 영업의 이익을 각 주주에게 분배함을 말한다. (答, 配當(日語 하이도)은 分配의 意니 例如 會社 營業에 利益을 各 株主에게 分配홈을 云이라)

　　나. [문] '견적서'의 뜻은 무엇인가? (問, 見積書의 意義는 如何)

　　　[답] 견적서(일본어 みつもりしょ)는 계산서와 같은 뜻이니 사업의 청부나 입찰하는 때에 예상되는 금액을 계산하는 것이다. (答, 見積書(日語 미시모리쇼)는 計筭書와 如혼 意니 事業의 請負나 入札ᄒᄂᆞᆫ 時에 豫想의 金額을 計筭홈이라)

　　다. [문] '도합'의 뜻은 무엇인가? (問, 都合의 意義는 如何)

　　　[답] 도합(일본어 つごう)은 2개의 뜻이 있는데, 첫째는 사세 또는 변통의 뜻을 말하는 것이고, 둘째는 물건의 수를 표시할 때에 도합 얼마라고 하니 총계의 뜻이다. (答, 都合(日語 쓰고:)은 二個의 意義가 有ᄒᆞ니 一은 事勢 又는 變通의 意롤 云홈이오 一은 物數롤 表示홀 時에 都合 若干이라 稱ᄒᆞ나니 總計의 意라)

　「조선어 국어 용자 비교 예(朝鮮語國語用字比較例)」는 한국 한자어와 일본 한자어를 대조하여 정리한 어휘집으로, 관립한성외국어학교에서 1911년 9월에 발간하였다.[12) 이 자료에는 주로 일상어가 수록되어 있어서 당시 국어와 일본어로 이해되었던 일상어의 일면을 볼 수 있다. 다음의 (36)은 이 자료에 실린 어휘들 중 몇 예를 보인 것이다.[13) 이를 보면 지금 자연스럽게 쓰이는 한자어들이 당시에 일본 한자어로 인식되었던 것을

---

12)　당시는 국권이 침탈된 시기였으므로 '일본어'를 '국어'라고 쓴 것이다. 독자의 주의를 요한다. 교육용으로 발간된 이 자료는 같은 해 12월 20일자로 발간된 『조선 총독부 월보(朝鮮總督府月報)』 제1권 제7호에 「국어 조선어 용어 비교 예(國語朝鮮語用語比較例)」라는 이름으로 다시 실렸다.

13)　어휘의 배열은 국어-일본어의 순서이고, 독자의 편의를 위해 원래의 자료에는 제시되지 않은 한자 독음을 표시하였다.

확인할 수 있다. 현재와 비교해 보면, (36가)는 국어 어휘가 쓰이게 된 예이고 (36나)는 국어와 일본어 어휘의 사용 맥락이 다르게 쓰이는 예이며 (36다)는 일본어 어휘가 주로 쓰이게 된 예이다.

(36) 가. 내일[來日]-명일[明日]
　　 나. 기별[奇別]-통지[通知], 농군[農軍]-농부[農夫], 다정[多情]-친절[親切], 단장[丹粧]-화장[化粧], 동산[東山]-정원[庭園], 병정[兵丁]-병사[兵士], 산소[山所]-묘지[墓地], 생신[生辰]-탄생일[誕生日], 식구[食口]-가족[家族], 실언[失言]-위약[違約], 운수[運數]-운[運], 일간[日間]-근일[近日], 일색[一色]-미인[美人], 잡기[雜技]-도박[賭博], 장수[張數]-매수[枚數], 정자[亭子]-별장[別莊], 지경[地境]-경우[境遇], 출입[出入]-외출[外出], 허비[虛費]-낭비[浪費]
　　 다. 공심[空心]-식전[食前], 방문[方文]-처방서[處方書], 방축[防築]-제방[堤防], 보인[保人]-보증인[保證人], 부비[浮費]-비용[費用], 사실[査實]-취조[取調], 상년[上年]-작년[昨年], 생산[生産]-출산[出産], 생애[生涯]-직업[職業], 심방[尋訪]-방문[訪問], 온정[溫井]-온천[溫泉], 외방[外方]-지방[地方], 적실[的實]-확실[確實], 주자[鑄字]-활자[活字], 지전[紙錢]-지폐[紙幣], 직전[直錢]-현금[現金], 책의[冊衣]-표지[表紙], 천리경[千里鏡]-망원경[望遠鏡], 철환[鐵丸]-탄환[彈丸], 하륙[下陸]-상륙[上陸], 하오[下午]-오후[午後]

1920년대 이후 여러 잡지들에서 당시의 신어들을 소개하는 글들도 확인할 수 있는데, 지금은 흔히 쓰는 어휘들이 당시에는 설명되어야 할 정도로 낯선 것이었음을 알 수 있다. 이들 사례는 서구어를 한자어로 번역한 것이 아니라 한글로 표기된 어휘로 쓴다는 점에서 이전 시기와는 구별된다. 아래의 (37)은 1930년대 『별건곤』이라는 잡지에 연재된 「신어사전(新語辭典)」의 몇 예를 보인 것이다.

(37) 가. **카메레온(Chameleon)** 아메리카 北쪽 海岸에 잇는 도마배암가치 생긴 動物이다. 周圍의 自然色을 딸아 卽時로 그 色이 變하기 째문에 사람도 곳잘 變하는 사람을 카메레온이라고 한다. <『별건곤』 제5권 제2호(1930. 2.)>

나. **쿠-폰(Coupon)** 新聞이나 雜誌의 廣告에 보면 한쪽 편에 「此卷을 오려서 보내시는 분에게는 아무것을 割引합니다」 等의 文句를 박은 것이 잇다. 그것을 가르치는 말. 리터-ㄴ·쿠-폰 返卷이란 말도 잇다. 요지음 와서는 娛樂쿠-폰 가튼 것이 流行한다. <『별건곤』 제6권 제2호(1930. 2.)>

다. **케-불카-(Cable-Car)** 車를 놉흔 곳에 올나가토록 하느라고 쇠줄로 실어올니도록 하는 것인데 中國 香港에 잇는 登山車가 이 케-불카-로 有名하다. <『별건곤』 제5권 제3호(1930. 3.)>

라. **콕텔(Cocktail)** 所謂 『カクテル』라고 해서 모던式 술이다. 뿌란데-14), 위스키-, 진 갓튼 술에 쓴 것, 香料, 砂糖 갓흔 것을 석근 混成酒. <『별건곤』 제5권 제4호(1930. 5.)>

마. **토마토-·하이칼라** 토마토-란 쌀간 一年 감으로 西洋人은 즐겨 먹지만 東洋 사람의 입에는 그리 신통치가 못하다. 그럼에도 불고하고 洋風을 쏫츨여고 억지로 먹기 조와하는 사람을 가르치는 말. 되다만 하이카라를 빈정그릴 쌔 쓴다. <『별건곤』 제5권 제7호(1930. 8.)>

---

14) '브랜디(brandy)'를 가리킨다.

연습 문제

1. 다음 어휘의 역사 정보를 〈우리말샘〉(https://opendict.korean.go.kr/main)에 서 찾아보고, 이들 어휘의 변화 유형을 설명해 보라.

   (1) 짐승
   (2) 어느

2. 새로운 지시 대상이나 사회 현상을 가리키는 어휘를 조사하여 해당 어휘가 어 종, 단어 형성법 등의 측면에서 어떤 특징을 가지고 있는지 생각해 보라.

3. 다음 신문 기사를 보고 물음에 답해 보자

> (가) 정부는 「구두닦이」를 「미화원」(美靴員)으로, 「때밀이」를 「욕실원」(浴室 員)으로, 「넝마주이」를 「폐품수집인」으로 바꾸는 등 비천한 느낌을 주거 나 어색하고 어려운 직업 명칭 1백 36개를 새롭게 고치기로 했다. … 주요 개선 내용은 다음과 같다. ◇고용직 공무원 △청소부 → 청소원 … ◇일반 사회직업 △구두닦이 → 미화원 △때밀이 → 욕실원 △신문팔이 → 신문판 매원 … △식모 → 가정부 △넝마주이 → 폐품수집인 △수위 → 경비원 △ 복덕방장이 → 부동산중개인 ◇외래어명칭 △포터 → 운반원 △미싱공 → 재봉사 … <동아일보 기사(1985. 12. 25.)>
>
> (나) 총무처는 고용직공무원과 비천한 직업의 명칭을 바꾸기로 했다가 일단 보류하기로 했다는 소식이다. 「○○工」이나 「XX手」 같은 직책의 「기능」 을 표시하는 「工」자나 「手」자를 「員」자로 바꾸거나 또는 「員」자를 덧붙 인다는 것이다. 명칭을 고쳐서 인상을 바꿔보겠다는 그 뜻은 이해가 간다. 그러나 획일적으로 글자를 통·폐합한다는 것은 아무래도 마구잡이 같은 인상이 든다. 미천한 직업의 명칭을 바꾸는 것도 마찬가지다. 구두닦이가 「美靴員」이 되고 때밀이를 「浴室員」으로 부른다고 해서 결코 품위가 향 상되리라고는 믿어지지 않는다. 오히려 순수한 우리말을 비하시키는 느낌 이며 자연스러운 사회적인 약속을 해치는 것 같아 뒷맛이 개운치 않다. <경향신문 기사(1985. 12. 27)>

(다) 자동차 운전사가 「기사」가 되고 식모가 「가정부」로 바뀐 이래 그 말이 이제는 생활 속에 뿌리내리고 있음을 경험해 온 우리는 이 생소한 용어들이 장차는 거부감 없이 통용될 것으로 기대하면서도 어쩐지 「外華」 치중의 냄새를 맡기도 한다. 말 자체에 벌써 경멸이 담겨 있을 때 그걸 고치는 것은 좋은 일이다. 그러나 그보다 더 중요한 것은 그 이전의 「심리」가 아닐까. 직업에 귀천이 없다는 인식의 확인은 말이 아니라 마음이라는 평범한 상식을 다시 생각해 본다. <동아일보 기사(1985. 12. 26.)>

(1) <뉴스라이브러리>(https://newslibrary.naver.com/search/searchByDate.nhn)의 키워드 검색을 활용하여 (가)에 예시된 변경 전·후 어휘가 사용된 시기를 조사해 보자.

(2) (나)와 (다)를 참고하여 새로운 어휘에 대한 심리적인 거부감이 발생하는 이유에 대해 생각해 보자.

4. 국립국어원은 낯선 외래어와 외국어, 어려운 한자어를 쉬운 우리말로 다듬어 제시하는데, 그 목록은 <우리말다듬기>(http://www.malteo.net/)에서 확인할 수 있다. 여기에 제시된 다듬은 말 중 자주 사용되는 것과 그렇지 않은 것을 조사해 보고 이러한 차이가 나타나는 이유에 대해 생각해 보자.

1. 인용 자료와 약호

문헌명	연대	약호
제망매가	8세기 경	제망
계림유사	12세기 초	계림
향약구급방	13세기 중반	향약
훈민정음 해례본	1446	훈해
용비어천가	1447	용가
석보상절	1447	석상
월인천강지곡	1447	월곡
월인석보	1459	월석
능엄경언해	1461	능엄
법화경언해	1463	법화
원각경언해	1465	원각
구급방언해	1466	구방
내훈	1475	내훈
두시언해 (초간본)	1481	두시
삼강행실도 (초간본)	1481년 경	삼강
금강경삼가해	1482	금삼
남명집언해	1482	남명
구급간이방	1489	구간
육조법보단경언해	1496	육조
번역노걸대	1510년대	번노
속삼강행실도	1514	속삼
번역소학	1518	번소
이륜행실도 (옥산서원본)	1518	이륜
훈몽자회	1527	훈몽

부모은중경언해	1563	은중
신증유합	1574	신증
천자문 (광주판)	1575	천자_광
소학언해	1588	소학
동국신속삼강행실도	1617	동삼
현풍곽씨언간	17세기 전반	현풍
노걸대언해	1670	노언
동문유해	1748	동문
개수첩해신어	1748	개첩
전설인과곡	1796	전설
명행정의록	17-18세기 경	명행
한불자전	1880	한불
경석자지문	1882	경석
예수성교전서	1887	예성
사민필지	1889	사민
국한회어	1895	국한
진리편독삼자경	1895	진리
신진사문답기	1896	신진
한영자전 (Gale편)	1897	한영
독립신문	1897-1899	독립
경향보감	1906-1910	경향
목단화	1911	목단
조선어사전 (조선 총독부 편)	1920	조선_총
표본실의 청개구리	1921	표본
조선어사전 (문세영 편)	1938	조선_문

2. 현대어역

※ 본문에 제시된 예들 중 문장으로 구성된 예들을 현대어로 옮겼다. 직역하는 것을 원칙으로 하였으나 이해를 돕기 위해 의역한 경우도 있다. 한글로

만 표기했을 때 이해가 쉽지 않은 경우는 한자나 뜻을 함께 써 주었다.

(2) 가. ㉠ 향풍(香風, 향기로운 바람)은 향(香) 바람이다.

　　　 ㉡ 볕을 쬐며 바람이 불어

　　　 ㉢ 바람도 좋게 불었기에

　　 나. ㉠ 서울 기별을 알므로 혼자 나아가셔서 모진 도적을 물리치셨습니다.

　　　 ㉡ 모신 사람을 물리치고 혼자 깊은 도리를 생각하시더니

　　　 ㉢ 내가 돌아오면 나중에 그대로 하여금 혼자 여기에 있게 하지 않겠다.

　　　 ㉣ 남편이 죽고 자식이 없으니 혼자 살아서 무엇 하리오.

(3) 가. ㉠ 아래의 세 하늘은 번뇌가 많고

　　　 ㉡ 길에 강물이 있었는데 물이 많고

　　 나. ㉠ 몸이 꽃 사이로 지나가므로 젖어도 좋고

　　　 ㉡ 꽃이 좋고 열매가 많아지니

　　 다. ㉠ 교법(敎法)이 불과 같더니

　　　 ㉡ 공작(孔雀)의 꼬리의 빛과 같은 풀이 나고

(4) 가. ㉠ 위를 도와 아래를 이롭게 하여

　　　 ㉡ 강 위의 집 앞에는 이것이 없으니

　　　 ㉢ 불법(佛法)을 잊으시면 범지(梵志) 위에 떨어지고

　　 나. ㉠ 문왕(文王)은 밖을 다스리시고 문모(文母)는 안을 다스리셨다.

　　　 ㉡ 집 안에 각별하게 부엌을 만들어 두고 먹더니

(5) 가. ㉠ 여우는 의심이 많고

　　　 ㉡ 여우도 굴이 있고 나는 새도 둥지가 있으되

　　 나. ㉠ 뿌리가 깊은 나무는 바람에 아니 흔들리므로

　　　 ㉡ 부처가 그 나무 아래 앉으셔서

　　　 ㉢ 사당(祠堂) 곁에 흰 대추나무 일곱 그루가 갑자기 나거늘

　　 다. ㉠ 석(石)은 돌이고

　　　 ㉡ 향생(香生)이 도적을 꾸짖고 돌로 치고

(6) 가. ㉠ 큰 나무 위에 달아 표시를 하였다.

　　　 ㉡ 구징(咎徵, 천벌이나 큰 재앙이 있을 징조)은 흉한 일의 먼저의 표
시이니(=흉한 일이 일어나기 전에 나타나는 표시이니)

나. ㉠ 여섯 하늘에 궁전(宮殿)이 장엄하더라.

　　㉡ 밖에 엄숙한 스승과 벗이 없으면

다. ㉠ 희(戱)는 놀이이다.

　　㉡ 백 가지의 놀이를 한 후에 나무가 시드는 노래를 부르는구나.

라. ㉠ 관직을 그만두는 것이 또 사람으로부터이거늘

　　㉡ 그 집 부역(負役)을 영원히 면해 주라고 하셨다.

(7) 가. ㉠ 형체(形體)는 형상/모습이다.

나. ㉠ 낯이 깨끗한 보름달 같으시고

(8) 가. ㉠ 이때가 부처의 나이 일흔하나이시더니

　　㉡ 여섯 때는 낮 셋 밤 셋이다.

나. ㉠ 닭이 울 때 먹이면

(9) 가. ㉠ 항상 이 일을 생각하여

　　㉡ 네 딸을 네가 사랑하니

나. ㉠ 항상 자기의 아들을 생각하며

　　㉡ 의심스러운 일은 물을 것을 생각하며

(10) 가. ㉠ 어리석은 사람은 어진 사람에게 묻고

　　㉡ 어릴 때부터 늙음에 이르기까지

나. ㉠ 채씨(蔡氏)가 어린 아기를 안고

(11) 가. ㉠ 어젯밤에는 다시 밝은 달을 따라갔구나.

　　㉡ 쇠망한 때 붉은 마음[=단심(丹心)]이 무너지니

나. ㉠ 붉은 마음[=단심(丹心)]의 괴로움을 오직 더하며

(12) 가. ㉠ 낡은 옷을 입어

나. ㉠ 늙은 할아버지는 일찍 일어나는 것이 어려우니

　　㉡ 농사짓는 집의 낡은 질그릇을 비웃지 말라.

(14) 가. 동편의 섬은 크고 서편의 섬은 조금 적으니

나. 조야(朝野)에 있는 조선(朝鮮)의 여러 군자(君子)는 생각들 좀 하시오.

다. 더 좀 다오.

(15) 가. ㉠ 낡은 것을 덜고 새 것을 더하며

　　㉡ 옛 대나무에 새 죽순이 나며

　　㉢ 새로 출가(出家)한 사람이니

나. ㉠ 만일 또 여느 일이 인연(因緣)이 없으면

　　　　㉡ 여느 나라들이 다투리니

(16) 가. ㉠ 암컷이 수컷을 쫓는구나.

　　나. 내 아들이 비록 맏이라도

　　다. ㉠ 장(匠)은 장인(匠人)이다.

(17) 가. 금(金)으로 곤액(困厄, 몹시 딱하고 어려운 사정과 재앙이 겹친 불운)
　　　　한 것을 구제하는 것보다 나으니

　　나. 외국 부인을 만나 볼 때는 예(禮)를 사나이에게보다 더 공경하고

　　다. 용속(庸俗, 평범하고 속되어 이렇다 할 특징이 없음)한 사람들은 눈
　　　　앞에 이익을 취하는 고로 세상 (사람들)이 보다 다투는 바이고 또
　　　　그 이익이 극히 적으리라.

　　라. 23일에는 요셉에게 편지 셋을 주어 북경(北京)으로 보내니 하나는
　　　　북경에 계신 남경(南京) 주교(主教)께 하고 하나는 보다 먼저 조선에
　　　　들어갈 중국 신부 유바시피고에게 하고 하나는 동지사(冬至使) 편에
　　　　들어오는 조선 교우(教友)에게 한 편지이다.

　　마. 그것은 보다 더 선한 것이거나, 혹은 보다 더 악한 것이거나. 여하간.

(19) 가. ㉠ 몸과 마음이 편안하고 즐겁더니

　　　　㉡ 손과 발과 심장이 뜨거워

　　나. ㉠ 축생(畜生)은 사람의 집에서 기르는 짐승이다.

　　　　㉡ 남의 늙은 어머니를 봉양하다가

(20) 가. 공(公)의 부모가 늙으시니

(21) 가. ㉠ 어떻게든지 좋게 하심을 하느님께 비옵나이다.

　　　　㉡ 주 예수는 하느님의 아들이니

　　나. ㉠ 에그, 하느님 맙소사.

　　다. ㉡ 주, 너의 하나님을 사랑하라.

(27) 가. ㉠ 해가 지는 모습이 매단 북과 같거든

　　　　㉡ 짐짓 미친 척하고 관직을 안 하므로

　　　　㉢ 황제(皇帝)가 목상(木像)을 만들어 놓은 모습을 그리라고 하셨다.

　　나. ㉠ 어머님이 보통 사람이 아니셨습니다.

　　　　㉡ 내가 항상 이렇게 말하였는데

      © 변(變)은 상례(常例, 보통 있는 일)와 다른 것이고

(29) ㉠ 우리가 잡화를 다 팔고 / 그 잡화상점이 네 것인가.

(30) ㉠ 그릇을 다 못 치우고 있었습니다.

(31) ㉠ 사공이 다행히 (물에) 잠기지 않아

      © 그중 물에 익숙한 사공 두어 사람이 옷을 벗고

5. 어휘의 조사

어휘의 조사라 하면 새로운 형태를 찾아 정리하는 신어 조사뿐 아니라 지역이나 사회적 요인에 따른 다양한 변이 형태를 조사하는 방언 조사를 의미하기도 하고, 특정 어휘의 사용 분포나 빈도 등을 조사하는 빈도 조사 등을 포함하기도 한다. 또한 한 언어를 구성하는 기초 어휘나 기본 어휘 등을 선정하는 일련의 어휘 평정 작업도 넓은 의미의 어휘 조사에 포함된다. 여기서는 주로 단어의 빈도 조사와 이를 위한 어휘의 계량, 그리고 기초 어휘를 선정하기 위한 어휘의 평정(評定) 등에 초점을 맞추어 논의를 진행하고자 한다.

5.1. 어휘 조사의 필요성과 역사

이 절에서는 어휘 조사의 목표와 필요성에 대해 알아보고 어휘 조사의 역사를 간략히 살펴보기로 한다.

5.1.1. 어휘 조사의 필요성

한 언어에 속하는 어휘를 조사하는 일은 어휘론 연구의 출발이자 근간이다. 어떤 언어가 어느 정도 규모의 어휘를 포함하고 있는지, 구성상의 특징은 무엇인지, 새로운 어휘는 무엇이고 소멸하는 어휘는 무엇인지 등에 대한 논의를 위해서는 어휘의 조사가 전제되어야 하기 때문이다. 특히 어휘는 생장, 소멸 등의 변화가 가장 빈번히 일어나는 요소라는 점을 고려할 때 어휘 조사의 중요성은 더욱 강조될 필요가 있다.

한편 어휘 조사를 위해서는 조사의 대상이 되는 자료가 정리되어야 한다. 컴퓨터가 널리 보급되기 이전에는 자료를 일일이 종이에 적고 이를 정리하는 방식을 선택할 수밖에 없었으나 1990년대 후반부터는 어휘 조사에서 컴퓨터를 활용하는 것이 당연시되었을 뿐 아니라 최근에는 다양한 전산화된 자료와 도구를 활용하여 어휘 조사를 효율적으로 수행해내고 있다. 전산화된 자료의 양이 풍부해지고 이를 활용할 수 있는 다양한 도구들이 개발됨으로써 현대의 어휘 조사는 이전과는 비교할 수 없을 정도로 그 규모와 효율성이 크게 증대되었다.

또한 어휘 조사의 과정에서 어휘의 계량이 가지는 중요성도 더욱 높아지고 있다. 어떤 어휘가 어느 정도로 사용되는지를 조사하기 위해서는 어휘의 계량이 필수적인데, 특히 어휘의 계량은 언어 사용자의 모어 능력과는 차원이 다른, 언어의 사용과 관련한 정보를 포함하고 있다는 점을 주목할 필요가 있다. 즉 어떤 어휘가 실제로 얼마나, 어떤 환경에서 사용되는지에 대해서는 아무리 모어 화자라고 하더라도 직관적으로 파악하기 어렵기 때문이다.

이를테면 (1)은 1,500만 어절 규모의 현대 국어 균형 코퍼스인 <세종-민연 코퍼스(SJ-RIKS corpus)>에서[1] 추출한 일반 명사와 문영호(2005)에서 제시한 일반 명사의 사용 빈도를 정리한 것인데, (1)을 직접 마주하지 않고서는 빈도순 상위 20개에 이들 명사가 포함될 것이라고 예상하기는

---

1) "세종-민연 코퍼스(SJ-RIKS corpus)"에 대한 자세한 설명은 5.3.절 참조.

매우 어렵다.[2]

(1) 고빈도 일반 명사 상위 20개 목록

세종-민연 코퍼스	출현 빈도	상대 빈도	문영호(2005)	출현 빈도	상대 빈도
말_01	81,791	1.068	*인민	4,177	0.635
사람	70,434	0.920	사람	3,823	0.581
때_01	52,515	0.686	말(~과 글)	3,776	0.574
일_01	45,234	0.591	*당(~정책)	3,671	0.558
생각_01	39,746	0.519	*혁명	3,350	0.509
문제_06	26,414	0.345	*나라	3,194	0.485
속_01	25,123	0.328	*투쟁	3,106	0.472
사회_07	23,338	0.305	때(~를 만나다)	2,371	0.360
집_01	21,442	0.280	*우(책상 ~에)	2,248	0.341
자신_01	21,414	0.280	일(~을 하다)	1,893	0.287
경우_03	20,883	0.273	앞	1,781	0.270
앞	18,365	0.240	*힘	1,724	0.262
시간_04	18,198	0.238	눈(~과 귀)	1,715	0.260
시작_01	18,063	0.236	*생활	1,706	0.259
아이_01	17,313	0.226	*놈	1,653	0.251
소리_01	16,920	0.221	*건설	1,610	0.244
정부_08	16,470	0.215	*동무	1,598	0.243
뒤_01	16,212	0.212	집	1,558	0.237
눈_01	15,916	0.208	*다음	1,437	0.218
사실_04	15,398	0.201	*지금	1,424	0.216

*표는 세종-민연 코퍼스의 20위 목록에는 없는 명사임.

즉 (1)에 포함된 빈도가 높은 상위 20개의 일반 명사에는 구체적인 의미

---

2)　(1)에서 '말_01'의 번호는 동음이의어를 나타낸 것으로 해당 번호는 국립국어 원의 『표준국어대사전』의 어깨번호와 대응된다. 한편 문영호(2005)에서는 일 종의 길잡이말을 통해 중의성을 해소하여 제시하고 있다.

를 가진 명사보다는 '사람, 때_01, 속_01, 경우' 등과 같이 다소 추상적인 의미를 가진 명사가 많이 포함되었다는 특징이 있다. 『표준국어대사전』만 하더라도 30만 개가 넘는 명사가 포함되어 있다는 점을 고려할 때 명사의 실제 사용 빈도를 추측하는 것은 거의 불가능하다고 할 수 있다.

한편 (1)에서 정리한 문영호(2005)의 결과는 전체 대상 텍스트의 규모가 1,047,376 단어 정도로(문영호 2005:188) 세종-민연 코퍼스에 비해 작다는 점에서 직접적인 비교에 한계가 있지만 상위 고빈도 명사에서도 빈도 차이가 많이 나타난다는 점이 주목된다. 비슷한 시기의 언어 빈도 조사라고 하더라도 남측과 북측의 언어 사용 양상에는 작지 않은 차이가 있음을 (1)을 통해 추론해 볼 수 있다.[3] 이러한 결과는 코퍼스를 이용한 어휘 조사의 필요성을 잘 보여주는 사례라 하겠다.

5.1.2. 어휘 조사의 역사

어휘의 빈도와 관련한 어휘 조사의 역사는 그리 깊지 않다. 문교부 (1956)의 『우리말 말수 사용의 잦기조사』는 빈도와 관련한 근대적인 최초의 성과라 할 수 있다. 그 밖에 북한에서 나온 문영호 외(1993)의 『조선어 빈도수사전』도 중요한 성과이다.

그러나 전산적인 방법을 이용한 본격적인 의미의 빈도 조사에 기반한 어휘 조사는 1990년대 후반부가 되어서야 가능했다. 이는 '21세기 세종계획'에 의해 코퍼스 구축이 본격화되고, 그 성과물이 보급되기 시작하면서 가능할 수 있었다.

---

3) 한편 이러한 차이는 어휘 조사의 대상이 되는 코퍼스의 규모뿐 아니라 코퍼스를 구성하는 텍스트의 장르에서 기인한 것일 수 있다. 언급한 것처럼 세종-민연 코퍼스는 장르별 균형을 고려하여 설계된 것인데, 문영호(2005)의 대상 텍스트가 장르별 균형을 고려한 것인지는 확인되지 않는다.

1998년에 국립국어원의 주관으로 시작된 국어 정보화 중장기 사업인 〈21세기 세종계획〉은 대규모의 코퍼스를 구축하였을 뿐 아니라 전자사전 개발, 전문 용어의 정비, 한민족 언어 정보화 등의 다양한 세부 사업을 포함함으로써 국어 정보화에 많은 기여를 하였다. 이때 구축된 코퍼스는 원시 코퍼스와 형태 분석 코퍼스, 동음이의어 분석 코퍼스, 구문 분석 코퍼스 등으로 구성되어 있으며 국어학 연구뿐 아니라 자연어 처리를 위한 산업계에서도 널리 활용되었다. 최근에는 2007년 이후의 언어 자료를 대상으로 하여 제2의 세종계획 사업도 추진되고 있다.

코퍼스를 기반으로 수행된 어휘의 빈도 조사 결과 중 2000년대에 조사된 내용을 중심으로 간략히 살펴보도록 하자.

조남호(2002)는 21세기 세종계획의 형태 분석 말뭉치 중 일부를 샘플링하여 약 150만 규모의 형태의미 분석 말뭉치를 구성하고 이를 토대로 품사별 빈도를 조사하였다. 또한 조사 결과를 가나다순과 빈도순으로 정렬하여 제시하였는데 이 조사 결과는 한국어 학습용 어휘 선정을 위한 기본 자료로 활용할 것을 주요 목표로 하였다. 그 뒤를 이어 강범모·김흥규(2004)와 강범모·김흥규(2009)에서도 세종 코퍼스를 토대로 품사별 빈도 조사 결과를 정리하여 발표하기도 하였는데 이들은 범용적인 목적의 어휘 빈도 조사라는 점에서 조남호(2002)와 구분된다. 한편 김한샘(2005)에서는 국어 교육용 어휘의 단계별 선정을 위한 기초 사업의 결과로서 300만 어절 규모의 코퍼스를 구성하고 이를 토대로 자모, 음절, 어휘, 조사, 어미 등에 대한 포괄적인 빈도 조사 결과를 제시하였다. 이러한 성과들은 모두 21세기 세종계획을 통해 구축된 세종 코퍼스를 기반으로 했다는 점에서 공통점을 찾을 수 있다.

세종 코퍼스가 주로 1990년대에 출간된 문어와 구어 자료에 기반을 두고 있다는 점에서 위에서 제시한 결과들은 1990년대의 언어적 상황을 주로 반영한 것이 된다. 이에 대해 김일환 외(2013ㄴ)에서는 신문으로만 구성된 '물결 21' 코퍼스를[4] 대상으로 한 어휘 빈도 조사 결과를 제시하고 있다는 점에서 특징적이라 할 만하다. 특히 '물결 21' 코퍼스는 6억 어절에 이르는 방대한 규모의 신문 기사 텍스트를 모두 포함하고 있어 기존의 코퍼스에 비해 규모가 크게 확장되었다는 점도 주목할 필요가 있다.

이러한 내용을 종합할 때 최근의 어휘 조사와 계량은 모두 대규모의 코퍼스를 기반으로 수행되고 있다는 점을 특징으로 지적할 수 있다. 즉 코퍼스를 통해 어휘 조사와 계량은 이전과는 다른 방법론을 확보할 수 있게 되었으며 향후 지속적인 어휘 조사와 계량을 위해서는 코퍼스의 구축이 꾸준히 이루어질 필요가 있다.

5.2. 어휘 조사의 방법

이 절에서는 어휘 조사를 위한 여러 방법 중 컴퓨터를 이용한 어휘 조사의 방법에 대해 살펴보고, 어휘 조사에 주로 활용되는 국내외의 여러 코퍼스에 대해 알아본다.

5.2.1. 컴퓨터를 이용한 어휘 조사 방법

어휘의 빈도를 계량한다는 것은 구체적으로 어떤 방법과 절차로 이루어지는 것일까? 이해를 돕기 위해 다음 문장을 살펴보는 것으로 논의를 시작해 보자.

---

4) '물결 21' 코퍼스는 2000년대에 발행된 조선일보, 동아일보, 중앙일보, 한겨레신문의 전체 기사로 구성되어 있다. 정확히는 2000년부터 2013년까지의 14년 동안 발행된 신문 기사 전체이다. 이 코퍼스에 대한 자세한 내용은 김일환 외(2013ㄱ)을 참고할 것.

(2) 철수는 갑자기 뒤를 돌아보았다. 그토록 그리워하던 어머니가 철수의 눈앞에 있었다. 철수는 자신의 눈을 의심하지 않을 수 없었다.

(2)에는 모두 3개의 문장이 있으며 여기에는 모두 17개의 어절이 포함되어 있다. 이 17개의 어절은 모두 16개의 어절 유형(type)으로 구성되어 있으며 '철수는'을 제외하고는 모두 1회씩 사용되었다. 이와 같은 방식의 빈도 계량은 어절을 분석의 단위로 삼은 결과이다.

한편 계량의 단위를 달리해서 단어 차원의 계량을 하게 된다면 (2)는 좀 더 복잡한 양상을 보일 것이다(마침표는 단어는 아니지만 단어 차원의 계량을 위해 분리해서 분석해야 함).

(3) 철수(고유 명사)+는(보조사) 갑자기(부사) 뒤(일반 명사)+를(격조사) 돌아보았다(동사)+.(마침표) 그토록(부사) 그리워하던(동사) 어머니(일반 명사)+가(격조사) 철수(고유 명사)+의(격조사) 눈앞(일반 명사)+에(격조사) 있었다(형용사)+.(마침표) 철수(고유 명사)+는(보조사) 자신(일반 명사)+의(격조사) 눈(일반 명사)+을(격조사) 의심하지(동사)+않을(보조 용언) 수(의존 명사) 없었다(형용사)+.(마침표)

(3)은 어미를 분석하지 않고 학교 문법에서 인정하는 단어 차원까지만 분석을 시도한 것으로 (2)를 어절 차원에서 분석한 것보다 많은 정보를 포함하고 있다. 여기에 어미까지 분석을 하게 되면 (3)은 더욱 세분해서 분석될 것이고 이를 세는 것은 비록 세 개의 문장이라고 하더라도 제법 복잡한 양상을 띠게 된다.

여기서 우리는 현대 한국어 문장 3개만을 대상으로 논의를 진행했다는 점을 상기해 보자. 이는 한국어 화자들이 생성해내는 무수히 많은 문장 가운데 극히 일부에 불과할 뿐이다. 규모를 확대한다면 단어 차원의 빈도를 세는 것이 간단치 않음을 쉽게 상상할 수 있다.

이러한 단어의 빈도 정보가 우리에게 의미하는 바는 무엇인가? 먼저 단어의 빈도를 센다는 것은 어떤 단어가 실제 존재한다는 것을 전제한다. 대상이 존재하지 않는 상태에서 빈도를 센다는 것은 불가능한 일이다. 그렇다면 어휘의 빈도를 계량한다는 것은 실제 사용되는 단어의 유형에는 어떤 대상이 존재하는지를 식별할 수 있는 가장 기초적인 정보를 제공해 준다고 할 수 있다.

한편 코퍼스의 규모가 방대해지면서 어휘의 빈도를 계량하는 과정은 그리 간단치 않다. 어휘 계량을 위한 구체적인 방법에 대해 살펴보도록 하자. 우선 어휘 계량에서 전산적인 방법을 도입하는 것은 이제 너무나도 당연한 일이 되었다. 그러나 실제로 어떤 도구를 사용해서, 어떠한 절차로 계량을 할 것인지에 대해서는 잘 모르는 경우가 많다. 특히 영어로 된 문서의 경우에는 워드스미스(Wordsmith)나 앤트콩크(AntConc)와5) 같은 범용적인 도구를 통해 비교적 쉽게 어휘 빈도를 계량할 수 있으나 여전히 대규모의 한국어를 대상으로 어휘 빈도를 계량하기에는 적절한 도구가 없다.

그 대신 최근에는 파이썬이나 R과 같은 프로그래밍 언어를 통해 쉽게 어휘 빈도를 계량할 수 있다. 더구나 이러한 도구들은 무료인 데다가 대상 자료의 규모에도 크게 영향을 받지 않는다는 점에서 여러 장점이 있다.6)

❑ 절대 빈도와 상대 빈도

어휘 빈도의 결과는 특정 단어의 사용 빈도라는 것은 자명하지만 이

---

5) 워드스미스는 유료 프로그램이고, 앤트콩크는 무료로 사용할 수 있다. 두 도구 모두 모든 언어를 지원하지만 처리할 수 있는 어절 규모에는 제한이 있다.
6) 이를테면 R에서는 table 함수를 사용하면 어절 빈도를 쉽게 획득할 수 있다. 그 이상의 논의는 생략하기로 한다.

값은 특정한 규모의 코퍼스를 대상으로 계량된 결과라는 점을 주목해야 한다. 특정 코퍼스에서 계량된 어휘의 출현 빈도를 절대 빈도(absolute frequency)라 한다. 앞에서 우리가 예로 든 (1)에 표시된 출현 빈도가 바로 절대 빈도에 해당한다. 그러나 이 빈도들은 모두 천만 어절 정도의 코퍼스에서 추출한 빈도이다. 코퍼스의 규모가 커지면 그 값은 당연히 커질 것이다. 즉 절대 빈도는 해당 코퍼스의 규모에 따라 달라진다는 특징이 있다.

상대 빈도(relative frequency)는 빈도가 대상 코퍼스의 규모에 영향을 받지 않도록 어휘의 빈도를 상대화한 값이다. 즉 전체 코퍼스의 규모를 동일한 것으로 가정하고 출현 빈도를 백분율 등으로 표시한다. 가장 널리 쓰이는 방식으로는 100만 단어 혹은 10만 단어를 전체 규모로 했을 때 해당 단어의 출현 빈도를 계산해서 제시하는 것이다. 규모가 다른 코퍼스에서 추출한 어휘의 빈도를 서로 비교할 때에는 상대 빈도를 활용하는 것이 적절할 것이다.

❑ 타입(type)과 토큰(token)

빈도와 관련하여 자주 언급되는 것으로 타입과 토큰이 있다. 타입은 어종 혹은 유형 등으로 불리기도 하는데 이는 단어의 종류를 지칭하는 것이고, 토큰은 실제 사용된 단어의 빈도를 뜻한다. 타입과 토큰을 비율로 제시하면 타입-토큰 비율(type-token ratio)이라는 값을 얻을 수 있게 되는데, 그 최댓값은 1이다.

예를 들어 50개의 타입이 200번 사용되었다면 해당 코퍼스의 타입-토큰 비율은 50/200=0.25가 된다. 이 타입-토큰 비율을 적절히 활용하면 해당 텍스트에서 어느 정도로 다양한 어휘가 사용되었는지를 예측해 볼 수 있다. 즉 어떤 텍스트의 값이 1에 가까울수록 다양한 단어가 사용되었다고 해석할 수 있기 때문이다. 실제로 이러한 타입-토큰 비율은 여러 소설

가들의 어휘 다양성을 비교하기 위한 척도로 활용될 수 있다.[7]

❑ 어휘 계량과 코퍼스의 주석

코퍼스를 기반으로 어휘의 빈도를 조사하기 위해서는 코퍼스에 대한 주석이 필요하다. 주석이 전혀 되어 있지 않은 원시 말뭉치만으로는 품사별 빈도 통계를 비롯한 다양한 통계가 사실상 불가능하기 때문이다.[8] 그렇다면 코퍼스의 주석을 어느 차원까지 어떤 방법으로 수행할 것이냐 하는 문제가 남는다.

가장 보편적으로 주석된 코퍼스의 유형은 품사 주석 코퍼스(part of speech corpus, POS corpus)이다. 품사 정보는 모든 언어에서 보편적으로 유용한 정보일 뿐 아니라 한국어와 같이 어형 변화가 많은 교착어에서는 필수적으로 부착되어야 할 정보로 분류된다.

한국어의 품사 주석 코퍼스는 그동안 '형태 분석 코퍼스'로 불리기도 하였다. 그러나 실제 분석된 결과는 형태 단위라기보다는 단어를 단위로 한다는 점을 고려할 때 품사 주석이 더욱 적절한 용어로 보인다. 품사 주석된 코퍼스 중 세종 코퍼스의 예를 보이면 다음과 같다.

---

7) 타입-토큰 비율은 해당 텍스트의 크기에 민감하다. 따라서 타입-토큰 비율을 비교할 때에는 비교 대상 텍스트의 규모가 어느 정도 유사하다는 가정이 필요하다. 이러한 한계를 극복하기 위해 상대화된 타입-토큰 비율을 별도로 산정하기도 한다.

8) 이는 한국어의 언어 유형과 밀접한 관련이 있다. 즉 한국어는 어절 변화가 심한 교착어에 속하기 때문에 실질 형태와 기능 형태를 분리해 주는 작업이 어떤 언어에 비해 중요한 과정이기 때문이다. 영어만 하더라도 어절 변화가 많지 않으므로 원시 말뭉치를 대상으로 한 통계도 어느 정도 유의미할 수 있다.

(4) 품사 주석 코퍼스 예시(세종 형태 분석 코퍼스)

2BA90E53-0198860	재소자	재소자/NNG
2BA90E53-0198870	1	1/SN
2BA90E53-0198880	명	명/NNB
2BA90E53-0198890	입원중	입원/NNG+중/NNB
2BA90E53-0198900	도주	도주/NNG
2BA90E53-0198910	9일	9/SN+일/NNB
2BA90E53-0198920	0	0/SN
2BA90E53-0198930	시	시/NNB
2BA90E53-0198940	20	20/SN
2BA90E53-0198950	분께	분/NNB+께/JKB
2BA90E53-0198960	경기도	경기도/NNP
2BA90E53-0198970	수원시	수원시/NNP
2BA90E53-0198980	장안구	장안구/NNP
2BA90E53-0198990	남창동	남창동/NNP
2BA90E53-0199000	수원의료원	수원의료원/NNP
2BA90E53-0199010	300호실에	300/SN+호실/NNG+에/JKB
2BA90E53-0199020	입원치료중이던	입원/NNG+치료/NNG+중/NNB+이/VCP+던/ETM
2BA90E53-0199030	안양교도소	안양교도소/NNP
2BA90E53-0199040	재소자	재소자/NNG
2BA90E53-0199050	오화선(54·사기	오화선/NNP+(/SS+54/SN+·/SP+사기/NNG
2BA90E53-0199060	미수)씨가	미수/NNG+)/SS+씨/NNB+가/JKS
2BA90E53-0199070	교도관의	교도관/NNG+의/JKG
2BA90E53-0199080	감시가	감시/NNG+가/JKS
2BA90E53-0199090	소홀한	소홀/NNG+하/XSA+ㄴ/ETM
2BA90E53-0199100	틈을	틈/NNG+을/JKO
2BA90E53-0199110	타	타/VV+아/EC
2BA90E53-0199120	도망쳤다.	도망치/VV+었/EP+다/EF+./SF

이때 주석의 차원을 어떻게 설정하느냐에 따라 어휘 빈도의 조사는 그
결과에 심대한 차이가 발생하게 되므로 세부적인 주석 지침을 설정하는
문제는 신중하게 결정할 필요가 있다.

❑ 합성어의 분석 문제

우선 품사 주석의 단계를 형태 단위 차원에서 진행할 것인지, 단어 단위 차원에서 진행할 것인지 결정할 필요가 있다. 품사 주석은 단어를 기본적인 단위로 한다는 점을 고려한다면 파생어나 합성어 등에 대해서는 내부 구성 요소까지 분석할 필요는 없는 것으로 보인다. 즉 '고기잡이'가 하나의 합성어임이 분명하다면 굳이 '고기+잡+이'와 같이 분석해서 주석할 필요는 없다. 그러나 문제는 합성어와 구의 경계가 분명하지 않다는 데 있다.

(5) 가. 복숭아씨
　　나. 해바라기씨

(5가)와 (5나)는 모두 합성어일까? 직관적으로 이들은 모두 합성어이든지 아니든지 둘 중의 하나로 처리되어야 마땅할 것으로 보인다. 그러나 합성어와 구의 구분 기준이 명확하지 않은 경우도 있으며 이들을 일일이 판단해가면서 주석을 수행하는 것은 매우 비효율적이고 일관성에도 문제가 생길 수 있다. 실제 품사 주석 코퍼스의 주석에서는 이러한 판단 근거를 사전에 넘기는 경우가 많다. 세종 코퍼스에서도 합성어인지 아닌지는 『표준국어대사전』에 합성어로 등재되어 있느냐를 기준으로 판정하였다. 그러나 문제는 사전을 참조해서도 문제가 모두 해결되는 것은 아니라는 데에 있다. 실제로 (5가)는 합성어로 등재된 반면 (5나)는 그렇지 않다는 점에서 해결의 어려움이 있다.

이러한 복잡한 상황을 모두 고려하여 품사 주석을 일관되고 정확하게 부착하기는 쉽지 않은 작업이며, 전산적인 형태 분석 도구의 개발도 이러한 측면을 모두 고려해야 할 것이다.

❑ 어근 단위의 설정

한편 국어에는 어근이 분리되어 실현되는 경우도 있다.

(6) 가. 몸도 튼튼, 마음도 튼튼
　　나. 마음이 따뜻도 하다.

(6가)의 '튼튼'과 (6나)의 '따뜻'은 단어는 아니지만 하나의 단어처럼 독립된 어절을 구성하고 있다. 한국어의 품사 주석은 대체로 어절을 단위로 이루어지기 때문에 이들 단위에 대한 주석이 문제가 되어 왔다. 즉 '튼튼, 따뜻'은 단어의 구성 요소인 어근이지만 특정한 용법에서 분리되어 어절로 실현되고 있기 때문에 이들에게 붙여줄 적절한 표지(tag)가 마땅치 않기 때문이다.

세종 코퍼스에서는 이를 위해 '어근(XR)' 단위를 설정하여 문제를 해결하고자 하였다. 즉 '따뜻도 하다'와 '따뜻하다'의 '따뜻'을 모두 어근으로 분석하는 것이다. 이는 어근 분리 현상으로 알려진 한국어의 어근을 처리할 수 있다는 장점이 있으나 단어 이하의 단위인 어근까지 품사 주석 단계에서 처리하는 것이 바람직한지는 의문이 있다. 더구나 '따뜻하다'와 같이 분리되지 않은 채 사용되는 용법의 빈도가 더욱 높다는 점에서 어근 단위의 설정에는 여전히 문제가 있다.

❑ 접사의 설정 여부와 목록

품사 주석 코퍼스에서 접사 단위까지 분석할 것이냐 하는 점도 논란이 될 수 있다. 접사는 대체로 단어 내적인 구성 요소이므로 품사 분석의 대상이라고 보기 어렵기 때문이다. 그러나 다음의 단어들을 살펴볼 때 접사를 품사 분석의 대상이 아니라고 해서 모두 분석하지 않는 것도 문제이다.

(7) 가. 사람들, 지금쯤, 우리끼리, 4일째

　　나. 1인당, 4천여 개, 5일경

(7가)에 포함된 고유어 접미사인 '들, 쯤, 끼리, 째' 등과 (7나)의 한자어 접미사인 '당(當), 여(餘), 경(頃)' 등은 생산성이 매우 높을 뿐 아니라 의미가 합성적이라는 점에서 다른 접미사와는 구별될 필요가 있다. 즉 이들이 결합한 어휘들은 새로운 단어라기보다는 어형 변화의 일종으로 해석하는 것이 더욱 자연스럽기 때문이다. (7)의 단어들이 사전에 등재되지 않는 것도 이러한 사정을 고려한 결과일 것이다.

　그렇다면 (7)과 생산성이 높은 접미사, 새로운 단어 형성과는 거리가 있는 접미사들만 분석하면 될까? 아니면 (7)의 접미사뿐 아니라 어휘적인 접두사, 접미사 등도 모두 분리하여 분석하는 것이 좋을까?

　접두사와 접미사의 분석 여부는 어휘 조사의 목적과 관련되어 결정될 성질이다. 즉 형식적인 형태 단위보다는 어휘적인 단위에 관심이 있는 어휘 조사를 위해서는 분석을 최소화하는 방향, 즉 접사 단위를 가능한 분석하지 않는 방향으로 코퍼스의 주석이 이루어져야 할 것이고 그렇지 않을 경우에는 접사 단위를 모두 포함하여 분석하는 방향으로 주석 작업이 수행될 필요가 있다.

21세기 세종 형태 분석 코퍼스의 접미사 목록

　가장 널리 활용되고 있는 품사 주석 코퍼스는 약 1500만 어절 규모의 품사 주석이 된 '세종 형태 분석 코퍼스'이다. 이 코퍼스에서는 제법 다양한 접사 목록을 분석 대상으로 설정하고 있다는 점을 염두에 두어야 한다. 즉 '-가(家), -가(價), -감(憾), -별(別)' 등 27개의 한자어 접미사와 '-가량, -꾼, -장이, -질' 등 20개의 고유어 접미사뿐 아니라 '-하-, -되-' 등의 동사 파생 접미사, '-답-, -롭-, -스럽-' 등의 형용사 파생 접미사까지 포함하고 있다. 여기에 접두사도 일부 목록에 포함되어 있어 제법 분석의 단위가 세분되어 있다. 이 코퍼스를

'형태 분석 코퍼스'라고 명명한 것은 이러한 접사 분석과 무관하지 않을 것이다. 그러나 합성어 단위는 그대로 한 단어로 처리하고 있어 형태 단위와 단어 단위의 분석이 다소 혼재된 양상을 보인다.

☐ 동음이의어 분석

어휘 조사를 위해 코퍼스에 품사 정보를 주석하여 품사 주석 코퍼스를 구축하였다고 해서 모든 문제가 해결되는 것은 아니다. 모든 언어에는 형태는 동일하지만 의미가 전혀 다른, 유연성이 없는 동음이의어가 포함되어 있어 정밀한 어휘 조사를 위해서는 동음이의어의 중의성 문제를 해소할 필요가 있다.[9]

(8) 가. 감기
    나. 사과

(8가, 나)는 모두 동음이의어의 예로서 (8가)는 질병의 명칭이거나 동사 '감기다'의 어간일 수 있으며, (8나)는 과일의 종류이거나 '사과하다 (apologize)'의 의미일 수 있다.[10] 그러나 (8가)는 품사 분류를 하게 되면 동음이의어의 중의성이 해소되므로 엄밀한 의미에서 동음이의어의 분석

---

9) 주석할 코퍼스가 음성 코퍼스가 아닌 이상 여기서 말하는 '동음이의어'는 엄밀히 말하면 '동형이의어'라고 부르는 것이 정확할 것이지만, 여기서는 관례를 따라 '동음이의어'로 통칭하기로 한다.

10) 동음이의어의 변별을 표시하기 위한 방법에 대한 논의도 일부 진행되기도 하였다. 즉 동음이의어를 구분하기 위해서 한자(漢字)나 영어를 병기한다든지, 고유어 설명을 간략히 추가한다든지 등의 방법이 논의되기도 하였다. 이들은 일종의 '길잡이말(guide word)'에 해당하는데 길잡이말이 중요한 이유는 사전 정보에 의존한 표시 방법은 의미 확인을 위해서는 항상 사전을 참조해야 하는 번거로움이 있을 뿐 아니라 사전 정보가 수정될 경우 이를 그때그때 대응시켜야 하는 등의 이유가 있기 때문이다.

대상은 (8나)라 할 수 있다.

한편 동음이의어를 주석하기 위해서는 사전에 실린 모든 어휘 범주를 대상으로 동음이의어에 대한 구별 정보를 제공하는 '전체 단어 중의성 해소 기법(All Words Tasking)'과 일부 단어를 선별하여 중의성을 해소하는 '일부 단어 중의성 해소 기법(Selected Words Tasking)'이 있다. 전체 단어 중의성 해소 기법은 모든 어휘에 대한 중의성을 해소할 수 있으므로 동음이의어 문제를 모두 해결할 수 있다는 장점은 있으나 처리에 부담이 많을 수밖에 없으며, 일부 단어 중의성 해소 기법은 효율적이고 빠른 시간 안에 분석 결과를 얻을 수 있으나 역시 제한된 어휘에 머무르게 된다는 한계가 있다. 어휘 조사의 목적을 헤아려 분석 기법을 신중히 선정할 필요가 있다.

동음이의어의 분석도 품사 주석과 마찬가지로 전산적인 도구에 의존할 수밖에 없다. 현재 국내에는 만족할 만한 동음이의어 분석 도구가 없는 것으로 알려져 있다.[11] 21세기 세종계획의 동음이의어 분석 코퍼스에서는 상당 부분이 사람의 손에 의존했던 것으로 보고되어 있다. 정확성 높고 성능 좋은 동음이의어 분석 도구의 개발이 시급히 이루어져야 할 것이다.

구문 정보 주석과 감정 분석

품사 정보나 동음이의어 정보를 넘어 문장의 구문 정보를 주석해 놓은 구문 분석 코퍼스도 있다. 이 코퍼스는 주로 형태·통사론적 제약 관계를 포착하는 것을 주된 목적으로 한다는 점에서 어휘 조사와는 구별되는 측면이 있다. 또한

---

11) 동음이의어에 속하는 개별 단어들은 사용 빈도에 있어 강한 편향성을 가지고 있는 것으로 알려져 있다. 즉 '사과1'과 '사과2'가 있을 경우 어느 하나의 빈도가 전체 사용 빈도의 90% 이상을 차지한다는 것이다. 그렇다면 동음이의어의 중의성 해결 도구의 정확성이 90%에 도달하는 것은 그리 어려운 일이 아닐 것이다. 문제는 나머지를 어떻게 처리할 것이냐의 문제가 될 것이다.

문장의 제약 관계를 정확히 주석하는 작업의 난도가 매우 높다는 점에서 현재까지 국어의 구문 주석 코퍼스는 구축 규모가 매우 제한적이다. 한편 최근에는 어휘가 가지는 감정적인 정보를 주석하여 특정 대상에 대한 호감도를 판단하거나 어휘 의미의 변화 양상을 포착하려는 시도도 이루어지고 있다. 이를테면 '너무'는 이전에는 부정적인 문맥에서 주로 쓰였으나 최근에는 긍정과 부정, 모든 문맥에서 사용된다. 이러한 긍정, 부정의 값을 단어마다 주석해 놓은 것이 감정 분석 코퍼스이다.

5.2.2. 어휘 조사에 활용되는 코퍼스

코퍼스가 어휘 조사와 계량에 사용된 역사는 그리 오래되지 않았음은 앞에서도 기술한 바 있다. 여기서는 어휘 조사와 계량에 있어 국내외에서 가장 널리, 활발히 활용되는 대표적인 코퍼스를 간략히 소개하기로 한다.

❑ 국외의 사례: BNC와 COCA

먼저 국외의 코퍼스로는 BNC(British National Corpus)를 가장 먼저 언급하지 않을 수 없다. BNC는 비록 처음 만들어진 코퍼스는 아니지만[12] 국가의 재원을 들여 구축한 최초의 코퍼스로서, 코퍼스가 일종의 공공재라는 점을 분명하게 보여주었을 뿐 아니라 옥스포드 사전 등의 편찬에 직접 활용되었다는 점에서 코퍼스의 전범(典範)이라 할 만하다. 국내에서 BNC를 모델로 삼아 21세기 세종계획 코퍼스가 설계되기도 하였다.

BNC는 국가의 재원을 투입하였을 뿐 아니라 TEI 방식의[13] 마크업

---

12) 최초의 코퍼스는 프랜시스(Francis)와 쿠체라(Kučera)가 1960년대에 구축한 브라운 코퍼스(Brown Corpus)를 꼽는데 이 코퍼스는 100만 단어로 구성되어 있다.

13) TEI(Text Encoding Initiative)는 텍스트 부호화와 관련한 국제적인 표준을 개발하고 협의하기 위한 기구로서 코퍼스를 구축하기 위한 헤더와 마크업 등에 대한 세부적인 지침을 제시하고 있다(www.tei-c.org). <21세기 세종계획>에서 구축한 코퍼스도 TEI 지침을 준수하도록 설계되었다.

(markup)을 부착하였으며, 문어와 구어의 비율을 9:1로 설정하여 텍스트를 구성하였다. 또한 각 텍스트는 장르별로 할당된 비율에 따라 균형 있게 수집되도록 노력하였다. 이 코퍼스의 전체 규모는 1억 단어로, 실제 예를 보이면 (9)와 같다.

(9) BNC 문어 코퍼스 샘플

```
<?xml version="1.0"?>
<bncDoc xml:id="B1C">
  <teiHeader>
    <fileDesc>
      <titleStmt>
        <title> For now. Sample containing about 13961 words from a book (domain: imaginative) </title>
        <respStmt>
          <resp> Data capture and transcription </resp>
          <name> Oxford University Press </name>
        </respStmt>
      </titleStmt>
      <editionStmt>
        <edition>BNC XML Edition, December 2006</edition>
      </editionStmt>
      <extent> 13961 tokens; 13909 w-units; 2776 s-units </extent>
      + <publicationStmt>
      <sourceDesc>
        <bibl>
          <title>For now. </title>
          <author n="GodbeG1">Godbert, Geoffrey</author>
          <author n="RamsaJ1">Ramsay, Jay</author>
          <imprint n="DIAMON1">
            <publisher>The Diamond Press</publisher>
            <pubPlace>London</pubPlace>
            <date value="1991">1991</date>
          </imprint>
          <pp>1-108</pp>
        </bibl>
      </sourceDesc>
    </fileDesc>
    <encodingDesc>
      <tagsDecl>
        + <namespace name="">
      </tagsDecl>
    </encodingDesc>
    <profileDesc>
      <creation date="1991"> </creation>
      <textClass>
        <catRef targets="WRI ALLTIM3 ALLAVA2 ALLTYP3 WRIAAG0 WRIAD0 WRIASE0 WRIATY2 WRIAUD3 WRIDOM1 WRILEV3 WRIMED1 WRIPP5 WRISAM1 WRISTA2 WRITAS3"/>
        <classCode scheme="DLEE"> W fict poetry</classCode>
        <keywords>
          <term> (none) </term>
        </keywords>
      </textClass>
    </profileDesc>
    + <revisionDesc>
  </teiHeader>
  <wtext type="FICTION">
    <pb n="1"/>
    <div level="1">
      <head>
        <s n="1">
          <w pos="SUBST" hw="geoffrey" c5="NP0">Geoffrey </w>
          <w pos="SUBST" hw="godbert" c5="NP0">Godbert</w>
        </s>
      </head>
```

한편 BNC에 자극을 받아 미국에서도 코퍼스 구축을 대규모로 수행하고 그 결과를 온라인 도구를 통해 공유하기 시작하였다. COCA(Corpus of Contemporary American English)는 브리검 영(Brigham Young) 대학교

의 마크 데이비스 교수가 구축한 대규모의 미국 영어 코퍼스로서 그 규모
는 약 5억6천만 어절에 이르는 것으로 알려져 있다. 이 코퍼스는 다양한
미국 영어 자료를 대규모로 포함하고 있을 뿐 아니라 웹에서 활용할 수
있는 인터페이스를 제공하고 있어 사용자가 자유롭게 코퍼스에 접근할
수 있다는 점에서 주목을 받고 있다.

이 코퍼스의 웹 인터페이스는 (10)과 같다.

(10) COCA의 단어 용례 검색 화면(https://corpus.byu.edu/coca/)

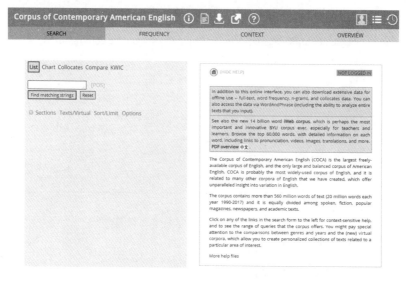

구글(Goolge)에서 구축한 N-gram[14) 뷰어도 배놓을 수 없는 중요한 언
어 자원이다. 구글에서는 약 200년 동안 발행된 800만 권의 책을 언어

---

14) N-gram은 일종의 기계적인 분할 단위를 뜻한다. 이때 분할 단위는 문자열
(character)이나 어절(word)이 될 수 있다. 이를테면 "우리는 어휘론을 열심히
공부한다."라는 문장을 어절 단위로 바이그램(bi-gram, 2-gram)하면 "우리는
어휘론을, 어휘론을 열심히, 열심히 공부한다"가 될 것이다.

자원으로 구축하고 이를 N-gram 방식으로 검색할 수 있는 서비스를 시작하였다. 이 자료는 단행본을 대상으로 구축된 최대 규모의 언어 자원으로서 영어를 비롯한 중국어, 프랑스어, 이탈리아어 등도 포함하고 있다. 최근에는 와일드카드 검색과 품사 검색 기능도 지원할 수 있도록 개선되어 언어 사용 변화를 포함한 거시적인 차원의 트렌드 분석에도 활용될 수 있다(https://books.google.com/ngrams/info). (11)은 영어의 불규칙 동사인 burnt의 사용 변화를 검색해 본 사례로서 일부 불규칙 동사들이 규칙 동사로 변화하는 시기적인 변화를 잘 포착해 준다.

(11) 구글(Google)의 Ngram Viewer(https://books.google.com/ngrams)

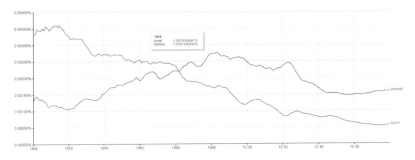

□ 국내의 코퍼스

[21세기 세종계획 코퍼스]

어휘의 조사 및 계량을 위해 활용할 수 있는 국내의 코퍼스로는 단연 21세기 세종계획 코퍼스(이하 세종 코퍼스)가 꼽힌다. 1998년부터 2007년까지 구축된 세종 코퍼스는 전체 규모가 1억 어절을 넘으며, 장르별 구성도 문어와 구어의 균형을 맞추도록 고려되었는데 이는 BNC를 모델로 삼은 결과였다.

(12)는 세종 코퍼스의 전체 규모를 정리한 것이다.

(12) 21세기 세종계획 말뭉치의 전체 규모(국립국어원 2007)

구분	원시 말뭉치		분석 말뭉치			합계
	문어	구어	형태	의미	구문	
어절 수	60,558,573	3,340,839	15,226,186	12,642,725	826,127	
합계	63,899,412				28,695,038	92,594,450

(12)에 더하여 21세기 세종계획에서는 구비문학, 구어 전사 자료, 북한 및 해외 말뭉치, 역사 말뭉치, 병렬 말뭉치 등으로 구성된 특수자료 말뭉치와 기존에 여러 기관에 산재해 있던 코퍼스를 표준화하고 후처리한 코퍼스를 세종 코퍼스에 포함하도록 하였다. 구체적인 수량은 (13)과 같다 (국립국어원 2007).

(13) 21세기 세종계획 특수 자료 및 표준화 및 후처리 말뭉치의 규모

구분	규모(어절수)	총계
구비문학 등의 특수 자료 말뭉치	33,021,545	
국립국어연구원 말뭉치	36,029,885	100,020,424
카이스트 말뭉치	30,968,994	

(12)를 통해 알 수 있는 사실은 원시 말뭉치에 비해 형태 분석 또는 동음이의어 분석 코퍼스 등과 같은 주석된 코퍼스의 규모가 작다는 점, 그리고 코퍼스에 포함된 텍스트가 2000년대 초반까지로 한정되어 있다는 점이다. 언어 변화의 급격한 양상을 고려할 때 2000년 이후의 코퍼스가 지속적으로 구축될 필요가 있음은 자명하다.

한편 세종 코퍼스는 기본적으로 TEI의 마크업 규약을 따라 헤더와 마크업을 주석하였는데, 원시 코퍼스로 예를 보이면 (14)와 같다.[15]

---

15) 원시 코퍼스에는 기본적으로 서지 정보, 텍스트 인코딩(encoding) 정보, 샘플링 방법 등이 헤더에 포함된다. 마크업은 텍스트 본문 내의 정보를 부호화한

(14) 세종 원시 코퍼스의 헤더 샘플

```
<teiHeader>
    <fileDesc>
    <titleStmt>
    <title>내 첫사랑 주희 누나</title>
    <author>유홍종</author>
    <sponsor>대한민국 문화관광부</sponsor>
    <respStmt><resp>표준화, 헤더붙임</resp>
    <name>고려대학교 민족문화연구원</name>
    </respStmt>
    </titleStmt>
    <extent>62,836 어절</extent>
    <publicationStmt>
    <distributor>국립국어연구원</distributor>
    <idno>4BE92001.hwp</idno>
    <availability><p>배포 불가</p></availability>
    </publicationStmt>
    <sourceDesc>
    <bibl><author>유홍종</author>
            <title>내 첫사랑 주희 누나</title>
            <pubPlace>서울</pubPlace>
            <publisher>문학사상사</publisher>
            <date>1992년</date>
    </bibl>
    </sourceDesc>
    </fileDesc>
    <encodingDesc>
            <projectDesc><p>21세기 세종계획 4차년도 말뭉치 구축</p>
            </projectDesc>
            <editorialDecl><p>21세기 세종계획 말뭉치 문헌 입력 지침에 따름</p>
            </editorialDecl>
    </encodingDesc>
    <profileDesc>
            <creation><date>2001</date></creation>
            <langUsage>
                    <language id=KO usage=99>한국어, 표준어</language>
            </langUsage>
            <textClass>
            <catRef scheme='SJ21' target='M1331'>상상적 텍스트: 소설/일반</catRef>
            </textClass>
    </profileDesc>
    <revisionDesc>
    <respStmt>
    <resp>프로젝트 책임자</resp><name>김흥규</name>
    </respStmt>
    <change><date>2001/06</date>
    <respStmt><resp>연구보조원</resp><name>김일환</name></respStmt>
    <item>세종 21 지침에 따른 마크업, 세종 21 프로젝트 헤더 붙임, 띄어쓰기 및 맞춤법 오류 수정</item>
    </change>
    </revisionDesc>
</teiHeader>
<text>
<body>
```

것으로 제목, 문단 정보 등이 포함된다.

그러나 (14)의 원시 코퍼스만으로는 직접 활용하는 데 여러 한계가 있다. 특히 한국어와 같이 어형 변화가 많은 언어의 경우에는 품사 정보를 주석한 형태 분석 코퍼스의 구축이 필수적인 것으로 알려져 있다.

[세종-민연 코퍼스(SJ-RIKS 코퍼스)]

21세기 세종계획에서는 약 1,500만 어절 규모의 형태 분석 코퍼스를 구축, 제공하였으며, 이 가운데 약 1,260만 어절에 대해서는 동음이의어 분석까지 주석해 놓았다. 여기에 남은 약 240만 어절까지 추가하고, 분석 오류를 수정한 것이 세종-민연 코퍼스(SJ-RIKS corpus)이다.[16] 이 코퍼스의 규모와 장르별 구성은 (15)와 같다. 또한 (16)은 세종-민연 코퍼스의 본문 샘플을 보인 것이다.

(15) 세종-민연(SJ-RIKS) 코퍼스의 장르별 규모(김일환 2013)

텍스트 유형	어절 수	구성 비율(%)
신문	3,428,306	22.69
잡지	1,740,797	11.52
책-상상적 텍스트	3,843,423	25.43
책-정보적 텍스트	5,814,518	40.36
기타	283,750	1.88
계	15,110,794	100.00

---

16) 세종-민연 코퍼스(SJ-RIKS 코퍼스)에 대한 자세한 내용은 김일환 외(2010), 김일환 외(2015) 등을 참조할 것.

(16) 세종-민연 코퍼스 샘플(본문)

9BSEO0094-0151820	관심이	관심__01/NNG+이/JKS
9BSEO0094-0151830	많아	많/VA+아/EM
9BSEO0094-0151840	걸핏하면	걸핏하면/MAG
9BSEO0094-0151850	그에게서	그/NP+에게서/JKB
9BSEO0094-0151860	신학문에	신학문/NNG+에/JKB
9BSEO0094-0151870	관한	관하__02/VV+ㄴ/ETM
9BSEO0094-0151880	책을	책__01/NNG+을/JKO
9BSEO0094-0151890	빌려갔다.	빌리/VV+어/EM+가/VX+았/EP+다/EM+./SF
9BSEO0094-0151900	장난기	장난기/NNG
9BSEO0094-0151910	많고	많/VA+고/EM
9BSEO0094-0151920	호기심	호기심/NNG
9BSEO0094-0151930	많은	많/VA+은/ETM
9BSEO0094-0151940	그	그__01/MM
9BSEO0094-0151950	아이가	아이__01/NNG+가/JKS
9BSEO0094-0151960	제가	제/NP+가/JKS
9BSEO0094-0151970	배운	배우__01/VV+ㄴ/ETM
9BSEO0094-0151980	것을	것__01/NNB+을/JKO
9BSEO0094-0151990	제	저/NP+의/JKG
9BSEO0094-0152000	몸종인	몸종/NNG+이/VCP+ㄴ/ETM
9BSEO0094-0152010	쌍순에게	쌍순/NNP+에게/JKB
9BSEO0094-0152020	가르쳐준	가르치__01/VV+어/EM+주/VX+ㄴ/ETM
9BSEO0094-0152030	것은	것__01/NNB+은/JX
9BSEO0094-0152040	당연한	당연하__01/VA+ㄴ/ETM
9BSEO0094-0152050	일이다.	일__01/NNG+이/VCP+다/EM+./SF
9BSEO0094-0152060	아마	아마__01/MAG
9BSEO0094-0152070	화진은	화진/NNP+은/JX
9BSEO0094-0152080	쌍순을	쌍순/NNP+을/JKO
9BSEO0094-0152090	통해	통하/VV+아/EM

[대규모의 신문 코퍼스: '물결 21' 코퍼스]

21세기 세종계획이 2007년에 종료되면서 연구와 활용을 위한 공공의 코퍼스 구축이 사실상 중단되었다. 21세기 세종계획에서 구축한 코퍼스가 국어 정보화에 기여한 것은 재론의 여지가 없으나 국가 차원의 코퍼스 구축이 지속적으로 이루어지지 못했다는 아쉬움이 있다.

고려대학교 민족문화연구원에서는 2008년부터 대규모의 신문 자원을 수집하여 '물결 21' 코퍼스를 구축하였다. 이 코퍼스는 2000년대에 발행된 조선일보, 동아일보, 중앙일보, 한겨레신문 기사 전체로 구성되어 있으며, 그 규모는 약 6억 어절에 이르는, 단일 장르로서는 최대 규모를 자랑한다(김일환 외 2013ㄱ, 최재웅·이도길 2014). 또한 대규모의 코퍼스를 웹에서 직접 활용할 수 있도록 웹 분석 도구까지 제공하고 있다는 점에서 활용도를 높이고 있다(http://corpus.korea.ac.kr). 특히 이 코퍼스는 대규모의 신문 기사로 구성되었다는 점, 시기별로 꾸준히 구축되었다는 점에서 기존의 코퍼스가 갖고 있던 한계를 많이 극복하였을 뿐 아니라 사회, 문화적 트렌드를 조사하는 데에도 활용할 수 있다는 장점이 있다.

코퍼스와 빅 데이터(Big Data)

최근 들어 빅 데이터가 크게 주목받고 있다. 빅 데이터에는 텍스트뿐 아니라 숫자, 동영상 등의 다양한 비정형의 데이터가 포함된다. 코퍼스는 빅 데이터 중 텍스트 데이터와 관련이 있다. 자료의 사전 설계와 정형성의 측면에서 코퍼스는 빅 데이터와 다른 측면이 있으나 최근 들어 코퍼스의 규모가 크게 확장되면서 코퍼스와 빅 데이터의 구별이 사실상 큰 의미가 없어지고 있다. 또한 빅 데이터가 개념적으로 규정될 만한 엄밀한 술어도 아니다. 특히 대규모의 데이터로부터 유의미한 정보를 포착하기 위한 노력이 크게 각광을 받고 있는데 이러한 기술을 '데이터 마이닝(data mining)', 텍스트 데이터에 한정해서는 '텍스트 마이닝'이라고 한다. 또한 데이터 마이닝을 전문적으로 수행하는 일련의 연구자들을 '데이터 과학자'로 칭하고 있는데 데이터 과학자는 최근 한 조사에 의하면 21세기에 가장 전도가 유망한 직업군으로 평가받기도 하였다.

[감정 분석 코퍼스]

어휘는 화자의 감정적 의미를 표현하기도 한다. 어휘가 가진 감정적 의미는 크게 긍정적인 것과 부정적인 것으로 구분할 수 있는데 이들은 어휘 자체가 가진 의미에서 비롯된 것일 수도 있고, 주변 문맥에 의해 결정되는 경우도 있다. 특히 주변 문맥에 의해 표현되는 어휘의 감정적 의미는 쉽게 포착하기 어렵다는 어려움이 있다.

최근에는 이와 같이 어휘가 가지는 긍정적, 부정적 의미를 포착하기 위한 시도가 다양하게 나타나고 있다. 어휘의 감정적 의미는 개념적 의미에 비해 그동안 상대적으로 소홀히 다루어졌으며, 따라서 긍정, 부정에 따른 어휘 목록이 체계적으로 정리되지도 못하였다.

감정적 의미와 관련하여 가장 쉽게 떠오르는 예 중 하나로 정도 부사 '너무'를 들 수 있다. 몇 년 전까지만 해도 이 부사는 부정적 문맥에서 사용되는 것이 규범적인 것으로 인식되었으나 언중들은 '너무'를 긍정, 부정 가리지 않고 사용하였다. 이는 '너무'의 문맥, 특히 감정적 의미와 관련한 사용 환경에 변화가 있었음을 보여주는 사례가 된다. 남길임 (2012:142)에서 제시한 '계획적'의 경우도 감정적 의미와 관련하여 흥미로운 양상을 보여준다.

(17) 가. ...사건이 아니고 북측의 '계획적인 도발'일 가능성이 크다고...
　　 나. ...몽고는 이 사건을 고려의 계획적 행위로 간주하고...
　　 다. ...탈세가 장기에 걸쳐 계획적으로 이루어지는 등 탈세...
　　 라. ...단지가 형성되어 있어 계획적으로 개발된 도시의 경관을...

즉 (17)에서 보듯이 '계획적'은 대체로 부정적인 문맥에서 사용되며 그 결과로 '계획적' 자체의 의미에 부정적인 뉘앙스가 스며들 수 있다는 점이다. 특히 이러한 감정적 의미는 문맥을 구체적으로 살펴보지 않으면 포착하기 어렵다는 점, 문법적 규칙이라기보다는 일종의 경향성을 보여준다는 점[17) 때문에 연구가 쉽지 않다.

최근 들어 감정적 의미가 더욱 주목을 받게 된 것은 현실적인 이유에서이다. 즉 어떤 어휘에 대한 긍정, 부정의 의미를 대규모의 코퍼스에 주석해 놓음으로써 해당 어휘의 긍정, 부정을 비교적 효율적으로 포착하기 위한 시도가 나타나기 시작하였다. 즉 어떤 대상이 긍정적인지 부정적인지가 포함된 소비자들의 텍스트를 감정 분석함으로써 해당 대상의 선호도를 판단하는 근거로 활용할 수 있게 된 것이다.

(18)은 모 기업에서 구축한 감정 분석 코퍼스의 예시이다.

(18) 감정 분석 코퍼스 샘플

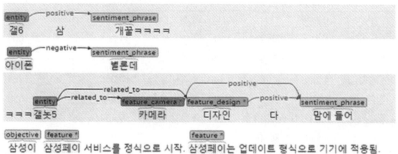

5.3. 어휘 조사의 실제

이제 앞에서 언급한 다양한 코퍼스를 활용해서 실제 어휘 조사를 수행하는 과정에 대해 구체적으로 살펴보도록 하자. 조사의 목적에 따라 코퍼스의 유형이 달라질 수 있으나 기본적으로 어휘의 사용 빈도, 어휘의 생장과 소멸, 어휘 사용 문맥의 변화 등에 대해 유의미한 결과를 얻을 수 있다.

---

17) 실제로 (16라)에서의 '계획적'은 부정적 문맥에서 사용되었다고 보기 어렵다.

5.3.1. 빈도와 어휘 조사

❏ 어휘의 사용 빈도

코퍼스를 기반으로 한 어휘 조사를 통해서 우리는 어떤 단어가 어느 정도로 사용되는지 비교적 객관적으로 파악할 수 있게 되었다. 이와 관련하여 가장 먼저 획득할 수 있는 어휘 사용과 관련한 정보는 어떤 단어들이 가장 활발하게 사용되느냐 하는 점일 것이다.

(19) 세종-민연 코퍼스에서 추출한 장르별 고빈도 명사 상위 10개

신문	빈도	잡지	빈도	책-상상	빈도	책-정보	빈도
말_01	6,310	사람	8,444	말_01	23,696	사람	909
기자_05	5,044	때_01	7,240	사람	16,038	프로그램	755
때_01	4,389	말_01	7,140	때_01	10,056	말_01	723
정부_08	4,371	일_01	5,609	일_01	9,684	때_01	650
문제_06	3,805	생각_01	5,299	생각_01	9,469	일_01	527
경우_03	3,583	영화_01	3,356	집_01	6,825	보호_01	507
대통령	3,225	아이_01	3,273	여자_02	6,758	저작권	472
사람	2,968	문제_06	2,928	소리_01	6,515	생각_01	459
기업_01	2,884	시간_04	2,727	속_01	6,260	시민	433
이번_01	2,866	마음_01	2,703	눈_01	5,580	컴퓨터	398

(19)는 세종-민연 코퍼스에서 추출한 일반 명사의 빈도를 장르별로 상위 10개씩 제시한 것이다. 이를 통해서 우리가 확인할 수 있는 정보는 크게 두 가지가 있다. 첫째는 고빈도로 쓰이는 일반 명사에는 '사람, 말_01, 때_01, 일_01, 생각_01' 등과 같이 추상적인 의미를 가진 단어들이 많이 포함되어 있다는 점, 둘째는 장르가 달라지더라도 절반 이상의 고빈도 명사들은 중복되어 나타난다는 점이다.

한편 (19)와 같은 단어 사용 빈도와 관련하여 흥미로운 관찰들이 이미 학계에 보고된 바 있다. 우선 널리 알려진 지프의 법칙(Zipf's law)이 있다.

이 법칙은 빈도와 순위 사이에 일정한 상관관계가 존재한다는 일반화로 알려져 있다. 즉 빈도 순위와 사용 빈도의 곱이 일정한 상수로 수렴된다는 가설이다. 이를테면 빈도 10위인 단어 '이번_01'의 사용 빈도는 2,866회 이므로 이 둘을 곱하면 28,660이 되는데, 다른 단어들의 순위와 빈도를 곱한 결과도 이와 유사한 값을 가진다는 것이다.

그러나 지프의 법칙과 관련하여 더욱 흥미로운 사실은 일정한 순위의 단어들이 전체 단어의 사용 빈도에서 80% 이상을 차지한다는 점이다. 이 는 멱함수의 법칙(Power Law) 혹은 파레토(Pareto)의 법칙으로도 알려져 있는 원리로서, 단순히 말하면 상위 20%가 전체의 80%를 결정한다는 내 용이다. 이 원리는 한국어를 비롯한 다른 언어에서도 유효한 것으로 알려 져 있을 뿐 아니라 장르를 달리 설정해도 유지된다는 특징적인 일반화를 보여준다. 이를 통해 우리는 (19)에서 장르가 다르더라도 상위 고빈도에 포함되는 일반 명사가 중첩되는 현상을 이해할 수 있다.

한편 단어와 빈도 사이의 이러한 상관성은 (20)과 같은 멱함수 분포 그래프로 도식화될 수 있다.

(20) 어휘와 빈도의 멱함수 관계

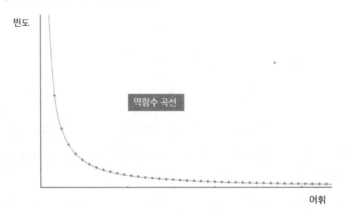

한편 (20)의 그래프에서 상위 빈도를 보이는 단어가 전체 단어의 20%를 차지한다고 할 때 나머지 단어들의 분포는 어떠할까? (20)의 그림에서 곡선의 우측으로 가면서 어휘들이 일정한 빈도를 유지하고 있음을 유의해 보자. 이들은 대체로 빈도 1로 수렴해 가는 양상을 보이는데 그래프가 마치 긴 꼬리처럼 늘어지는 양상을 보여 '긴 꼬리(long tail)'라고 불리기도 한다. 이 긴 꼬리에 해당하는 단어들에 대해서는 어떠한 특징을 논할 수 있을까?

김일환(2009)에서는 주어진 텍스트 혹은 코퍼스 내에서 단 한 번 출현한 단어를 '단발어'(hapax legomena)로 정의하고 이 '긴 꼬리'에 속하는 단발어의 특성에 대해 다양한 분석을 제공하고 있다. 이를테면 단발어는 비록 빈도가 한 번밖에 되지 않아 빈도의 측면에서는 간과될 수 있으나 전체 단어 유형에서 차지하는 비중은 40%에 육박하므로 결코 가볍게 지나칠 수 없는 대상이라는 것이다.

김일환(2009)에서는 천만 어절 규모의 세종 코퍼스(동음이의어 분석 코퍼스)를 대상으로 단발어의 비중을 (21)과 같이 정리한 바 있다.

(21) 일반 명사, 동사, 형용사의 단발어 유형과 전체 빈도

품사	단발어	비중	전체 유형	전체 빈도수
일반 명사(NNG)	41,284	39.4%	104,781	5,221,657
동사(VV)	1,923	29.8%	6,449	1,701,766
형용사(VA)	415	29.7%	1,391	372,440

(21)에 의하면 품사별로 보았을 때 일반 명사가 단발어에서 차지하는 비중이 가장 높으며 전체 단어 유형 대비 약 40%에 근접하는 유형을 점유하고 있다.

한편 단발어는 코퍼스를 기반으로 하지 않고는 포착할 수 없는 정보로

서 어떠한 단어들이 이러한 저빈도의 비경제적인 쓰임을 보이는지 확인해 보는 것도 의미가 있다. 단발어에는 전문 용어, 신어, 임시어, 외래어 등이 모두 포함되어 있다는 점에서 어휘 조사를 위한 중요한 근간이 된다. 특히 단발어는 해당 코퍼스에서만 한 번 사용되었을 뿐이며 코퍼스의 규모를 시기별, 규모별로 확장할 경우에는 빈도가 증가할 수 있음은 당연하다.

(22) 가. 가이더(guider), 마블링(marbling), 네이티브(native), 낫싱(nothing)
　　나. 가부끼, 가가와, 가스오, 맛쓰리, 가사사기
　　다. 가르텐(독일어), 네글리제(프랑스어), 가이퐁(베트남어), 가스빠자(러시아어)
　　라. 대리모친업, 문화상품권[18], 태그래픽, 가정과학대, 불비 케밥, 넉치기, 노깡

(22)에 제시된 단발어는 외국어의 차용이거나(21가~다), 신어일 가능성이 높은 단어들로서(21라) 이 가운데 일부는 최근 들어 그 쓰임이 확대된 것으로 보이기도 한다(김일환 2009).

□ 부사와 형용사의 사용 빈도

앞에서는 주로 일반 명사에 한정하여 논의를 진행하였다. 일반 명사에 비해서는 유형과 빈도의 비중이 높지 않지만 다른 품사의 빈도를 조사해 볼 필요가 있다. 여기서는 일반 부사, 접속 부사, 형용사의 상위 고빈도 어휘를 살펴보자.

---

18) '문화상품권'은 최근에는 매우 일상적인 단어가 되었지만 문화상품권이 널리 쓰이게 된 것이 2000년대 이후라는 점을 감안할 필요가 있다.

(23) 세종-민연 코퍼스의 일반부사, 접속부사, 형용사 상위 고빈도 20개

순위	일반부사	빈도	비율	접속부사	빈도	비율	형용사	빈도	비율
1	더_01	27,470	2.743	그러나	35,473	3.543	없_01	99,246	12.649
2	또	26,206	2.617	그리고	25,260	2.523	아니	64,798	8.259
3	안_02	20,246	2.022	그런데	10,853	1.084	같	50,333	6.415
4	다시_01	19,314	1.929	그래서	9,592	0.958	그렇	31,685	4.038
5	잘_02	16,134	1.611	하지만	7,706	0.770	크_01	24,990	3.185
6	함께	14,856	1.484	따라서	7,236	0.723	많	23,900	3.046
7	다_03	14,182	1.416	그럼	2,448	0.244	좋_01	21,333	2.719
8	가장_01	13,886	1.387	그러므로	2,282	0.228	어떻	13,810	1.760
9	없이	13,037	1.302	그러면	2,206	0.220	이렇	12,686	1.617
10	못_04	12,690	1.267	그러니까	2,143	0.214	이러하	11,010	1.403
11	바로_02	12,084	1.207	그렇지만	1,619	0.162	새롭	10,490	1.337
12	모두_01	11,458	1.144	그리하여	1,304	0.130	어렵	9,201	1.173
13	및	11,270	1.126	하긴	462	0.046	다르_01	8,892	1.133
14	아직_01	9,807	0.979	한데	358	0.036	높	8,891	1.133
15	특히	9,743	0.973	근데	321	0.032	쉽	6,948	0.886
16	왜_02	9,639	0.963	하기야	279	0.028	작_01	6,798	0.866
17	이미_01	9,348	0.934	하물며	230	0.023	길_02	5,335	0.680
18	좀_02	9,329	0.932	이리하여	193	0.019	아름답	5,165	0.658
19	이제_01	8,953	0.894	단	162	0.016	깊	4,673	0.596
20	많이	8,925	0.891	그리구	111	0.011	그러하	4,339	0.553

(23)에 따르면 일반부사 중에는 '더_01'이 가장 많이 사용되고, 부정부사인 '안_02'은 '못_04'보다 두 배 이상 많이 쓰인다. 접속부사에서는 역접의 '그러나'가 순접의 '그리고'에 비해 40% 정도 더 빈번하게 사용되며, 형용사에서는 '없다_01'가 단연 다른 형용사에 비해 압도적인 사용 빈도를 보였다('없다_01'와 의미적으로 대립하는 '있다'는 20위권에도 들지 못했다).

이와 같은 어휘의 사용 양상에 대한 조사는 대상 코퍼스를 어떻게 설정했느냐에 크게 좌우된다. (23)의 대상 코퍼스는 1500만 어절 규모의 1990년대 자료가 중심으로서, 텍스트의 장르별 균형이 고려된 '균형 코퍼스'

의 결과였다. 즉 코퍼스가 어느 시기에 어떻게 구축된 것이냐에 따라 어휘 계량의 결과는 달라질 수 있다. 시간에 따른 어휘 사용의 빈도를 조사하기 위해서는 결과적으로 통시적 코퍼스가 구축되어 있어야 할 것이다.

5.3.2. 어휘 조사 결과의 분석

❑ 실제어(actual word)와 가능어(potential word), 그리고 유령어(ghost word)

어휘는 새롭게 만들어지기도 하지만 원래 있던 어휘가 소실되기도 한다. 『표준국어대사전』은 50만이 넘는 등재어를 자랑하는 대규모의 어휘 자원이지만, 이 사전에도 등재되지 않은 단어는 무수히 많으며, 한편으로는 등재된 단어이기는 하지만 소멸의 위기에 처한 단어도 많다.

이와 같이 사전에 등재된 말과 실제로 사용되는 말 사이에는 괴리가 있기 마련이다. 이러한 간극을 확인할 수 있는 방법은 없을까? 코퍼스는 실제 언어 화자가 사용한 대규모의 언어 자원이라는 점에서 사전에 등재된 단어와 그렇지 않은 단어들 사이의 관련 양상을 비교적 객관적으로 포착해 줄 수 있다. 다음 그림을 통해 이들 사이의 관계를 살펴보도록 하자.

(24) 사전어와 실제어, 그리고 코퍼스

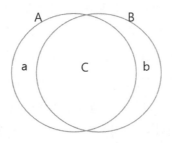

(24)는 사전에 등재된 단어와 실제 사용되는 단어, 그리고 코퍼스 사이

의 관계를 시각화한 것이다. A는 사전에 실린 어휘의 전체 집합을, B는 실제 사용되는 어휘의 집합을, 그리고 A와 B가 교차하는 영역인 C는 코퍼스를 나타낸다. 사전에는 등재되어 있으나 코퍼스에 포함되지 않은 어휘는 a, 실제로 사용되는 단어지만 역시 코퍼스에 포함되지 않은 어휘는 b로 표시되었다. 어휘의 빈도를 계량한다는 것은 C만을 대상으로 할 수밖에 없으므로 코퍼스에 기반한 빈도 조사는 태생적으로 누락되는 어휘가 포함될 수밖에 없다.

그러나 코퍼스의 규모가 늘어나고 다양한 장르의 자료가 코퍼스에 포함됨으로써 이러한 누락 어휘는 점차 줄어들고 있다. a는 사전에는 등재되었으나 언중이 사용하지 않음으로써 유령어로 전락할 가능성이 높으며, b는 신조어, 유행어, 전문어 등이 포함될 가능성이 높다. 결과적으로 한 언어의 어휘를 조사, 계량하기 위해서는 대상이 되는 코퍼스를 지속적으로 보완, 관리하는 것이 무엇보다 중요한 관건이 된다.

구체적인 사례를 통해 실제어, 가능어, 유령어에 대해 살펴보자.

(25) 가. 먹보, 잠보, 꾀보
　　　나. *꿈보, *돈보
　　　다. 뒵드리, 며리

(25가)는 접미사 '-보'에 의한 파생어로서 모두 사전에 등재된 어휘들이다. 이들은 활발하게 많이 쓰이는 단어는 아니지만 2000년대 자료에서도 그 쓰임이 관찰된다('물결 21' 코퍼스). 반면 (25나)는 충분히 가능할 수 있지만 존재하지 않는 단어로서 이들을 형태론에서는 '가능어'로 불러왔다. 이들은 형태론적 규칙으로는 불가능한 조합은 아니지만 등재된 단어도 아니고, 신어도 아니다. 마지막으로 (25다)는 사전에는 등재되어 있으나 최근 현대 국어에서는 용례를 찾을 수 없는 단어로서 이들을 '유령어'라고 부르기도 한다.

(25다)의 '뒵드리'와 '며리'는 모두 사전에 등재된 단어들로서 그 사전적 정의를 살펴보면 (26)과 같다.

(26) 가. 뒵드리「명사」 어떤 일을 뒤에서 거들어 줌. 또는 그런 사람. ¶아내의 뒵들이로 일은 어렵지 않게 마무리가 되었다. (『고려대 한국어대사전』)

　　 나. 며리「의존 명사」((어미 '-을' 뒤에 쓰여)) '까닭'이나 '필요'의 뜻을 나타내는 말. ¶시비를 따질 수도 있겠지만 그럴 며리가 도무지 없다./폐를 끼칠 며리가 없지 않은가?/부화를 참거나 조심을 할 며리도 없는 것이고 해서….≪채만식, 태평천하≫ (『표준국어대사전』)

실제 언중들의 언어 사용 양상이 반영된 코퍼스를 적절히 활용함으로써 사전 등재어와 유령어의 존재를 탐색할 수 있는 객관적 근거를 마련할 수 있다. 나아가 사전 등재어와의 비교를 통해 효율적으로 신어를 추출하는 것도 가능하다.

❑ 통시적 코퍼스의 활용

시기별 어휘 조사를 수행하기 위해서는 각 시기를 대표하는 텍스트를 충분히 포함하는 대규모의 코퍼스가 있어야 한다. 시기별 자료를 대표하는 자료로서 가장 주목할 만한 텍스트는 신문 기사를 빼놓을 수 없다. 신문은 매일 일정하게 꾸준히 발간될 뿐 아니라 당시의 주요 사건, 관심사 등을 포괄적으로 담고 있기 때문에 시기별 어휘 조사를 하는 데 있어 더없이 중요한 자원이 된다.

고려대학교 민족문화연구원에서는 동아일보 기사 70년 치를(1946~2014년) 형태 분석 코퍼스로 구축하고 이를 검색할 수 있는 웹 검색 도구를 개발한 바 있다. 이를 통해서 다양한 어휘 조사가 가능하다.

우선 시기별 주요 어휘를 산출해 볼 수 있다. 시기별로 어휘의 사용 빈도를 계량, 비교하면 특정 시대를 대표할 만한 주요 어휘를 효율적으로 추출해 볼 수 있다. 이를테면 1990년대와 1980년대의 어휘 사용 빈도를 비교, 이를 통계적인 척도를 이용하여 1990년대의 키워드를 추출하는 방법도 가능하다. 이러한 통계적인 척도를 활용하는 것은 신문 코퍼스의 규모가 방대하다는 점에서 필수적인 방법이다. (27)은 t-score라는 통계적 척도를 이용하여 1990년대의 주요 어휘를 추출하고 그 결과를 '워드 클라우드'로 시각화한 것이다.[19]

(27) 동아일보 코퍼스에서 추출한 1990년대의 키워드

(27)을 보면 1990년대를 특징지을 만한 다양한 어휘들이 포함되어 있다는 점을 확인할 수 있으며 통계적 방법으로 추출한 키워드가 상당히 유의미한 결과를 보여준다는 점을 알 수 있다.

---

19) 여기서 활용한 통계적 척도 중 하나인 t-score의 계산 방법에 대한 구체적인 논의는 김일환(2010ㄴ)을 참조할 것. 그리고 키워드를 시각화한 것은 www.tagxedo.com에서 제공한 도구를 사용한 것이다.

❑ 단어의 생장과 소멸

우리는 늘 새로운 단어를 접한다. 그러나 막상 어떤 단어가 새로 생겨났는지를 질문하면 바로 답하기가 곤란해진다. 소멸된 단어들의 경우는 더심하다. 최근 들어 어떤 단어들이 새롭게 등장했는지보다 어떤 단어들이소멸되고 있는지를 직관적으로 파악하기는 거의 불가능하기 때문이다. 시기별로 구축된 코퍼스는 어휘의 생장을 파악하는 데 더없이 좋은 자원이 된다. 새로운 어휘의 등장과 성장, 소멸 등을 조사하기 위해서는 비교적 장기간의 누적된 언어 데이터, 특히 출판 시기가 명확한 데이터가 필수적이다.

동아일보 코퍼스를 대상으로 한 웹 분석 도구(corpus.korea.ac.kr)를 사용해서 단어의 생장을 확인해 볼 수 있다. (28)을 보면 1990년대 중후반이되면서 새롭게 등장한 단어들을 확인할 수 있다.

(28) 1990년대 중후반 새롭게 등장한 단어들

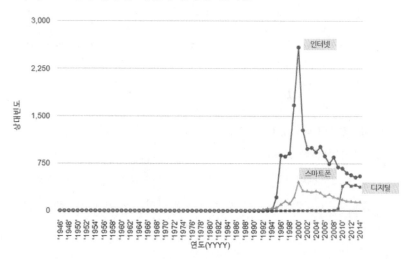

물론 (28)의 결과는 신문, 그것도 동아일보 하나의 신문 기사만을 대상으로 했다는 점에서 어휘의 출현 시기를 결정적으로 단정해 주는 것은 아니다. 그러나 적어도 대강의 윤곽을 파악하는 데에는 부족함이 없다.

한편 (29)는 1980년대 들어서면서 사용 빈도가 급감하여 거의 사용되지 않고 있는 어휘들을 보여준다.

(29) 1980년대 이후 소멸 단계에 있는 단어들

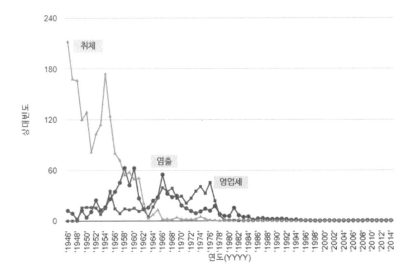

(29)에 포함된 어휘들이 소멸의 과정을 겪고 있는 이유는 하나의 일관된 원리로 설명되기는 어렵다. 어떤 경우는 인위적인 언어 정책에 의해서, 또 다른 경우는 해당 사물 혹은 정책 등이 사라지면서 소멸이 발생하기도 한다. 중요한 것은 어휘의 생장과 소멸을 파악하는 것이 우선이라는 점이다.

언어 정책으로 인한 인위적인 변화의 흔적도 코퍼스를 통해 확인할 수 있다(30~31).

(30) '손목시계'와 '팔목시계'의 사용 빈도 변화(절대 빈도)

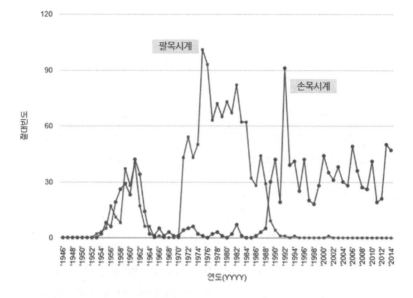

(31) '손목시계'와 '팔목시계'의 사용 빈도 변화(상대 빈도)

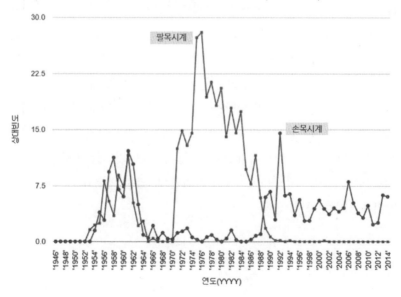

(30~31)은 '손목시계'와 '팔목시계'의 시기별 사용 빈도를 보여주고 있는데 (30)은 절대 빈도를, (31)은 백만 단어당 출현 빈도로 계산한 상대 빈도를 반영한 것이다. 이를 보면 1960년대까지는 두 단어가 우열을 가리기 힘들 정도로 경합을 벌이다가 70년대를 기점으로 '팔목시계'의 사용 빈도가 '손목시계'를 압도하기 시작하였다. 그러다가 1988년 이후 '팔목시계'는 급격히 사용 빈도가 소멸하고, '손목시계'가 자리를 잡는다. 이러한 급격한 변화는 1988년 표준어 규정의 변화와 관련이 있다. 즉 '팔목시계'는 표준어 목록에서 배제되어 표준어의 지위를 잃은 것이다. 적어도 사용 빈도의 측면에서 보자면 '팔목시계'는 매우 억울한 일을 당한 셈이다.

☐ 문맥의 변화: 공기어(共起語, co-word)

대규모의 코퍼스를 토대로 이루어지는 어휘 조사에서는 어휘의 생장과 소멸과 같은 빈도의 변화에서 야기되는 현상뿐 아니라 문맥의 변화를 통한 어휘 의미의 변화까지 포착할 수 있다. 문맥의 변화는 곧 공기(共起, co-occuring)하는 단어의 변화를 의미하므로, 공기어의 변화를 조사함으로써 어휘 의미의 변화를 탐색하는 것이 가능하다. 이를테면 외래어와 고유어가 경쟁 관계에 있을 때 어느 한쪽이 소멸하기도 하지만 문맥의 변화가 나타나기도 한다. 특히 최근 들어 영어에서 온 외래어의 경우 기존의 고유어에 비해 긍정적인 뉘앙스를 가지는 경우가 많다. 우리는 '셰프(chef)'가 운영하는 '레스토랑'에서 우아한 데이트를 즐기기를 원하지, '주방장'이 있는 '식당'에서 데이트하지는 않을 것이기 때문이다.

유사한 경우로 김일환(2018)에서 논의된 바 있는 '텐트(tent)'와 '천막'의 사례를 살펴보자.

(32) 2000년대 초반 '텐트'와 '천막'의 공기어 네트워크

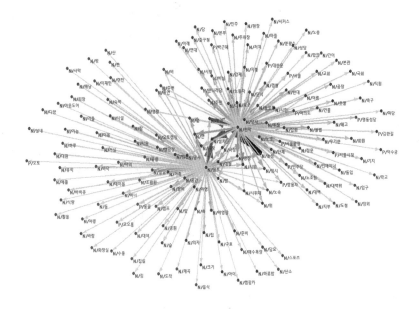

(32)는 2000년부터 2009년까지 '텐트'와 '천막'의 주요 공기어를 네트워크로 시각화한 것이다.[20] 이때 공기어의 품사는 일반 명사(N/)와 고유 명사(P/)로 제한하였는데 이는 어휘적인 의미 변화를 포착하는 것이 주요 관심이기 때문이다. (22)에 의하면 '텐트'와 '천막'은 고유의 공기어군을 확보하고 있으며, 동시에 공유하는 공기어군도 함께 일부 가지고 있다. '텐트'의 주요 공기어에는 '야영, 침낭, 캠핑, 배낭, 아웃도어' 등의 단어들이 포함되어 있는 반면 '천막'의 주요 공기어에는 '당사, 노조, 노동자, 대책, 경찰, 연대' 등이 주목된다. 여기서 우리가 중시해야 할 것은 '천막'

---

20) 공기어의 네트워크 시각화는 네트워크 시각화 도구인 파옉(pajek)을 이용하였다. pajek은 무료로 활용할 수 있는 시각화 도구로서
http://vlado.fmf.uni-lj.si/pub/networks/pajek/에서 다운로드 받을 수 있다.

과 '텐트'가 고유의 공기어군을 특징적으로 확보하고 있을 뿐 아니라 '설치, 광장, 시위, 밤, 철거' 등과 같이 공유하는 공기어군도 함께 가지고 있다는 점이다. 즉 '텐트'와 '천막'은 그 쓰임이 분화되는 양상을 보이지만 여전히 일부 문맥을 공유하고 있다고 보아야 할 것이다.

그러나 2010년으로 가면 그러한 양상에도 변화가 찾아오기 시작한다. (33)의 네트워크를 자세히 살펴보자.

(33) 2010년 '텐트'와 '천만'의 공기어 네트워크

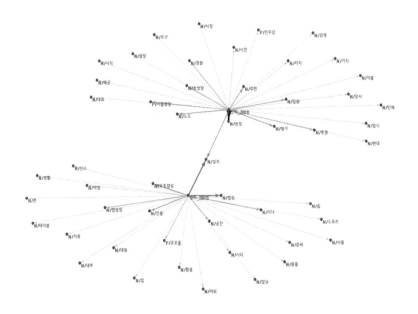

적어도 (33)만 갖고 판단하자면 이제 '텐트'와 '천막'은 거의 별개의 단어라고 간주해도 좋을 정도로 공유하는 공기어가 '설치'를 제외하곤 없다. (32~33)의 공기어 네트워크는 외래어 '텐트'와 한자어 '천막'의 문맥 변화 양상을 시각적으로 잘 보여주고 있다.

❏ 사용 분포와 유의어, 반의어 포착

앞에서 살펴본 방식은 대상어를 미리 선정하고('텐트'와 '천막') 이들의 공기어 변화를 분석하는 것이었다. 이와는 반대로 문맥 정보를 활용함으로써 대상어들 사이의 관련성을 포착하는 방법도 가능하다. 즉 단어들의 공기어 정보를 공기어 벡터(vector)로 저장하고 공기어 벡터의 유사도를 계산하여 유사도가 높은 단어들을 유의어 혹은 반의어의 후보로 간주하는 방식이다.

이와 같이 철저히 문맥 정보에 기반하여 확보되는 유의어/반의어 후보들은 기존의 유의어/반의어가 개념적인 의미나 연구자의 직관에 의지하여 선정된 유의어/반의어 목록과는 구별되는 특징을 보일 것이다. 즉 실제 사용되는 문맥의 유사도를 통해 결정된다는 점에서 기존 유의어/반의어 연구가 가지는 한계를 보완해 줄 수 있을 것으로 기대된다. 또한 유사한 정도를 수치화함으로써 유사성의 정도를 비교할 수 있다는 무시할 수 없는 강점도 가진다.

실제로 대규모의 신문 코퍼스를 활용하여 문맥 정보를 활용한 일반 명사의 유의어/반의어의 유사도를 측정해 보았다. (34)는 일반 명사의 유의어 중 일부를 벡터 유사도에 따라 정리한 것이다.

(34) 벡터 유사도 기반의 유의어(일반 명사) 목록(가나다 순, 45개)

대상어	유의어	유사도	대상어	유의어	유사도	대상어	유의어	유사도
가격	값	0.816	개막식	개회식	0.742	교분	친분	0.727
가정	가족	0.511	개막전	결승전	0.673	교섭권	단결권	0.724
가족사	개인사	0.664	개암	고용	0.643	교섭	협상	0.687
간과	과소평가	0.569	개입	관여	0.689	교양	폐강	0.737
간여	관여	0.722	개입	간여	0.619	교역	무역	0.782
갈구	갈망	0.716	골대	골포스트	0.788	교육사	지도사	0.740
감성	감수성	0.694	골잡이	공격수	0.774	교육용	학습용	0.702
감소율	감소폭	0.831	공격진	공격수	0.756	교차로	네거리	0.733

갑상샘	갑상선	0.783	공갈	갈취	0.641	교차로	로터리	0.714
갑론을박	격론	0.612	공작선	괴선박	0.778	교차로	인터체인지	0.709
갓난아기	갓난아이	0.724	공정성	객관성	0.756	교차로	사거리	0.704
강속구	광속구	0.616	괴자금	비자금	0.758	구체적	세부적	0.736
강수량	강우량	0.822	괴질	사스	0.755	군말	별말	0.745
강타자	거포	0.677	교과목	커리큘럼	0.702	군말	두말	0.719
개론서	개설서	0.600	교량	교각	0.740	군소리	군말	0.847

(34)는 철저히 문맥의 유사도에 의해 추출된 유의어/반의어로서 이들 가운데에는 '가격/값'과 같이 기존의 유의어와 일치하는 것도 있으나 '강수량/강우량', '교섭권/단결권' 등과 같이 개념적으로는 유의어에 포함하기 어려운 대상들도 많이 포함되어 있다. 또한 '교차로'의 유의어 중 문맥 유사도가 높은 어휘로는 '네거리, 로터리, 인터체인지, 사거리' 등이 포함되지만 이 가운데 '네거리'가 문맥 유사도가 가장 높은 것으로 확인되었다. 이와 같이 문맥 유사도에 의한 유의어/반의어 추출은 개념적으로는 포착하기 어려운 대상들을 탐지할 수 있을 뿐 아니라 다양한 유의어/반의어들 사이의 유사도를 수치를 통해 비교해 볼 수 있다는 점에서 그 의의가 있다.

한편 형용사와 부사의 유의어/반의어도 벡터 유사도를 이용해 추출해 볼 수 있으며 그 사례를 일부 보이면 (35~36)과 같다.

(35) 벡터 유사도 기반의 유의어(형용사) 목록(가나다 순, 30개)

대상어	유의어	유사도	대상어	유의어	유사도	대상어	유의어	유사도
가련하다	애처롭다	0.560	경쾌하다	발랄하다	0.721	괜찮다	좋다	0.694
각박하다	팍팍하다	0.636	고귀하다	숭고하다	0.759	굉장하다	대단하다	0.588
간결하다	유려하다	0.594	고단하다	고달프다	0.777	구슬프다	구성지다	0.643
간단하다	간편하다	0.581	고리타분하다	고루하다	0.630	구슬프다	애잔하다	0.562
간절하다	절절하다	0.605	고리타분하다	따분하다	0.576	구슬프다	애절하다	0.561
간편하다	손쉽다	0.657	고즈넉하다	호젓하다	0.702	귀하다	소중하다	0.585

갑갑하다	답답하다	0.685	고즈넉하다	한적하다	0.633	그럴듯하다	그럴싸하다	0.613
건실하다	견실하다	0.741	공고하다	군건하다	0.695	근엄하다	엄숙하다	0.543
겸연쩍다	멋쩍다	0.742	관계없다	무관하다	0.645	기괴하다	기이하다	0.652
겸연쩍다	쑥스럽다	0.653	광활하다	드넓다	0.717	기괴하다	기묘하다	0.650

(36) 벡터 유사도 기반의 유의어(부사) 목록(가나다 순, 30개)

대상어	유의어	유사도	대상어	유의어	유사도	대상어	유의어	유사도
가급적	되도록	0.692	간혹	더러	0.713	걸핏하면	툭하면	0.700
가까스로	간신히	0.722	간혹	가끔	0.693	게다가	더구나	0.629
가끔	간혹	0.693	갈수록	날로	0.712	게다가	더욱이	0.615
가끔	종종	0.690	갈수록	점점	0.695	게을리	소홀히	0.678
가득	꽉	0.635	갈수록	점차	0.625	겨우	간신히	0.656
가령	예컨대	0.637	강력히	단호히	0.647	겨우	고작	0.538
가령	이를테면	0.590	강력히	분명히	0.630	겨우	가까스로	0.511
간신히	가까스로	0.722	거듭	재차	0.756	결코	절대로	0.649
간신히	겨우	0.656	거뜬히	너끈히	0.606	결코	절대	0.638
간혹	종종	0.741	거푸	내리	0.641	고루	골고루	0.741

5.4. 어휘의 평정(評定)

  어휘 조사를 통해 확보된 다양하고 풍부한 어휘들은 몇 가지 기준으로
분류되기도 한다. 이때 분류를 위한 적절한 기준을 제시하고 이 기준에
따른 구체적인 어휘 목록을 선정하게 되는데 이를 어휘의 평정이라 한다.
이러한 어휘 목록에는 의사소통에서 근간이 되는 기초적인 어휘뿐 아니
라 특정한 분야에서 중요하게 사용되는 어휘에 이르기까지 다양한 기준
과 실제 어휘가 포함될 수 있다. 여기서는 기초 어휘 및 기본 어휘를 선정
하는 구체적인 과정으로서 어휘의 조사와 평정에 대한 문제를 살펴보도
록 하자.

5.4.1. 어휘 평정의 절차와 방법

한 언어에는 수십 만의 어휘가 포함된다. 물론 모어 화자라고 하더라도 이들을 모두 사용하지는 않는다. 수십 만의 어휘 중에는 자주 사용하는 어휘도 있고, 사용 빈도는 낮더라도 의사소통이나 특정한 이유로 중요도가 높은 어휘가 포함될 수 있다. 즉 수십 만의 어휘가 가지는 어휘부담량은 균일하지 않다.

어휘 평정은 이와 같이 어휘마다 중요도, 난이도가 다르다는 점을 고려하여 이들을 적절히 등급화하거나 분류할 필요성에 의해서 수행된다. 어휘 평정을 위해서는 기본적으로 어휘 평정의 목적, 어휘 평정을 위한 어휘 조사의 결과가 확보되어야 한다.

심재기 외(2011)에서는 어휘 선정에 대한 기존의 접근 방식을 다음과 같은 네 가지로 정리하여 제시하고 있다.[21]

첫째, 어휘 교육의 관점, 즉 어휘 교육에 필요한 어휘를 선정하려는 관점(국어교육의 일환)

둘째, 의사소통의 관점, 즉 언어생활에 꼭 필요한 어휘를 선정하려는 관점

셋째, 한 언어에서 근간이 되는 어휘를 밝히려는 관점

넷째, 역사언어학의 관점에서 비교가 가능한 공통된 어휘를 확보하려는 관점

한편 김광해(2003:14)에서는 어휘 평정이 다음의 분야에서 특히 더 요구된다고 제안한 바 있다.

---

21) 물론 이러한 관점에 의한 결과들이 서로 배타적인 것은 아니다. 관점을 달리해도 공통되거나 근간이 되는 어휘들은 중복될 여지가 많기 때문이다.

(37) 등급별 어휘 목록이 필요한 분야

국어교육	- 교육: 자국인 대상 국어교육 및 어휘 교육 - 교과서: 국어 교과서(초등, 중등, 고등학교) 편찬, 일반 교과서 편찬 - 평가: 수준별 평가 대상 어휘 및 도구 어휘
한국어교육	- 교육: 학습 대상어, 도구어 - 한국어 교과서: 교과서의 등급 판단 - 평가: 학습자의 등급 판정, 등급별 평가 대상 선정, 평가 도구 어휘
교육용 사전 편찬	- 초등교육용 국어사전 편찬 - 중고등학교 학습용 국어사전 편찬 - 외국인을 위한 한국어 학습용 사전 편찬
학습 보조물 저술	어휘력 향상을 위한 학습물 편찬
시소러스	국어의 실제 사용 어휘 시소러스

❑ 어휘 평정의 주요 과정

이러한 어휘 평정이 수행되는 과정은 먼저 평정을 위한 기준을 수립하고, 평정의 대상이 되는 어휘 목록을 산출하기 위한 코퍼스의 확보, 어휘 목록과 평정을 위한 정보 추출, 등급화 등의 순서로 진행된다. 이를 도식화하면 (38)과 같다.

(38) 어휘 평정의 주요 절차

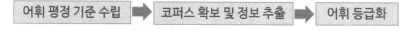

먼저 어휘 평정을 위한 기준을 수립하기 위해서는 어휘들을 어떻게 등급화하고, 등급화를 결정하기 위한 '중요도'를 어떻게 설정할 것인지가 관건이 된다. 이때 '중요도'를 설정하는 기준으로 빈도와 같이 객관적이고 정량적인 정보만을 선택할 것인지, 전문가의 정성적인 평가를 포함할 것인지를 설정할 필요가 있다. 최근에는 어휘 평정의 대상이 되는 코퍼스의 규모가 매우 방대해졌을 뿐 아니라 빈도 정보를 포함하여 산포도 (dispersion), 친숙도(familiarity) 등의 척도를 활용하여 어휘 평정의 기준을 객관화하려는 경향이 강하다.

두 번째 단계에서는 어휘 평정을 위한 어휘 정보를 추출하는 과정이 진행된다. 이를 위해 빈도, 산포도 등의 어휘 정보를 추출할 코퍼스를 확보해야 한다. 이때 코퍼스의 규모도 중요하지만 코퍼스를 구성하는 텍스트의 장르가 균형에 맞게 포함될 필요가 있다. 코퍼스의 구성에 따라 산포도, 친숙도 등에서 의도하지 않은 오차가 발생할 수 있기 때문이다.

마지막 단계에서는 어휘의 등급화를 결정하고 이를 통해 최종적인 어휘 평정의 결과를 도출하게 된다. 어휘의 등급화는 조남호(2003)에서처럼 3단계로 할 것인지, 김광해(2003)에서와 같이 7단계로 세분화하여 수행할 것인지를 결정해야 한다. 이러한 결정을 위해서는 코퍼스로부터 추출한 다양한 어휘 정보, 그리고 전문가의 자문 등도 종합적으로 고려될 필요가 있다.

□ 어휘 평정에서의 주요 쟁점

어휘를 평정하는 과정에서 야기되는 주요 쟁점에는 무엇이 있을까?

먼저 어휘 평정의 대상을 어느 범위까지 한정할 것이냐가 문제가 될 수 있다. 즉 어휘 평정의 대상에 조사와 어미와 같은 문법 형태까지 포함할 것이냐, 나아가 접두사, 접미사와 같은 형태론적 대상까지 확장할 것이냐에 대해 이견이 있을 수 있다. 학교 문법을 따라 조사만 단어에 포함하고 어미는 어휘 평정의 대상에서 제외할 수 있을 것인지, 그렇지 않으면 조사와 어미를 모두 포함하여 어휘 평정의 대상으로 삼을 것인지에 대한 다양한 관점이 제기될 수 있다. 또 접사라고 하더라도 굴절적인 성격이 강한 생산적인 접사만을 포함할 것인지, 모든 접사들을 어휘 평정의 대상에 포함할 것인지도 논의되어야 한다.

또한 평정의 대상이 되는 어휘의 형태론적 복잡성을 어떻게 중요도에 반영하느냐도 쟁점이 될 수 있다. 즉 파생어와 합성어와 같이 내부 구성을 가지는 어휘의 경우 구성성분과 전체 어휘의 빈도나 중요도에 있어 같은 등급에 포함되지 않을 수 있다. 예컨대 '거짓말'은 '거짓'과 '말'로 구성된 합성어인데 '거짓말'의 빈도가 '거짓'보다 훨씬 높다. 그렇다고 해서 '거짓'과 '거짓말'의 등급을 빈도에 기반해서만 처리하기에는 곤란한 면이 있다(이삼형 2017). 빈도 정보를 우선한다는 원칙만으로는 이러한 다양한 대상을 모두 처리할 수는 없으므로 이들에 대한 처리 지침을 마련할 필요가 있을 것이다.

5.4.2. 기초 어휘의 선정

기초 어휘는 "가장 기본적이고 핵심적이며 일상적으로 널리 쓰이는 단어들의 총체로서 일상생활에서 쓰이는 횟수가 매우 잦고 사용 범위가 넓으며 역사적으로 보았을 때에도 그 목록이 잘 변하지 않는 특성을 지닌 것으로서 형태론적으로는 파생이나 합성 등 이차 조어의 근간이 되는 최소한의 필수어"로 규정된다(임지룡 1991, 이희자 2003).

한편 기초 어휘와 기본 어휘를 구분해야 한다는 논의도 있다(김광해 1993, 임지룡 1991). 즉 기초 어휘는 특정 언어 가운데 그 중추적 부분으로서 구조적으로 존재하는 단어의 부분 집단이며, 기본 어휘란 어떤 목적에 따라 인위적으로 선정되어 공리성을 지닌 단어의 집단으로 구별하기도 한다. 특히 기초 어휘는 국어교육의 관점에서 주로 논의되었으나 최근 들어서는 한국어 교육을 위한 관점에서 접근한 연구가 많이 나타나기 시작하였다.

여기서는 한국어 교육을 위해 선정된 조남호(2003)의 기초 어휘를 사례로 제시하고자 한다.

(39) 등급별 기초 어휘의 품사별 분포

	A등급	B등급	C등급	계
명사	497	1,199	1,708	3,404
고유 명사	21	27	15	63
의존 명사	33	44	53	130
대명사	32	5	10	47
수사	45	2	-	47
동사	155	501	689	1,345
형용사	75	132	169	376
보조 용언	18	5	10	33
관형사	27	19	23	69
부사	65	146	182	393
감탄사	12	22	10	44
분석 불능	2	9	3	14
계	982	2,111	2,872	5,965

(39)에서는 코퍼스를 통해 확보한 기초 어휘의 빈도 정보, 그리고 한국어 교육 전문가들의 평정 과정을 거쳐 세 단계로 등급화된 기초 어휘의 품사별 분포를 보여준다. 다음의 (40)은 기초 어휘의 실제 목록으로서 순위 100개까지만 예로 제시하였다. 이와 같은 기초 어휘의 평정은 좀 더 세분된 분야, 즉 분야별 특징을 반영할 수 있는 단계까지 진행될 필요가 있을 뿐 아니라 시기별로 지속적으로 조사, 보완되어야 할 작업이다.

(40) 기초 어휘 목록(상위 100개, 조남호 2003)

순위	등급	품사	단어	풀이	순위	등급	품사	단어	풀이
1	A	의	것01		51	B	동	따르다01	뒤를 ~
2	A	동	하다01		52	A	부	그리고	
3	A	보	있다01		53	A	명	문제06	問題
4	A	형	있다01		54	B	관	그런01	
5	A	동	되다01	어른이 ~	55	A	동	살다01	

6	A	의	수02	방법	56	A	대	저03	일인칭 대명사
7	A	보	하다01		57	A	보	못하다	
8	A	대	나03		58	A	동	생각하다	
9	A	관	그01		59	A	동	모르다	
10	A	형	없다01		60	A	명	속01	
11	A	보	않다		61	A	동	만들다	
12	A	명	사람		62	B	의	데01	
13	A	대	우리03		63	A	관	두01	
14	A	관	이05		64	A	명	앞	
15	A	대	그01		65	B	명	경우03	境遇
16	A	형	아니다		66	B	의	중04	中
17	A	동	보다01		67	A	관	어떤	
18	B	의	등05	等	68	A	부	잘02	
19	A	명	때01	시간	69	C	대	그녀	-女
20	A	의	거01	것	70	A	동	먹다02	밥을 ~
21	A	보	보다01		71	A	보	오다01	
22	A	형	같다		72	B	명	자신01	自身
23	A	보	주다01		73	B	명	문화01	文化
24	B	동	대하다02	對-	74	A	의	원01	화폐 단위
25	A	동	가다01		75	A	명	생각01	
26	A	의	년02	年	76	A	형	어떻다	
27	A	관	한01		77	A	의	명03	名. 한 ~
28	A	명	말01	~과 글	78	B	동	통하다	通-
29	A	명	일01		79	C	동	그러다	
30	A	대	이05		80	B	명	소리01	
31	A	의	때문		81	A	부	다시01	
32	A	동	말하다		82	A	관	다른	
33	B	동	위하다01	爲-	83	A	관	이런01	
34	A	부	그러나		84	A	명	여자02	女子
35	A	동	오다01		85	A	의	개10	個
36	A	동	알다		86	B	명	정도11	程度
37	A	의	씨07	氏	87	A	명	뒤01	
38	A	형	그렇다		88	A	동	듣다01	소리를 ~
39	A	형	크다01		89	A	부	다03	

40	A	부	또		90	A	부	좀02	조금
41	A	의	일07	하루	91	A	동	들다01	여관에 ~
42	B	명	사회07	社會	92	A	보	싶다	
43	A	형	많다		93	B	동	보이다01	'보다'의 피동사
44	A	부	안02	아니	94	A	동	가지다	
45	A	형	좋다01		95	A	부	함께	
46	A	부	더01		96	A	명	아이01	
47	A	동	받다01	선물을 ~	97	B	동	지나다	
48	A	대	그것		98	A	부	많이	
49	A	명	집01		99	A	명	시간04	時間
50	A	동	나오다		100	A	대	너01	

연습 문제

1. 다음 단어들의 빈도 변화를 웹 분석 도구(corpus.korea.ac.kr)에서 검색해 보자. 어떠한 특징이 있는가? 이러한 빈도 변화가 발생한 이유가 무엇인지도 추측해 보자.

> 커피, 템플스테이, 막걸리, 캠핑, 행복

2. 다음 텍스트를 대상으로 어절의 타입과 토큰을 계산해 보고 이 텍스트의 타입/토큰 비율을 계산해 보자.

> 먼저 물을 끓인다. 물을 끓일 때는 주전자를 사용하고, 끓일 물은 생수를 권장한다.

3. '감상'을 『표준국어대사전』과 『우리말샘』에서 찾아보고 두 사전에서 '감상'의 의미가 어떻게 기술되어 있는지 정리해 보자. 또 사전의 뜻풀이를 통해 '감상'이 가진 여러 의미가 잘 변별될 수 있는지 생각해 보자.

4. 문맥의 변화를 포착하는 것은 쉬운 일이 아니다. '웹 분석 도구'를 활용하여 '소통'의 공기어가 어떻게 변화하고 있는지 살펴보고 이것이 함의하는 바는 무엇인지 해석해 보자.

6. 어휘와 사전

　사전은 인간이 사용하는 어휘를 수집하여 표제어로 삼고 그에 대한 정보를 기술한 일종의 저장고이다. 국어사전의 경우 표기부터 발음, 뜻풀이, 용례뿐만 아니라 문법 정보와 화용 정보, 어원과 같은 어휘 역사 정보도 수록하고 있어 가히 우리말 어휘에 대한 각 부문의 연구 성과가 집적되어 있다고 할 수 있다. 즉, 사전은 표제어로 실을 어휘를 조사하여 선정하는 문제, 어휘의 유형별 특징을 구별해서 제시하는 문제, 어휘가 가진 의미의 본질을 정확히 기술하는 문제, 어휘가 변화해 온 과정을 표시하는 문제 등 어휘론 연구의 가장 핵심적인 주제를 실천적으로 궁구한 결과를 수렴한 것이다. 그래서 사전을 탐색하는 과정은 어휘 연구의 결과를 살피는 과정과도 궤를 같이한다.

　이 장에서는 어휘와 사전의 관계, 사전의 성격과 역할, 사전의 종류와 구조, 우리말 사전의 역사 등에 대해 다룰 것이다. 그중 우리말 어휘의 거시적 측면에 대해서는 성격과 용도에 따른 다양한 사전을 살피면서 표제어 선정 기준과 규모에 관해 들여다볼 필요가 있다. 어휘의 미시적 측면을 이해하기 위해서는 뜻풀이, 용례, 관련어와 같은 세부 항목의 특징을 이해한 뒤 어휘의 유형별로 사전에서의 처리 방법을 살펴보는 것이 필요하다. 아울러 근대적 사전은 어떤 모습이었는지, 최근의 사전은 어떻게 달라졌으며 또 어디에 활용되고 있는지 살피는 일도 중요하다.

6.1. 사전의 개념

웹 시대를 살면서 언중들은 그 어느 때보다 사전을 자주 이용한다. 검색창에 궁금한 말을 입력하면 웬만한 사전의 정보가 쭉 나열된다. 묵직한 종이책이 아니라 포털 사이트의 검색창이 사전의 역할을 하고 있는 시대가 된 것이다. 과연 거대한 웹 검색창을 사전이라고 할 수 있을까? 궁금한 것을 해결해 주는 도구라는 점에서 사전의 기능을 일부 담당한다고 할 수 있으나 엄밀한 의미의 사전이라고 하기 어렵다. 조금 더 깊이 들어가 우리는 무엇을 사전으로 봐야 할지 어휘 연구의 차원에서 이 문제에 대해 접근해 보자.

6.1.1. 사전과 어휘의 관계

보통 사전은 국어사전, 영한사전과 같이 어떤 범위의 말을 모아 일정한 순서로 배열하고 그 말에 대해 발음과 어원, 의미와 용법 등 언어학적 해설을 붙인 책을 말한다. 이때의 사전은 '말씀 사'자를 쓰는 '辭典'으로 표기한다. 단어 사전 또는 언어 사전이라고 하며 외국어 학습에 주로 사용되는 사전은 어학 사전으로도 불린다. 반면 지명 사전이나 의학 용어 사전, 백과사전처럼 일정한 범위에 사용되는 사물이나 사항을 나타내는 말을 모아 일정한 순서로 배열하고 그에 대해 전반적인 해설을 붙인 책은 '일 사'자를 쓰는 '事典'이라고 한다. 자연, 과학, 인간 활동 등의 사항에 관련된 모든 지식을 압축적으로 제시한다는 점에서 사항 사전이라고도 한다. 일반적으로 어휘론의 연구 대상은 주로 '辭典'에 해당하는, 즉 단어

의 집합체인 언어 사전이 된다.[1]

　앞에서 우리는 어휘가 일정한 범위 안에서 쓰이는 단어의 집합을 말한
다고 하였다. 해당 범위를 어떻게 한정하느냐에 따라 한국어 어휘 전체가
되기도 하고 제주 지역의 어휘가 되기도 하며, 초등 교육용 어휘가 되기도
한다. 사전은 바로 일정한 범위에 속하는 어휘를 모아 뜻과 용례를 보이는
텍스트이다. 여기서 중요한 점은 어휘가 이론적으로 어떤 범주를 말하는
가 하는 것이다. 이에 따라 사전에 수록되는 표제어의 성격과 단위가 결정
되기 때문이다. 어휘론에서는 어휘를 단어와 동일한 개념으로 보는 입장,
어휘를 단어보다 더 좁은 개념으로 보는 입장, 어휘를 단어보다 더 넓은
개념으로 보는 입장, 복합적으로 보는 입장 등이 있다. 반면, 대부분의
사전은 품사를 가진 단어 외 어근, 어미, 접사와 같이 단어보다 작은 단위,
그리고 관용구와 연어, 속담과 같은 단어보다 더 큰 구절 단위도 어휘의
범주로 본다. 이런 점에서 사전은 언어 단위에 대해서는 가장 포괄적인
성격의 어휘를 전제하고 있다고 할 수 있다.

---

[1]　백과적인 성격을 가진 사전 중에는 '辭典'으로 표기한 경우도 종종 발견할 수
　　있다. 『世界史大辭典』, 『敦煌學大辭典』, 『韓國傳統演戱辭典』 등이 그러하다.

한편 어휘는 그 규모를 가늠하기가 쉽지 않다. 예를 들어 제주 지역의 방언이나 외국인을 위한 한국어 학습용 어휘처럼 일정한 범위를 지정하더라도 그 수를 계량적으로 동일하게 특정하기가 어렵다. 누가 조사하느냐, 누가 선정했느냐 등에 따라 차이가 존재할 수 있다. 이러한 어휘의 특성에 따라 사전 역시 동일한 성격과 범위를 갖는 사전이라 하더라도 수록한 어휘, 즉 표제어의 목록에는 상당한 차이가 있고 표제어의 규모 역시 다르다.

반면 사전은 특정 범위에 있는 어휘의 규모를 가늠하는 척도가 된다. 일정한 범주나 분야의 어휘를 지속적으로 조사, 수집하여 수록한 사전은 해당 범주나 분야의 어휘가 얼마나 존재하는지를 확인할 수 있는 근거 자료의 역할을 한다. 여러 종의 어휘 목록이나 어휘집이 존재하기는 하지만, 사전만큼 엄격하게 기준을 적용하여 등재하는 것이 아니라는 점에서 어휘집은 사전과 다르다. 최근의 사전은 대규모 코퍼스에서 후보를 추출하여 표제어를 선정하고 있다.

일반적으로 어휘는 음운이나 문법에 비해 상대적으로 훨씬 빠르게 변화하는 성격을 갖는다. 동시대에도 새로운 말이나 새로운 의미가 수시로 탄생한다. 어떤 말은 잠시 유행하다 소멸하기도 하고, 전부터 널리 쓰였던 말이 점점 쓰이지 않게 되기도 한다. 이러한 생성과 변화, 소멸의 활동은 언어의 생명력을 온전히 이해할 수 있는 증거이다. 사전 역시 이러한 어휘의 특성을 반영한다. 시대를 달리하여 출간된 사전의 목록을 비교해 보면 어휘의 특성이 상이하게 나타나는 것을 쉽게 확인할 수 있다. 성격과 규모가 비슷한 국어사전, 20세기 우리말을 담은 국어사전이라 해도 1900년대 초반, 중반, 후반에 나온 사전의 표제어 목록이 각각 다르다. 사전은 어휘의 변화 과정, 어휘가 걸어온 역사에 대한 정보를 기술하기도 한다.

우리말 어휘는 품사나 어종, 다양한 의미 관계에 따라 체계적으로 분류할 수 있다. 사전은 이러한 어휘 체계를 고루 담는 그릇으로서의 역할을 한다. 단어나 어근, 접사와 어미, 관용구와 같은 다양한 언어 단위를 수록할 수도 있고 특정한 품사나 어휘 부류만을 따로 사전으로 만들 수도 있다. 또한 어종에 따라 고유어나 한자어, 외래어만을 분류하여 편찬한 사전도 있지만, 혼종어까지 고루 등재하는 것이 국어사전의 일반적인 관례이다. 언중이 널리 쓰는 표준어가 표제어의 대부분을 차지하지만, 비속어, 은어, 전문어, 방언 등 다양한 유형의 변이형들도 사전에 오른다. 한편으로는 어휘는 유의나 반의, 상하의 관계에 따른 어휘장을 형성하는데, 사전은 이러한 어휘장을 관련어를 통해 보여 주기도 한다.

이렇듯 사전은 마치 그릇과 내용물의 관계처럼 그 모양과 크기에 따라 상이한 어휘를 담을 수 있다. 또한 체계적으로 분류되는 어휘를 다양한 방식으로 사전 안에 수용한다. 이러한 사전은 어휘의 규모를 산정할 수 있는 척도로서 기능하며 어휘의 생명력을 확인할 수 있는 근거로 작용한다.

사전과 어휘집

둘 다 여러 개의 단어를 모아 실은 책이라는 점에서 비슷하지만, 구체적으로 분석하면 차이가 있다. 수록한 단어의 수로 보자면 어휘집보다 사전이 월등히 많다. 목록의 완결성에서 보자면 사전은 정해진 범위에서 빠짐없이 수록하는 반면, 어휘집은 필요한 만큼 수록하는 경향이 있다. 정보의 면에서도 어휘집은 간단한 뜻이나 대역어 등을 제시하는 데 그치는 반면, 사전은 뜻풀이와 용례와 관련어 등을 체계적으로 기술한다. 어휘집의 예로는 『외국인을 위한 한국어 생활어휘』(2008), 『의학용어집』(2009) 등을 들 수 있다.

6.1.2. 사전의 성격과 역할

사전이 어떤 기능을 하는지에 대해 이해하는 것은 사전의 성격을 파악하는 데에서 시작할 수 있다. 사전은 모르는 말에 대해 궁금한 것을 알려 주는 일종의 참조 텍스트이다. 사전은 일반적인 책과는 다른 형식을 취하고 있다. 바로 표제어를 중심으로 일정한 내용이 모여 하나의 이루고 있다는 점이다. 사전은 표제어를 설명의 대상으로 삼아 그것에 대한 여러 속성을 일관된 방식으로 분석, 기술한다. 국어사전의 경우 표제어의 발음이나 어원, 문법, 의미, 용례 등이 나열된다. 백과사전의 경우 표제어가 지칭하는 사물이나 사항에 대한 지식이 제시된다. 그래서 처음부터 읽어 내려가는 일반적인 책과는 달리 사전은 궁금하게 여기는 특정한 항목을 선택해서 살펴보게 된다.

사전은 규범적 기능을 수행한다. 이용자들로 하여금 사전의 정보에 따라 이해하고 표현하고 행동할 것을 요구한다. 국어사전에 실린 표기와 발음, 의미와 용법은 언중이 언어생활을 할 때 일정한 준거의 역할을 한다. 마찬가지로 전문 용어 사전에도 해당 분야에서 합의된 정보를 수록하고 있다.

사전은 교육적 기능을 가진다. 사전 속에 담긴 다양한 정보는 해당 분야에서 합의된 보편타당한 지식 체계를 기초로 하여 작성된 것이기 때문에 교육 자료로서의 권위를 지닌다. 그래서 이용자에게 생길 수 있는 의문에 대해 필요한 정보를 제공하고, 이를 내재화하는 데 도움을 주어 이용자의 지식수준을 높인다.

사전은 경험적 텍스트의 성격도 띤다. 사전 속에 담긴 언어 정보나 사실 정보는 사전 편찬자의 경험적 관찰과 사고를 통해 표현된 결과이다. 그러다 보니 그 속에는 있는 그대로를 기술한 부분과 끊임없는 선택의 결과로 기술된 부분이 공존한다. 자연스럽게 편찬자를 통해 당대 사회문화가 사전 속에 반영된다.

사전은 참조 텍스트이며, 일정한 규범과 준거의 역할을 하는 규범적 텍스트이면서 표제어에 대한 다양한 정보를 통해 해당 언중의 언어문화, 사회문화를 반영하는 경험적 텍스트의 성격을 가지고 있다. 이는 사전이 어휘 정보에 대한 안내자라는 기능, 일정한 범위에 속하는 모든 어휘의 저장고라는 기능, 그를 통해 구성원이 공유하는 언어문화, 사회문화의 기록물로서의 기능을 하고 있음을 말한다. 또한 어휘에 대한 지식 정보를 담고 있어 학술적 연구의 기초 자료로서의 기능도 갖는다.

『표준국어대사전』을 통해 본 사전의 성격

우리가 자주 활용하는 『표준국어대사전』을 예로 들어보자. 궁금한 것을 찾기 위해 우리는 도서관 서가에 꽂혀 있는 종이사전 『표준국어대사전』을 이용하기도 하고 국립국어원 홈페이지에 연결된 사전 사이트를 찾아가서 전자사전인 『표준국어대사전』을 검색하고 자료를 내려받기도 할 수 있다. 『표준국어대사전』은 우리말의 어문 규정, 즉 한글 맞춤법, 표준어 규정, 외래어 표기법 등이 적용된 사전이기 때문에 사전의 내용은 우리말을 바르게 쓰기 위한 규범의 역할을 하며 그래서 교육의 기능도 갖는다. 한편 『표준국어대사전』에 제시된 문화 어휘, 예를 들어 '설날'이나 '강강수월래', '춘향전'을 풀이한 내용에는 민속이나 고전 서사에 대한 우리의 가장 보편적인 인식이 반영되어 있다.

6.2. 사전의 종류

국어사전이라고 통칭해 온 사전들을 하나하나 살피면 대사전, 소사전, 유의어 사전, 반의어 사전, 속담 사전, 발음 사전, 구문 사전, 방언사전, 초등 학습사전 등등 이름부터 다양하다. 실제 그 속을 분석해 보면 그 구조와 구성 원리, 세부적인 항목에 차이가 있음을 알 수 있다. 사전의 다양한 종류를 학습함으로써 우리말 어휘의 복잡다기한 측면을 어떻게 부각하고 배열하고 활용하는지를 이해할 수 있다.

6.2.1. 규모에 따른 사전의 종류

사전의 규모를 가늠하는 중요한 잣대는 표제어의 규모이다. 편찬자가 몇 개의 어휘를 가려 뽑아서 사전에 표제어로 등재하였는지가 관건이다. 사전의 판형이나 두께는 표제어의 규모에 따라 두꺼워지기도 하고 얇아지기도 하지만, 표제어의 수와 일치하지 않는다. 그것은 내부에 표제어에 대한 정보를 얼마나 충실하게 넣느냐에 따라 달라지기 때문이다. 일반적으로 언어 사전의 경우 해당 언어의 모든 어휘를 망라하여 등재하는 것을 기준으로 할 때 30만 개 이상을 대사전으로 본다. 우리가 웹을 통해 사용하고 있는『표준국어대사전』,『고려대 한국어대사전』등의 국어사전이 이에 해당한다. 1990년대에 출간된『금성판 국어대사전』,『우리말 큰사전』,『조선말 대사전』도 표제어가 모두 30만 개가 넘는다.

특정한 목적과 기능에 국한하여 5만 개 이하로 표제어를 등재하는 사전을 보통 소사전으로 본다. 축약본, 콘사이스라고 하는 사전이 이에 해당한다. 최근의 사전 중에는『연세한국어사전』이 이에 해당한다. 10만~20만 개의 표제어를 수록한 사전은 중사전에 해당한다. 표제어 수가 15만 개에 이르는『새동아국어사전』이나『흔＋국어사전』이 이에 해당한다.

다른 기준이 적용되어야 하는 경우도 있다. 학습용 사전은 학습의 목적과 학습자의 수준에 따라 규모를 정할 수 있다. 홍종선(2016)에 따르면 외국인을 위한 한국어 학습사전의 경우 5만 개 규모이면 대사전이라고 하였다. 한국어 학습자에게는 모어 화자를 위한 사전의 규모가 실질적으로 필요하지는 않기 때문이다.『외국인을 위한 한국어 학습사전』은 표제어를 5천여 개 수록하고 있어 소사전에 해당한다. 학습용 중사전으로는 표제어 2만 5천 개를 등재한 <고려대 한한중사전>(https://zh.dict.naver.com)이 있다. 국립국어원에서 서비스하고 있는 <한국어기초사전>(https://krdict. korean.go.kr)은 표제어가 5만 개 항목이 넘는다. 학습사전으로는 대사전에 속한다.

6.2.2. 용도에 따른 사전의 종류

앞서 사전은 가장 전형적인 참조 텍스트라고 하였다. 사전 이용자가 궁금한 것을 알기 위해 사전을 찾아서 궁금한 점을 해소한다는 점에서 대부분의 사전은 참조형 사전이라고 할 수 있다. 반면 사전 이용자가 특정한 목적을 가지고 일정한 내용을 배우고 익히는 데 활용하는 사전은 학습용 사전으로 따로 구분한다.

한편 사전에 수록된 정보를 이해하는 용도로 쓰는지, 표현하는 용도로 쓰는지에 따라 사전을 구분하기도 한다. 예를 들어 시사 잡지를 보다가 모르는 단어가 나왔을 때 사전에서 찾는 경우와 울적하고 쓸쓸한 마음을 표현하고 싶을 때 사전을 찾는 경우는 서로 다르다. 전자를 만족시키는 사전을 이해용 사전 또는 독해용 사전, 후자를 만족시키는 사전을 표현용 사전 또는 작문용 사전이라고 한다.

❏ 이해용 사전/독해용 사전

사전 이용자가 궁금한 것을 찾아 사전에서 확인하게 될 때 이 사전은 이해용 사전이 된다. 잡지를 보다가 낯선 불어가 나오면 그 뜻을 알아내기 위해 불한사전을 뒤적이거나 웹에서 프랑스어사전을 검색한다. 이때 불한사전은 이해용 사전의 기능을 한다. 일반적으로 이해용 사전은 모르는 말을 쉽게 찾을 수 있도록 자모순으로 배열한다. 도서관에서 흔히 볼 수 있는 대부분의 사전이 자모순 배열을 하고 있는데, 이는 해당 사전이 이해용, 독해용 사전의 성격을 갖는다는 것을 말한다. 이해용 사전은 되도록 많은 표제어를 수록하여 무얼 찾을지 모를 이용자의 요구에 부응하는 것이 목표이다. 국어사전이 일상어만이 아니라 전문어를 상당수 등재하고 있는 것은 이러한 목적을 달성하기 위해서라고 할 수 있다. (1)에 제시된 『큰사전』(1947~1957)은 우리나라 최초의 국어대사전이다. 표제어 수가

164,000여 개에 이르는데, 전문용어가 다수 포함되어 있다.[2] 이후 출간된 국어대사전이 수십만 개 표제어를 등재하면서 백과사전식 뜻풀이를 수용하게 된 것은 표제어에 대한 이용자의 요구에 반응한 결과라고 할 수 있다. 2016년부터 서비스를 시작한 <우리말샘>의 경우 일상어와 전문어뿐만 아니라 각종 신어와 유행어도 수록하고 있는데, 현재 표제어 수가 총 110만여 개에 이른다.

(1) 한글학회 『큰사전』의 일부

---

2) 그러나 한정된 지면에 최대한의 표제어를 싣다 보니 뜻풀이는 간단하게 그리고 용례는 생략하는 사전을 종종 볼 수 있었다. 또한 '-하다', '-되다', '-이/히', '-대다', '-거리다' 등의 접사 파생어는 어근 표제어에 딸린 부표제어로 처리하고 뜻풀이를 생략하는 등의 방식을 취하기도 하였다. 전자 콘텐츠로 바뀐 최근의 국어사전에서는 이러한 처리 방식이 개선되었다. 1999년 종이사전으로 출간된 『표준국어대사전』에서는 부표제어의 뜻풀이를 생략했었는데, 점진적으로 뜻풀이를 추가하고 있다.

❏ 표현용 사전/작문용 사전

무언가를 말로 표현하거나 글로 나타내고 싶을 때 우리는 사전의 도움을 받을 수 있다. 가령 '감사합니다'를 독일어로 표현하고 싶을 때 찾게 되는 한독사전이 바로 표현용 사전의 예이다. 글을 쓰다가 누군가에게 무엇을 '경고'하고 싶은 상황에서 적절한 표현이 떠오르지 않는다면 사람의 행위를 주제별로 분류해 놓은 사전에서 쉽게 '경종을 울리다', '일침을 가하다', '일침을 놓다', '목을 조르다', '뒤를 누르다', '오금을 박다'와 같은 표현을 확인할 수 있다. 우리말 표현용 사전의 핵심은 모든 표제어를 귀속시킬 수 있는 분류 체계를 어떻게 설정하느냐에 있다. 일반적으로 대분류, 중분류, 소분류로 세 단계를 설정하는 경우가 많지만 분류 체계의 층위를 한두 단계로 간단하게 두기도 한다.3) 『의미 따라 갈래지은 우리말 관용어 사전』의 경우 3단 체계로 관용구의 의미를 분류하고 그에 따라 관용구 표제어를 배치하였다. 대분류로부터 시작하여 아래 단계로 내려가면서 자신이 표현하고자 하는 갈래를 정확하게 찾아갈 수 있다.

(2) 『의미 따라 갈래지은 우리말 관용어 사전』의 분류 체계

대분류	중분류	소분류	표제어
감정(憾情), 심리(心理)	기억(記憶), 망각(忘却)	【기억(記憶)】	가슴속에 남다/가슴에 간직하다/가슴에 박히다/가슴에 새기다/골에 박히다/귀에 걸리다/귓가에 맴돌다 …
		【한(恨), 원한(怨恨)】	가슴에 맺히다/가슴에 못 박다/가슴에 멍이 들다/골수에 맺히다 …

---

3) 『의미로 분류한 현대 한국어 학습사전』은 총 43개의 의미 범주로 14,000개의 표제어를 분류하고 각 범주 아래에는 자모순으로 배열하였다. 외국인 학습자를 고려하여 의미 분류를 1단계로 한정하였지만, 분류 체계가 얕아서 사전 이용자가 자신이 원하는 말을 찾는 게 쉽지 않다.

		【망각(忘却), 해소(解消)】	까마귀 고기를 먹다/뇌리에서 사라지다/속이 풀리다/응어리를 풀다 …
		【꺼림직함, 미련(未練)】	가슴에 손을 얹고/가슴이 뜨끔하다/가슴이 찔리다/뒷맛이 쓰다 …
기대(期待), 의욕(意欲)		【기대(期待), 가망성(可望性)】	가슴이 고동치다/김칫국부터 마시다/꿈을 꾸다/떠오르는 별/서광이 비치다/싹수가 노랗다 …
		【의욕(意欲), 열정(熱情)】	가슴을 불태우다/가슴이 뜨겁다/열을 내다/젊음을 불사르다 …
		【실망(失望), 무기력(無氣力)】	고개를 떨구다/김이 새다/꿈이 깨지다/뒤통수를 치다/맥을 놓다 …
		【절망(絶望)】	가슴이 미어지다/날개 부러진 매/눈앞이 깜깜하다/억장이 무너지다 …
욕망(慾望)		【욕심(慾心)】	걸신이 나다/구미가 당기다/침을 흘리다/눈독을 들이다 …
		【심술(心術), 질투(嫉妬)】	놀부 심보/놀부 심사/놀부의 환생/배가 아프다/배를 앓다

그 외 표현용 사전으로서 『DESK 문장백과사전』이 있다. 글쓰기에 도움이 될 만한 어록, 시·묘사, 격언·속담, 고사·일화, 어휘·명칭으로 나누어 인용례와 출처를 제시하고 있다. 분류 체계에 따라 표제어를 배열한 사전으로는 시인 백석의 시어를 수록한 『백석 시의 물명고』가 있다.

6.2.3. 성격에 따른 사전의 종류

사전이 지향하고 있는 성격에 따라 구분된다. 규범성에 무게 중심을 두었는지, 기술성에 무게 중심을 두었는지에 따라 규범 사전과 기술 사전으로 나눌 수 있다. 사전의 수록 범위를 전면적으로 수용했는지, 한정된 부분을 중심으로 수용했는지에 따라 정규 사전과 특수 사전으로 나눌 수 있다.

❏ 규범 사전과 기술 사전

사전은 기본적으로 해당 분야에서 규범의 성격을 갖는다. 국어사전의 경우 한글 맞춤법, 표준어 규정과 외래어 규정 등을 사전에 수용하여 이용자에게 바른 어법을 안내한다. 대부분의 국어사전이 규범 사전의 역할을 한다. 그중에서도 편찬 기관의 위상, 편찬 목적에 따라 규범성을 최우선으로 하는 사전이 있다. 예를 들어 국립국어원의 『표준국어대사전』이 대표적이다. 국민이 올바른 국어생활을 할 수 있도록 지원하기 위해 편찬하였다는 목적이 머리말에 뚜렷하게 제시되어 있다. 사전에 제시된 정보는 표준어인지 아닌지, 띄어 써야 하는지 붙여 써야 하는지, 바른 표현인지 아닌지를 안내한다. 전문 용어 사전 중에는 대한의사협회에서 출간한 『의학용어집』, 해양수산부에서 출간한 『해양수산법률용어사전』이 해당 분야에서 규범 사전의 역할을 한다고 할 수 있다.

(3) 『표준국어대사전』의 비표준어 처리

까무라-치다

「동사」

→ 까무러치다.

기술 사전은 해당 언어의 실질적인 사용 양상을 수용한 사전을 말한다. 예를 들어 표준어를 중심으로 표제어를 선정하기보다는 코퍼스에서 우리 언중이 자주 쓰는 단어나 표현을 중심으로 선정한다. 그리고 코퍼스에서 확인되는 다양한 어법을 뜻풀이에서 상세히 기술하고 용례로 제시함으로써 사전은 언어문화를 기록하는 기능까지 갖는다. 현실 언어생활에서 쉽게 널리 쓰이는 비어, 속어, 욕설 등을 수록한『국어비속어사전』이나 지역 방언을 채록하고 그 용례를 제시한『강릉방언사전』,『경북동남부방언』등 각종 방언사전이 기술 사전의 예가 된다.

(4) [주게′ 든′ 니미 이임′재′다] <주걱 든 놈이 임자다> 실권을 잡은 사람이 모든 것을 좌우지한다는 말. ▷[지′ 칼′또′ 나′무 칼찌′베 들′며 에′럽 따]/[칼짜리′ 쥐인′ 너′미 이임′재′다]　　　　　　『경주 속담·말 사전』

(4)의 예는 경주 토박이들이 일상에서 쓰는 속담을 채록하여 그 음성적 특징을 살려 실은 사전이다. 특히 경주 방언에 남아 있는 성조를 구분하여 표시함으로써 기술 사전의 특징을 잘 보여 주고 있다.

대사전이며 정규 사전인『고려대 한국어대사전』은 규범 사전의 특징과 함께 기술 사전의 성격을 일면 가지고 있다. 코퍼스에 자주 나타나는 어휘 형태를 표제어로 등재하고 코퍼스에 출현하는 빈도수를 기준으로 동음이의어와 뜻풀이를 배열하는 등 현실 언어에서 발견되는 특징을 사전에 수렴하였다. 예를 들어 (5)에서는 구어에서 널리 쓰이는 '니'를 사전에 등재하고 언어적 설명과 용례, 관용구를 제시하고 있다.

(5) 『고려대 한국어대사전』의 '니'

국어사전 *Beta* [니] [⌨] ▾ [🔍] 상세 검색

전체 | 단어 | 속담·관용구 | 본문 | 예문 | 맞춤법·표기법   [T] [T] [T] [⊞]

니 ⁶

[+ 단어장 저장]

[예문 열기]

1. 구어에서, 주격 조사 '가' 앞에 쓰여, 듣는 이가 손아랫사람이거나 친한 사람일 때 그 사람을 가리키는 말.
[▾] 난 **니**가 제일 좋아.

출처 : 고려대 한국어대사전

니 ⁸

[+ 단어장 저장]

고려대한국어대사전   우리말샘   [<] [>]

[예문 닫기 ⌃]

1. 인칭 대명사 '너'에 관형격 조사 '의'가 붙어서 준 말인 '네'를 구어에서 이르는 말.
이건 **니** 몫이니 가져가도록 해.
이사할 때 **니** 도움이 필요하니 와 주면 좋겠어.
태수야 **니** 이름은 할아버지께서 지어 주셨단다.

관용구 1건

니 팔뚝(이) 굵다
1. 잘난 사람이나 상대방의 의견이 맞았을 때에 이를 비꼬아 이르는 말.
잘난 체 좀 그만해! 그래, 니 팔뚝이 굵다.

출처 : 고려대 한국어대사전

❑ 정규 사전과 특수 사전

위에서 언급한 『표준국어대사전』이나 『고려대 한국어대사전』 등의 국어사전은 우리말 어휘를 대부분 수록하고 발음이나 어원, 품사, 뜻풀이, 용례와 관련어 등 표제어에 대한 중요한 언어 정보를 모두 제시하고 있다.

이런 사전은 우리말에 대한 다양한 요구를 충족시킬 수 있도록 만든 범용 사전이며 포괄적 성격의 정규 사전이다.

반면 특수한 목적을 가지고 특정한 정보를 중심으로 구성한 특수 사전이 있다. 우선 우리말 어휘 중 특정한 품사를 갖는 어휘만 등재한 사전이 이에 속한다. 『한국어 파생명사 사전』이나 『부사사전』, 『한국어 학습용 어미·조사 사전』은 각각 파생 명사, 부사, 조사와 어미만 따로 떼어서 집필한 사전이다. 다음으로는 관용구나 속담, 비속어나 방언, 비표준어 등 특정한 어휘 부류를 선별하여 수록한 사전이 있다. 『속담사전』, 『우리말 오류사전』, 『전북 방언사전』, 『일본어에서 온 우리말 사전』 등이 그 예이다. 마지막으로 사전에 수록되는 특정한 미시 항목을 중심으로 구성한 사전도 특수 사전의 성격을 갖는다. 『한국어 표준발음사전』은 표제어의 발음을 한글과 국제 음성 기호로 병기하고 악센트나 리듬을 표시하는 등 발음 정보를 일반 국어사전보다 훨씬 상세하게 제시한다. 『우리말 어원사전』에서는 최초 출현형과 출처, 형태 변화와 의미 변화에 대해 설명하면서 민간 어원에 대한 해석도 보이고 있다. 『현대 한국어 동사 구문 사전』은 동사의 구문 특성과 해당 의미 부류 정보를 위주로 기술하고 있다. 이런 사전은 한정된 표제어나 특정한 정보를 대상으로 하고 있어 부문 사전이라고도 한다.

(6) 가르치다 [동](타) 깨달아 알도록 하다. 어원 √ᄀᆞᆯ/ᄀᆞᄅᆞ-[分析, 指摘, 言表]+치[강세접사]+다[어미]. 변화 ᄀᆞᄅᆞ치다(석보 19:2)> 가르치다. 참고 ① √ᄀᆞᆯ/ᄀᆞᄅᆞ-[分析, 指摘, 言表]+치[강세접사]+다[어미](梁柱東1966.11).②√ᄀᆞ ᄅᆞ-[耕作]+√치-[養育]+다[어미](崔昌烈 1986.7:207). 민간 覺那(東言攷略 21:人을 敎흠을 '가라'라 흠은 覺那ㅣ니, 那의 意은 他와 如ᄒᆞ니, 他人을 覺케 흔다 홈이라. 同 32: 曰을 'ᄀᆞ라'라 흠은 覺那ㅣ니, 人의 有曰이 써 他를 覺ᄒᆞᄂᆞ 배니라.)] 　　　　　　　　　　『우리말 어원사전』

특수 사전 중에는 초등국어사전, 중학생용 영어사전처럼 특정한 이용자를 위해 만든 사전도 있다. 이들은 대개 학습사전의 기능을 한다. 사전 이용자의 체계적인 어휘 학습을 위해 표제어 선정부터 배열까지 고려하며 학습자를 고려하여 미시 항목의 구성과 수준을 조절하기도 한다. 『보리국어사전』은 초등학교 고학년생과 중학생을 위한 사전이다. 표제어는 4만여 개를 실었고 뜻풀이는 쉬운 말로 되어 있으며 용례는 짧지만 표제어의 용법을 예증할 수 있는 문장으로 구성되어 있다.

> (7) 도화선(導火線) 1. 폭약을 터뜨리려고 불을 붙이는 심지. 《도화선에 불을 붙였다.》 2. 어떤 일이 일어나게 된 실마리. 《애들 싸움이 도화선이 되어 어른 싸움이 벌어졌다.》 『보리국어사전』

6.2.4. 시간에 따른 사전의 종류

사전을 시간을 기준으로 나눈다고 하면 이는 사전에 제시된 표제어의 범위와 이에 대한 기술의 범위를 아울러 언급해야 한다. 표제어가 어느 시기의 언어인지, 풀이항의 정보가 전 시대를 아우르는 것인지, 일정한 시대에 한정되는 것인지에 따라 다르다.

❏ 공시 사전

공시 사전은 한정된 시대의 언어를 대상으로 하는 사전을 말한다. 우리가 아는 대부분의 국어사전이 공시 사전이다. 문세영의 『조선어사전』은 20세기 전반기의 언어를 다루고 있으며 조선어학회의 『큰사전』 역시 20세기 초중반의 우리말만을 실었다. 그렇다면 『표준국어대사전』, 『고려대한국어대사전』은 20세기 언어를 수록하고 있는 공시 사전이다. 유창돈의 『이조어사전』과 남광우의 『고어사전』은 15세기~16세기 국어사 자료에 나타난 우리말을 표제어로 싣고 당시의 의미와 당시의 용례를 제시하고 있다. 『17세기 국어사전』 역시 17세기 우리말 사전인 것이다. 해당 시대의 우리말을 수집하고 그 시대의 의미와 용법을 보여준다. 각 사전을 통해 우리는 당대의 어휘 규모와 실제 용법을 확인할 수 있다.

□ 통시 사전

공시 사전이 특정 시대의 어휘를 대상으로 한 사전이라면 통시 사전은 어휘의 전 생애를 기술한 사전이다. 표제어의 생명 주기에 따라 생성과 성장, 그리고 소멸까지도 담는 사전을 말한다. 그래서 최초형부터 현재형까지의 변화 과정을 기록한다. 좀 더 구체적으로 말하면 최초 출현형과 그 출처, 이후 현재까지의 음운·형태·문법과 의미의 변화 과정, 소멸의 시점과 각 시기별 용례를 수록한다. 특정한 어휘의 경우 계통론적 재구형까지 제시될 수도 있다. 우리나라에서는 통시 사전이 출간된 적이 없다.[4] 다만, 통시 사전의 성격을 가진 전자사전이 일부 구축되어 있다. 최초의 정보는 21세기 세종계획에서 설계하고 완성한 '국어 어휘 역사 정보'이다. 이를 다듬어서 현재 <우리말샘>에서 5,000개의 고유어에 대해 '국어 어휘 역사 정보'를 제공하고 있다. 주로 최초 출현형과 형태 변화를 보이고 이형태를 제시하면서 세기별 용례를 출처와 함께 보이고 있다.

---

4) 『옥스포드 영어사전』이 전형적인 통시 사전이다. 단어가 생겨난 연원부터 형태 변화, 의미 변화, 그리고 소멸 시점까지 그 이유와 용례를 자세하게 제시하고 있다.

(8) <우리말샘>의 어휘 역사 정보

역사 정보

짐욹(15세기~19세기)〉짐웅(19세기)〉지붕(20세기~현재)

설명	현대 국어 '지붕'의 옛말인 '짐욹'는 15세기 문헌에서부터 나타난다. '짐욹'은 '짐'에 "위"를 뜻하는 '욹'이 결합된 것이다. '짐욹'이 '짐웅'으로 바뀐 것은 두 가지 가능성을 통해 생각해 볼 수 있다. 하나는 '짐'에 접미사 '-웅'이 결합된 '짐웅'이 '짐욹'를 대체한 것으로 보는 것이다. 다른 하나는 '짐욹'의 제2음절 종성 'ㅎ'이 'ㅇ'으로 바뀌었다고 보는 것이다. 이렇게 볼 경우 'ㅎ' 종성 체언의 'ㅎ'은 탈락되거나 축약되거나 재음소화 되거나 하는 과정을 겪는 것이 일반적이고 'ㅇ'으로 변하는 경우가 '짷'()땅) 등 드물다는 점을 고려해야 한다. 19세기 문헌에 나타난 '짐웅'을 소리 나는 대로 표기한 '지붕'은 20세기 이후 문헌에 나타나 현재까지 이어진다.
이형태/이표기	짐욹, 짐우, 짐웅, 짐웅
세기별 용례	**뜻풀이** 15세기 : ((짐욹)) › **짐우희** 올아 넉슬 브르고 ≪1466 구방 상:36ㄱ≫ 16세기 : ((짐욹)) › **짐우희** 홀연히 오루며 ≪16세기 장수 66ㄴ≫ 17세기 : ((짐욹)) › 패초산은 오란 **짐우희** 니엿던 새초롤 몰로여 셰말ᄒ여 ≪1608 언두 하:14ㄱ≫ 18세기 : ((짐욹)) › 존현각 **짐우희** 오루고져 ᄒ노라 ≪1778 속명의 1:8ㄴ≫ 19세기 : ((짐욹, 짐우, 짐웅, 짐웅)) › **짐우희** 잇는 이눈 ≪1892 성직 7:118ㄱ≫ › 쏘 **짐우에도** 올나가나 ≪1896 심상 2:22ㄱ≫ › 故로 그 졸ᄫᆞ와 **짐웅도** 장ᄎ 허러질 터이 되야 ≪1896 심상 1:17ㄱ≫

6.2.5. 사용 언어에 따른 사전의 종류

일반적으로 사전의 정보를 기술하는 언어가 몇 개냐에 따라 일언어 사전, 이언어 사전, 다언어 사전으로 구분한다.

일언어 사전은 표제어의 언어와 풀이항의 언어가 동일한 경우를 말한다. 보통 국어사전이 이에 해당한다. 우리가 익히 알고 있는 『옥스포드 영어사전(OED, Oxford English Dicionary)』, 『현대한어사전(現代汉语词

典)』도 모어 화자를 위한 일언어 사전이다.

이언어 사전은 표제어의 언어와 풀이항의 언어가 각각 다른 사전이다. 『중한사전』, 『새한불사전』 등이 이에 해당한다. 다언어 사전은 표제어에 대해 셋 이상의 언어로 풀이한 사전이다. 『베트남어/인도네시아/몽골어 Korean Picture Dictionary』이나 『6개 국어 의학용어 소사전』 등이 다언어 사전에 해당한다. 보통 표제어에 대해 뜻을 풀이하는 대신 등가의 대역어를 제시하는 경우가 많아 대역사전이라고도 한다. 아래 (9)는 이언어 사전의 예이다.

(9) 한국어-중국어 사전

6.3. 사전의 구조와 정보

일반적으로 사전은 기본적인 참조 단위인 표제항으로 이루어진다. 표제항은 표제어, 그리고 표제어의 철자, 발음, 품사 정보를 비롯하여 뜻풀이와 용례, 어원 등으로 구성된다. 이 장에서는 표제항을 구성하는 표제어부터 표제어에 대한 미시 항목까지 예시를 통해 살펴보자.

6.3.1. 표제어

□ 표제어의 기능

표제어(表題語)는 사전이라는 텍스트를 규정 짓는 핵심 구성 요소이다. 일반적으로 올림말이라고도 한다. 사전의 표제어는 이용자가 궁금한 단어를 찾아가게 하는 길잡이 역할을 한다. 종이사전도 전자사전도 표제어를 기준으로 특정 정보를 제시한다. 또한 표제어는 해당 분야에서 가장 규범적이고 표준적인 어형을 보여 준다. 언어 사전이면 주로 표준어가, 전문어 사전이면 해당 분야에서 합의된 용어가 선택된다. 한편 사전에 수록된 표제어를 보면 그 사전의 성격을 파악할 수 있다. 속담 사전에는 속담이, 건축 사전에는 건축 용어가 등재되어 있기 때문에 표제어는 해당 사전의 특징을 한눈에 드러내는 지표가 되는 것이다. 국어대사전에 실린 표제어는 우리말 어휘의 규모를 가늠할 수 있는 자료의 역할과 어휘의 생명력을 보증하는 자료의 역할을 동시에 수행한다.

사전의 표제어는 일정한 기준에 따라 선정된다. 해당 사전의 선정 기준을 살피면 사전의 목적과 성격을 이해하는 데 도움이 된다. 예를 들어 『표준국어대사전』은 널리 쓰이는 표준어를 주로 선정하되, 흔히 쓰이는 비표준어도 가려 실었다. 반면 『고려대 한국어대사전』은 1억여 어절의 코퍼스에서 약 39만 개 표제어를 가려 뽑았다.5) 대규모 어휘 자원에서 표제어를 추출하였기 때문에 비표준어에 해당하는 방언이나 오표기형, 비속한 말 등을 기존 사전보다 더 많이 등재하였다. 『표준국어대사전』에 비해 기술 사전의 성격을 가지고 있다고 할 수 있다.

□ 표제어의 단위

국어사전에는 우리말의 다양한 어휘가 실려 있다. '사과', '배', '복숭아'와 같은 단어부터 '가는 말에 채찍질하랬다'와 같은 절까지 그 폭이 다양하다. 사전 속의 표제어가 어떠한 언어 단위까지 포함하는지 살펴보자. 보통은 품사를 가진 단어가 대표적인 단위이다. 명사, 대명사, 수사, 동사, 형용사, 관형사, 부사, 그리고 감탄사와 조사 등이 이에 해당한다.

단어보다 더 작은 단위인 어근, 접사, 어미 등도 사전에 등재된다. 품사를 부여받지 못하지만 사전에서는 '접', '미' 등과 같은 약물을 통해 품사 정보란에 일반 단어와 함께 제시한다.

사전에는 구, 절과 같이 단어보다 더 큰 언어 단위도 표제어로 등재된다. '방송 설비'와 같은 명사구도 있고, '눈치가 빠르다'와 같은 형용사구, '주먹이 오가다'와 같은 동사구 등도 있다. '나를'이 줄어든 '날', '그 아이'가 준 '걔' 등 통사적 구가 줄어든 말도 사전에서 찾아볼 수 있다. 『한국어 기초사전』에는 '-게 마련이다', '-는데도 불구하고'와 같은 문법적 구가 표제어로 등재되어 있다.

구보다 큰 범주인 절 단위 표제어는 속담이 대표적이다. '하늘이 무너져도 솟아날 구멍이 있다'는 하나의 절, '걸음아, 날 살려라'는 두 개의 절로 구성되어 있다.

---

5) 『연세한국어사전』은 코퍼스에 출현하는 어휘 빈도만을 표제어 선정 기준으로 삼았다. 4천만 어절 규모의 말뭉치에서 빈도가 14 이상인 5만 개를 선정하였다.

(10) 가. '훌륭': '훌륭하다'의 어근.『표준국어대사전』

　　나. '-기가 무섭게': 앞의 말이 나타내는 일이 끝나자마자 곧바로 다음
　　　　일이 일어남을 나타내는 표현. <한국어기초사전>

❏ 동음이의어와 다의어의 구분

　사전에서 표제어를 제시할 때 가장 중요한 기준은 표제어만의 독립적
속성을 구분하는 일이다. 일반적으로 형태가 다르면 낱낱의 표제항을 구
성하는 별개의 표제어로 선정하게 된다. 그러나 동일한 형태를 가진 표제
어가 여럿 있는 경우 이들을 각각 다른 어휘, 즉 표제어로 나눠야 하는지
하나의 표제어로 묶어야 하는지를 결정해야 한다. 3장에서 다룬 동음이의
관계와 다의 관계를 가진 어휘들을 서로 견주어 구분해 내는 일이 사전에
서는 무척 중요하다. 보통 동음이의 관계인 표제어들은 아래 (11가)와 같
이 어깨번호를 통해 구분한다. 학습사전에서는 (11)의 예처럼 길잡이말을
제시하여 이용자가 동음이의어를 쉽게 변별할 수 있도록 하고 있다. (11
나)는 초등학생을 위한 사전의 예이고, (11다)는 중국인 한국어 학습자를
위한 사전의 예이다.

(11) 가. 쓰다1 「동사」 「1」 붓, 펜, 연필과 같이 선을 그을 수 있는 도구로
　　　　　　종이 따위에 획을 그어서 일정한 글자의 모양이 이루어지게
　　　　　　하다.
　　　　쓰다2 「동사」 「1」 모자 따위를 머리에 얹어 덮다.
　　　　쓰다3 「동사」 「1」 어떤 일을 하는 데에 재료나 도구, 수단을 이용하다.
　　　　쓰다4 「동사」 시체를 묻고 무덤을 만들다.
　　　　쓰다5 「동사」 장기나 윷놀이 따위에서 말을 규정대로 옮겨 놓다.
　　　　쓰다6 「형용사」 「1」 혀로 느끼는 맛이 한약이나 소태, 씀바귀의 맛
　　　　　　과 같다.

　　나. 네[예] ㉾ 상대방을 높여서 대답하거나 다시 되묻는 말.

네^[넷] 관 《세는 말 앞에 써서》 (수가) 넷인.
네^[네가] 대 '가' 앞에 '너'를 쓸 때 '너'가 바뀐 꼴.
네^[너의] '너의'를 줄인 말.   『연세초등국어사전』

다. 걷다^[길을] 동
    걷다^[돈을] 동
    걷다^[빨래를] 동   <고려대 한한중사전>

❑ 주표제어와 부표제어의 구분

사전은 많은 표제어를 등재할수록 이용자에게 유용하다. 그러다 보니 종이사전에서는 표제어에 대한 정보를 줄이더라도 표제어 수를 늘리려는 노력을 계속해 왔다. 그런 노력의 결과가 바로 주표제어와 부표제어를 따로 설정하는 방식이다. 주로 어근이 되는 단어를 주표제어로, 파생어나 합성어, 관용구와 속담을 부표제어로 둔다. 부표제어에는 뜻풀이나 용례 등을 생략하여 지면을 절약한다. 하지만 대용량 데이터를 수용할 수 있는 전자사전에서는 이런 구분이 무의미하게 되어 주표제어/부표제어 구분을 없애거나 부표제어를 두더라도 주표제어와 동일한 정보를 제공하는 방식으로 바뀌고 있다.

(12) 『표준국어대사전』의 부표제어

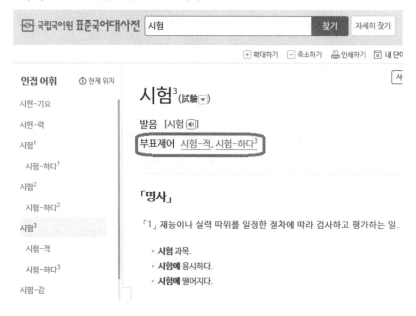

6.3.2. 미시 구조

❏ 미시 구조의 구성

　사전에서 제공하는 표제어에 대한 다양한 정보를 미시 구조라고 한다. 표제어를 중심으로 하위의 미시 구조가 위계적으로 배열된다. 국어사전에서 표제어는 발음, 어원, 품사, 뜻풀이, 용례, 관련어 등과 같은 미시 정보를 공통적으로 가지고 있다. 그 외 사전의 성격에 따라 특정한 정보를 제공하기도 한다. 국어대사전의 미시 구조를 예를 들어 살펴보자.

(13) 『고려대 한국어대사전』의 구조

표제어¹〔형태 정보〕[발음 정보] ⓔ〈활용 정보〉 ⑩「전문 분야」 [문형 정보] 【제약 정보】 《사용 영역 정보》 (의미역 정보) 뜻풀이 ¶용례 ⑭관련어 【어원 정보 《출전》】

┌───┐
│ ♪부가 정보   │
└───┘

관용구 ⑫ 뜻풀이 ¶용례 ⑭관련어
속담 ⑭ 뜻풀이 ¶용례 ⑭관련어

(13)에서 보듯 표제어에 대한 정보는 어깨번호, 형태 정보, 발음 정보, 불규칙 정보, 활용 정보, 품사 정보, 전문 분야 정보, 문형 정보, 제약 정보, 사용 영역 정보, 의미역 정보, 뜻풀이, 용례, 관련어, 어원 정보, 부가 정보 순으로 제시하였다. 주표제어 밑에는 부표제어로 관용구, 속담을 두었다. 발음 정보는 음운론에 해당하고 형태 및 불규칙 정보, 활용 정보 등은 형태론, 품사와 문형, 제약 정보는 통사론, 사용 영역과 의미역, 뜻풀이는 의미론과 화용론에, 관련어는 어휘론에, 어원은 국어사에 해당한다. 대사전답게 우리말에 대한 전면적인 특징을 두루 기술하고 있다.

외국인 학습자를 위한 한국어사전은 국어사전보다는 풀이항의 정보가 소략하지만 모어 화자용 사전에서는 볼 수 없는 미시 구조를 설정하고 특정 정보를 좀 더 자세히 기술하기도 한다. 아래 사전의 구조를 살펴보자.

(14) 『외국인을 위한 한국어 학습사전』

사전의 모든 구성 항목을 일러두기 방식으로 제시하고 있다. 표제어의 중요도에 따라 등급을 제시하고 있으며 어깨번호와 길잡이말, 구어 정보, 가표제어, 파생어, 조사 결합형의 발음하기 정보와 어미의 용법 등을 보여 주고 있다. 또한 표와 사진 등의 부가 정보도 수록되어 있다.

한편, 특정한 미시 항목만 제시하거나 특정한 어휘 부류만 수록한 부문 사전에서는 범용의 국어사전과는 달리 한정된 구조를 가지고 있다. 아래는 『표준 한국어 발음대사전』과 『현대 한국어 동사 구문 사전』의 구성이다.

(15) 가. 도둑맞다　도둥마따 toduŋmat'a
　　　백년해로　뱅년해로 pɛŋnʌnɦɛro 百年偕老

『표준 한국어 발음대사전』

나. 먹히다1㈜ <능>먹다4

　　①N1-에게 N0 V0

　　N0=음식(물, 밥), N1=인물

　　¶더우니까 (내게는+나는) 물만 먹히네. / 나는 밥이 잘 안 먹혀.

『현대 한국어 동사 구문 사전』

(15가)에서는 표제어에 대해 한글로 전사한 발음 정보와 국제 음성 기호로 표시한 발음 정보, 그리고 마지막에 한자어나 외래어의 원어를 제시하고 있다. 풀이항 정보가 무척 간략하다. (15나)에서도 동형어를 변별하기 위한 어깨번호, 품사, 구문 정보와 의미 부류 정보, 용례를 제시하고 있다. 아울러 '능동/피동', '주동/사동'과 같은 관련어 정보를 제시해 주고 있다.

❑ 뜻풀이

　표제어에 대해 그 의미를 쉽게 풀어주는 역할을 하는 미시 구조가 바로 뜻풀이다. 정의문(定義文)이라고도 한다. 사전이 참조 텍스트로서의 성격을 띠게 되는 핵심 항목이기도 하다. 뜻풀이는 표제어의 의미를 정확하고 쉬운 말로 표현하는 것을 원칙으로 한다. 풀이의 방식은 일반적으로 종차(種差)와 유개념(類槪念)으로 구성되는 형식이 가장 일반적이지만, 모든 뜻풀이가 그러한 형식을 갖는 건 아니다. 사전의 성격에 따라 또는 표제어의 성격에 따라 뜻풀이 방식과 내용이 다르다.

　뜻풀이 방식에 따라 풀어쓰기 방식과 동의어 제시 방식이 있다. 풀어쓰기 방식은 다시 분석적 풀이와 상위 언어적 풀이로 나뉜다. 분석적 풀이란 표제어의 의미를 '종차'와 '유개념'의 구조로 풀어주는 것이다. 일반적으로 어휘 형태소의 정의에 주로 쓰인다. 반면 상위 언어적 풀이는 표제어의 의미를 직접 풀이하기 어려운 표제어에 대해 '~을 나타내는 말', '~을 이르는 말'처럼 간접적으로 풀이하는 방식을 뜻한다. 주로 조사나 어미, 접사, 의성의태어 등에 쓰인다.

(16) 가. 공기(空器) 몡 밥을 담아 먹는 데 쓰이는 밑이 좁은 그릇.
　　 나. 개골개골 囝 개구리가 잇따라 우는 소리를 나타내는 말.

(16가)의 '공기'에서 '그릇'은 유개념어, '밥을 담아 먹는 데 쓰이는 밑이 좁은'은 종차가 된다. 반면 (16나)의 '개굴개굴'은 그 뜻을 직접 풀이할 수가 없어 '~을 나타내는 말'로 표현하였다.

　동의어 제시 방식은 표제어의 의미를 풀어쓰지 않고 대신 동의어나 유의어를 나열하는 것을 말한다. 비표준어 표제어에서 표준어로 가라는 표시를 제시한다거나 외국어 학습사전에서 대역어를 제시하는 방식이 이에 해당한다.

(17) 가. 으례 囝 → 으레.　　　　　　　　　　　　『표준국어대사전』
　　 나. 학교 몡 école, établissement scolaire, établissement d'enseignement,
　　　　　　 école primaire, collège, lycée, université, institution
　　　　　　　　　　　　　　　　　　　　<한국어-프랑스어 학습사전>

　한편, 뜻풀이의 내용에 따라 언어적 풀이와 백과사전적 풀이로 나뉜다. 언어적 풀이는 표제어의 언어적 의미를, 백과사전적 풀이는 표제어에 대한 지식 정보를 일정한 순서에 따라 제시한다. 동일한 표제어라도 아래 예처럼 차이가 난다.

(18) 가. 고양이 몡 어두운 곳에서도 사물을 잘 보고 쥐를 잘 잡으며 집 안에서
　　　　　기르기도 하는 자그마한 동물.　　　　　<한국어기초사전>
　　 나. 고양이 몡 고양잇과의 하나. 원래 아프리카의 리비아살쾡이를 길들
　　　　　인 것으로, 턱과 송곳니가 특히 발달해서 육식을 주로 한다. 발톱은

자유롭게 감추거나 드러낼 수 있으며 눈은 어두운 곳에서도 잘 볼 수 있다. 애완동물로도 육종하여 여러 품종이 있다. (*Felis catus*)

『표준국어대사전』

두 사전의 '고양이' 뜻풀이는 각각 차이가 난다. (18가)의 경우 고양이에 대해 언중이 갖고 있는 보편적인 의미를 제시한 반면에, (18나)의 경우 백과사전에서 볼 법한 정보들을 보여 주고 있다.

❏ 용례

용례(用例)는 표제어의 의미와 사용 맥락을 이해할 수 있도록 도울 뿐만 아니라 표제어와 함께 쓰이는 연어 표현을 학습하게 하는 역할도 한다. 그래서 언어 사전에서 용례는 없어서는 안 될 미시 구조이다. 최근 사전일수록 용례의 수가 점점 늘고 있는 추세이다.[6] 특히 언어 단위별로 복수의 용례를 제시하기도 한다.

(19) 가. 개- 젭 ① 일부 식물 명사 앞에 붙어, '야생의' 또는 '질이 떨어지는'의 뜻을 더하는 말. ¶~꿀 / ~떡 / ~꽃 / ~살구 / ~머루.

『고려대 한국어대사전』

나. 얼굴 몡 시커먼 얼굴. 1.눈, 코, 입이 있는 머리의 앞쪽 부분.

붉은 **얼굴**.

하얀 **얼굴**.

얼굴이 그을리다.

얼굴이 뽀얗다.

어머니도 이제 나이가 드셨는지 **얼굴**에 주름이 많이 늘었다.

---

6) 포털 사이트에서 서비스하고 있는 언어 사전의 경우 복수의 사전에서 추출한 예문을 한꺼번에 확인할 수 있도록 하고 있다. 그만큼 용례는 사전 이용자에게 필수불가결한 존재이다.

아이들의 짓궂은 놀림에 선생님의 **얼굴**이 홍당무처럼 새빨개졌다.
그들은 큰 모자로 **얼굴**을 가리고 남들이 모르게 건물을 빠져 나갔다.
가: 승규는 **얼굴** 전체에 여드름이 잔뜩 났더라.
나: 그러게, 사춘기도 지났는데 말야.

<한국어기초사전>

(19가)는 접두사 표제어에 대해 단어 용례를 제시하고 있다. (19나)에서는
각각 명사구와 형용사구 용례, 문장 용례, 대화 용례를 차례로 제시하고
있다.

용례는 작성 방식에 따라 세 종류로 나누기도 한다. 편찬자가 직접 집필
한 창작례, 문헌에서 선별한 인용례, 이를 편집한 가공례가 그것이다. 짧
은 예구나 예문의 경우 창작례가 대부분이다. 소설이나 신문 등에서 인용
한 예는 출처를 밝혀서 예증하기도 한다. 아래 (20)은 각각 소설과 신문에
서 따온 용례를 출처와 함께 제시하고 있다.

(20) 가. 포승-줄「명사」 … ¶청년들은 상체를 포승줄로 결박당한 채 고개들을
　　　 앞으로 떨어뜨리고 말뚝처럼 서 있었다. ≪홍성원, 육이오≫

『표준국어대사전』

　　나. 탕비실「명사」 … ¶주거용은 분합문을 설치해 거실과 침실 공간을
　　　 구분하는 데 반해 업무용은 주방을 없애고 이 공간을 탕비실로 꾸민
　　　 다. ≪매일경제 2002년 6월≫　　　　　　　　　<우리말샘>

보통 학습사전에는 직접 작성한 짧은 구절의 작성례를 제시하는 경우
가 많다. 학습자의 수준을 고려하여 쉬운 단어로 구성된 단문을 선호한다.
반면 모어 화자를 위한 사전에서는 실제 어법을 자연스럽게 드러내는 길
고 복잡한 문장도 흔히 볼 수 있다. 이러한 용례 속에는 모어 화자의 삶과
문화가 자연스럽게 반영된다.[7]

□ 관련어

어휘는 다른 어휘와 다양한 관계를 형성한다. 사전에서 이를 체계적으로 구분하여 배열한 미시 구조가 바로 관련어(關聯語)이다. 표제어와 의미적, 형태적, 통사적 관계를 맺는 관련어를 보여 줌으로써 사전은 이용자의 어휘 학습에 큰 도움을 준다. 일반적으로 국어사전에서는 서로 교체 가능한 계열 관계 어휘를 제시한다. 주로 의미적 관련어와 형태적 관련어가 주를 이룬다. 의미적 관련어는 상하 또는 부분·전체와 같은 포함 관계와, 같은 층위에서 유의, 반의, 등위의 관계를 갖는 어휘를 말한다.

(21) 가. 직업인/예술가/음악가, 화가, 시인, 소설가, 서예가, 디자이너, 작가
　　　나. 칼/날-칼날-등-끝-좌철-슴베-손잡이판-뒤꿈치-리벳
　　　다. 속옷/내의, 모임/미팅, 항복하다/무릎을 꿇다/백기를 들다
　　　라. 죽다/살다, 주다/받다, 검다/희다, 좌/우
　　　마. 아침/점심/저녁, 이곳/저곳/그곳, 도/개/걸/윷/모

(21가)는 상의어와 하의어의 예이다. '예술가'의 상의어는 '직업인'이며 하의어는 '음악가' 등이 된다. (21나)는 전체와 부분 관계의 예이다. '칼'을 구성하는 각 명칭은 부분을 나타내는 어휘가 된다. (21다)는 유의어의 예이다. 국어사전에서는 주로 단어 간에 성립하는 관련어를 주로 싣지만, 경우에 따라 단어와 구 사이에도 유의 관계를 설정하기도 한다.8) (21라)에서는 '죽다/살다'처럼 모순 대립을 나타내거나 '주다/받다'처럼 관계 대

---

7)　이런 연유로 사전의 용례 속에는 부정적이고 차별적인 표현도 녹아 있어 논란이 되기도 한다.

8)　『고려대 한국어대사전』에서는 관용구와 속담도 관련어 지위를 부여하고 있다. 그러나 전체적으로는 동일 품사에 한정하여 관련어 정보를 준다. 그래서 '춥다-추위', '꾸다-꿈'에서 개념적으로 확인되는 의미적 관련성을 밝혀주지 않는다. 유로워드넷에서는 품사 간 의미 관계를 널리 인정하여 수용한다.

립을 나타내는 말, '검다/희다'처럼 양극 대립을 나타내는 말, '좌/우'처럼 방향 대립을 나타내는 말 등을 반의 관계로 제시하고 있다. (21마)는 등위 관계에 있는 말들로, 각각 시간형, 공간형, 측량형의 예이다. 국어사전에서는 이들을 등위어로 제시하지 않고 주로 참고어로 처리한다.

형태적 관련어는 동일한 의미를 가지지만 형태적 조건에 따라 차이를 보이는 어휘 사이의 관계어를 말한다. 본말/준말, 원어/약어, 큰말/작은말, 거센말/센말/여린말, 이형태 등이 이에 해당한다. 각 예를 살펴보자.

(22) 가. 사이/새, 보이다/뵈다, 노을/놀, 고러하다/고렇다
　　　나. 대구·마산/구마(고속도로), 국정 감사/국감, 다이아몬드/다이아
　　　다. 누렇다/노랗다, 달랑/덜렁, 번쩍거리다/반짝거리다
　　　라. 깡충/깡쭝/강중, 찰카닥/짤까닥/잘가닥
　　　마. 가/이, -는다/-ㄴ다

(22가)는 본말과 준말의 예이다. 본래의 말에서 모음 축약이나 모음 탈락에 의해 음절의 재구조화가 일어난 경우 준말이 된다. (22나)에서는 본래말이 음운론적 이유 없이 경제성의 원리에 따라 일부 음절을 줄여 쓰는 혼성어, 두음절어, 절단어 등이 되는 경우이다. (22다)는 음성 모음과 양성 모음의 교체에 따라 어감의 차이를 보이는 큰말과 작은말의 예이다. 형용사나 의성의태어 등에서 쉽게 확인된다. (22라)에 제시된 의성의태어는 자음이 교체함에 따라 어감의 차이가 발생한다. 사전에서는 이를 뜻풀이를 통해 구별하면서 각각을 관련어로 처리한다.9) (22마)에 제시된 예들은 이형태 관계에 있는 조사와 어미의 예이다. 이들 역시 사전마다 처리하는 방식에 차이가 있다. 『고려대 한국어대사전』에서는 '이형'으로, 『표준국

---

9)　『고려대 한국어대사전』에서는 서로를 각각 '<거센>, <센>, <여린>'으로 나타내는 반면, 『표준국어대사전』에서는 '<참고 어휘>'로 처리한다.

어대사전』에서는 '참고 어휘'로 제시하고 있다.

> ### 어휘망
>
> 표제어 간의 다양한 관계는 어휘망으로 나타낼 수 있다. <우리말샘>에서는 표제어에 대한 상하위어, 유의어, 반의어, 준말-본말, 높임말, 낮춤말, 참고 어휘를 아래와 같이 시각화해서 보여 주고 있다.

우리말샘 - 우리말샘 어휘 지도 - 첫 화면 - Internet Explorer — □ ×

샘 https://opendict.korean.go.kr/wordmap/main

우리말샘 어휘 지도 [　　　　　　　　　] 찾기   탐색 어휘   도움말   ◀ ▶

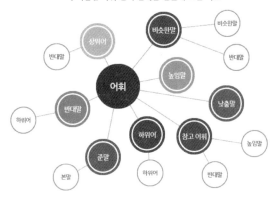

우리말샘 어휘 간의 관계를 한눈에 보는 지도

6.3.3. 어휘 부류별 정보

❏ 방언

방언(方言)은 전국적으로 쓰이는 말인 공통어에 대응하여 특정한 지역에서만 쓰이는 말이다. <우리말샘>에는 약 11만 개의 방언 표제어가 등재되어 있다. 그러나 방언의 특성을 드러내는 미시 구조를 따로 설정한 경우는 보기 드물다. 대부분 방언에 대응하는 표준어 정보를 주거나 대응 표준어가 없는 경우 뜻을 풀이해 주는 방식으로 처리하고 있다. 특히 용례를 제시하지 않아 방언을 제대로 이해하는 데 크게 도움이 되지 않는다. 반면 방언사전은 해당 지역의 어휘를 채집한 자료를 기초로 하기 때문에 용법을 상세하게 보여 주는 용례를 싣고 있다.

(23) 가. 냉갈 「명사」「방언」 '연기'의 방언(전라, 평북).
　　　　솔찬-이 「부사」「방언」 '상당히'의 방언(전남).　　　　<우리말샘>
　　나. 냉갈 囤 연기. ㉑ 쌩솔깽이를 부석에다가 처넣었드만 냉갈이 나서 눈을 못 뜨겠네.
　　　　(=생솔나무를 아궁이에다 처넣었더니 연기가 나서 눈을 못 뜨겠네.)
　　　　[부·사전]
　　　　솔찬히 囝 제법. 어지간히. 상당히. ㉑ 촌에 살다가 성중(城中)에 온깨 돈이 솔찬히 드네.(=촌에 살다가 도시에 오니까 돈이 제법 드네.)
　　　　[부·김·군지]10)　　　　　　　　　　　　　　　　　『광양방언사전』
　　다. 무채:다 囤 묻히다. '묻다'의 피동. 【무채 ▸ 묻혀/무채니 ▸ 묻히니】
　　　　¶ 무채 뿌린 과거를 부질없이 인자 들차서 머하노? ▸ 묻혀 버린 과거를 부질없이 이제 들춰서 뭣하냐?　　『경북동남부 방언사전』

❏ 북한어

　남북은 대부분의 일상어를 공유하고 있으나 특정한 어휘는 상당수 차이가 난다. 특히 남한의 표준어에 대응하는 북한의 문화어는 일종의 변이형으로 볼 수 있다. 국어사전에서는 북한어를 표제어로 등재하고 대응 남한어를 제시하거나 대응어가 없는 경우 직접 의미를 제시하는 방식으

---

10)　용례 뒤에 제시된 '부·사전·김·군지'는 조사 지역이나 자료의 출전을 표시한 것이다. 예를 들어 '군지'는 『광양군지』를, '김'은 소설가 김정한이 채집하여 엮은 방언 어휘집인 『향토글』 등을 뜻한다.

로 처리하고 있다.

(24) 가. 가락지빵 「명사」 '도넛'의 북한어.　　　　　　 <우리말샘>

　　나. 가멸다 |형| (ㄹ불/ㅣ 가며니, 가며오) ① (재물 따위가) 넉넉하고 많다.
　　　　¶대와 동백나무는 전라남도 농촌 풍경을 가멸게 하는 보배이다. <한
　　　　창기: 한국의 발견> ②<북> '지식이나 재능이 풍부하다'의 뜻으로
　　　　쓰이는 말. |같은| 가멸-하다.　　　　　　　『남북한 말 비교사전』

(24가)에서는 북한어 표제어에 대해 대응 남한어를 제시하고 있다. (24나)
에서는 북한에서 통용되는 의미를 따로 기술하고 있다.

❑ 비속어/금기어/높임말·낮춤말·예사말/구어·문어

　비어와 속어, 금기어와 완곡어, 높임말과 낮춤말, 구어와 문어는 모두
일상적인 말에 대해 특정한 사용역을 갖는 변이형들이다. 국어사전에는
이들에 대한 사용역 정보나 화용 정보를 일정한 방식으로 제시하고 있다.
아래 예는 『표준국어대사전』에서 인용한 것이다.

(25) 가. 간-땡이2 (肝땡이) 「명사」 '간'을 속되게 이르는 말.
　　　　이마-빡 「명사」 '이마'를 비속하게 이르는 말.
　　　　잡-놈 「명사」 행실이 나쁜 남자를 욕하여 이르는 말.
　　나. 뒷-간 「명사」 '변소'를 완곡하게 이르는 말.
　　다. 귀사2(貴社) 「명사」 주로 편지글에서 상대편의 회사를 높여 이르는 말.
　　　　작은-놈 「명사」 '작은아들'을 낮추어 이르는 말.
　　라. -래요 「어미」 (구어체로) 해요할 자리에 쓰여, 알고 있는 것을 일러바
　　　　친다는 뜻이 포함된 종결 어미.
　　　　고-로1 (故로) 문어체에서, '까닭에'의 뜻을 나타내는 말.

(25가)는 비어, 속어, 욕으로 쓰이는 말을 해당 표준어와의 관계를 통해 보여 주고 있다. (25나)에서는 완곡어의 예를, (25다)에서는 높임말과 낮춤말의 예를, (25라)에서는 문어나 구어 환경에서 주로 쓰이는 예를 보여 주고 있다.

6.4. 사전의 변화와 활용

6.4.1. 사전의 변화

사전은 특정한 언어에 대한 학습을 도와줄 뿐만 아니라 언어 속에 담긴 지식과 정보의 세계로 나아가게 한다. 동서고금을 막론하고 사전은 학문과 과학 기술 발전의 역사와 함께하였다. 과거를 돌아보면 대부분 어휘를 수집하고 기준에 따라 배열한 뒤 사전의 성격에 부합하는 미시 구조를 기술하였다. 종이책 형식으로 출간된 사전은 참조 텍스트로서의 특징과 역할이 한정되었다.

지금의 디지털 지식 정보 사회에서 사전은 여러 변화를 겪고 있다. 이동 통신 인프라가 확충되면서 사전은 전자수첩과 피시를 거쳐 스마트폰으로 옮겨갔다. 인터넷상에서 사전 정보의 형태와 내용은 정보 이용자에게 별개의 단위로 인식되기보다는 다른 출처의 정보들과 섞이면서 '검색의 결과'로 수렴되기 시작하였다. 이 과정에서 하나의 사전 내용만 도출되는 것이 아니라 유사한 사전들과 통합되고 상이한 사전들과도 연동되어 나타난다. 포털을 통해 서비스되고 있는 국어사전만 하더라도 여러 종의 사전을 선별해서 보거나 함께 비교해서 볼 수 있도록 되어 있다. 뜻풀이와 용례에 제시된 형태에 대해 하이퍼링크 기능이 부착되어 궁금한 사항을 즉석에서 확인할 수 있으며 동시에 다른 사전으로 옮겨갈 수도 있다.

이러한 변화는 표제어와 하위 정보 간의 위계가 사라지고 각각이 수평적으로 연결되면서 가능해졌다. 아울러 이질적인 정보를 가진 여타의 데이터베이스와도 연동되고 있다. 언어 사전에 부족한 멀티미디어 정보나 사실 정보는 백과사전이나 여타의 데이터베이스와 연동하여 이용자들에게 제공되고 있다. 아래 (26)의 예에서처럼 여러 종의 사전을 한곳에서 확인할 수 있으며 주제별·기능별 정보를 각각 배치하여 쉽게 활용할 수 있게 되었다.

(26) 이용자를 위한 부가 기능

이러한 변화가 가능하게 된 것은 대규모 코퍼스를 활용하는 기술과 사전 편찬을 지원하는 시스템 덕분이다. 자연 언어 처리, 인공 지능, 빅 데이터, 웹 온톨로지와 같은 정보 과학(information science)의 진보가 사전 편찬의 과정에 직·간접적으로 영향을 끼치면서 컴퓨터는 사전 제작을 돕는 도구에 머물지 않고 사전 편찬의 주체로 거침없이 발전하고 있다.

이미 1990년대부터 코퍼스에서 사전 표제어를 추출하였고 이를 편찬자가 확인하면서 표제어의 의미와 용법을 분석하였으며 가장 적합한 표현을 선택하여 용례로 제시하였다. 초기에는 컴퓨터를 사전 편집용 문서 작성과 집필 데이터 관리, 검색용 사전 개발에 활용하였다. 최근에는 빅데이터에서 신조어를 찾아주는 프로그램이 보급되었고, 오픈 소스로 공개된 어휘 데이터베이스나 사전 편찬 시스템도 쉽게 찾을 수 있다. 국어사전을 편찬하는 기관에서는 입력과 편집, 출력 기능을 두루 갖춘 사전 편찬 시스템을 보유하고 있다.[11]

누리꾼들은 정보 공유의 시대를 지나 적극적인 정보 생산의 시대를 열어왔다. 위키백과로 대표되는 이용자 참여형 사전들이 여전히 약진하고 있다. 국립국어원의 <우리말샘>이나 포털사의 <오픈사전>은 이용자들이 직접 표제어를 등재하고 뜻풀이를 할 수 있도록 운영되고 있다. 이러한 공간은 오래 전부터 쓰고 있는 미등재어를 실을 수도 있고 낯선 신어를 확인할 수도 있어 어휘 생태계를 풍성하게 하는 역할을 한다. 또한 이렇게 기록된 사전 정보는 어휘 연구와 관련 응용 분야의 기초 자원으로 활용되고 있다.

6.4.2. 사전의 활용

□ 어휘 학습과 어휘력 평가

사전 속에는 어휘 학습에 필요한 형식 정보와 내용 정보가 상세하게 기술되어 있다. 표제어의 중요도와 등급, 표제어의 연어 정보, 공기 제약과 활용 제약, 화용적 특성 등은 이용자의 언어 수행 능력을 확인하는 중요한 근거 자료가 된다. 그래서 사전 속 언어 정보는 어휘력의 수준을

---

11) 영어권 사전의 경우 코퍼스에서 새로운 의미나 용법도 찾아주는 기술이 적용되고 있다. 그리고 이용자의 사전 이용 패턴을 분석하여 이용자가 선호하는 정보를 먼저 제시해 주는 사전도 등장하고 있다.

평가하고 진단하는 데 쓰인다. 어휘의 사전적 의미를 얼마나 정확히 파악하는지, 어휘 의미를 정확히 이해하고 적절하게 사용하는지, 어휘의 의미 간 관계를 파악하고 있는지 등을 사전의 데이터를 기준으로 문제를 산출하여 테스트한다. 테스트 결과를 통해 평균 수치와 피험자의 수준을 비교한 뒤 부족한 부분을 보완하는 학습 방안 등을 제안한다. 학령기 아동부터 성인까지 평가할 수 있는 도구가 개발되어 상용되고 있다.

한편 사전은 어휘력을 평가하는 데에서 그치지 않고 독서 능력을 평가하는 데에도 활용된다. 사전에 제시된 전문 영역 정보와 사실 정보, 화용 정보, 그리고 어휘 관계를 활용한 의미망을 활용하는 것이다. 이를 통해 피험자가 특정한 지문과 텍스트를 정확히 이해하였는지, 이를 바탕으로 사실을 판단할 수 있는지, 전제와 근거를 통해 유의미한 추론을 생산할 수 있는지, 이를 통해 논리적인 비판을 해내는지 등을 시험한다. 이를 통해 피험자의 영역별 어휘력뿐만 아니라 비판력, 사실 판단, 추론 능력, 비판 능력 등을 수치화한 뒤 이를 통해 독서 능력을 키우는 학습 방법을 제공할 수 있다. 어휘 사전뿐만 아니라 전문어 사전, 백과사전도 이러한 평가를 위한 훌륭한 자원이 된다.

□ 통·번역

사전 콘텐츠는 통역과 번역 작업에서 가장 중요한 자원이다. 인공 지능의 수준이 개인의 한계를 넘어서는 시대에 이르렀지만, 우리가 이용할 수 있는 수준 높은 AI가 지금 내 곁에 있는 것이 아니기 때문에 전 세계 언어 간 통역과 번역의 과정에서 사전이 여전히 널리 활용되고 있다. 수많은 번역가와 통역자들은 자신이 주로 다루는 몇 종의 언어에 대해 풍부하고 효과적인 사전을 요청하지만, 실제로 그런 완벽한 사전을 만들기는 거의 불가능하다. 최근 이러한 요청에 대한 대안으로 여러 사전의 정보를 수집해 주거나 사전을 통합해 놓은 사전 포털이 활성화되고 있다. 사전 정보 수집 방식의 '게리의 사전(Gary's Dictionary)'은 한국어-영어 사전을 포함하여 80여 종을 서비스하고 있다.

(27) 게리의 사전(www.garyshome.net)

이 외에도 전문 분야별 용어 사전들도 통합하거나 정보를 조합해서 보여 주는 사전들이 점점 늘고 있다. 특히 민간 주도형의 다언어 사전 포털들도 점점 늘고 있다. 여러 사전이 한데 모여 있는 덕분에 통·번역 과정에서 섬세하고 정확한 정보를 사전으로부터 수월하게 얻을 수 있다.

알파고와 같은 인공 지능은 어떻게 어휘를 이해하고 기억할까? 자연어 처리 분야의 발전과 함께 여러 가지 방법이 있는데, 그중의 하나가 바로 컴퓨터가 알아들을 수 있는 사전을 활용하여 어휘 학습을 시키는 것이다. 이러한 사전은 텍스트 분석과 생성, 번역 등 인간의 이해 능력과 표현 능력으로 가능한 모든 수행에 최적화되어야 한다. 이를 위해서는 언어 정보뿐만 아니라 백과 정보까지 기계가 수용할 수 있도록 작성되는 것이 관건이다. 사전은 이를 위한 기초 자원이 된다. 언어 정보와 사실 정보가 간단명료하게 제시되고 있을 뿐만 아니라 형식적으로 위계화되어 있어 기계가 수월하게 활용할 수 있다.

2000년대 초에 국어 정보화 사업의 하나로 만들어진 <21세기 세종계획> 전자사전은 언어 사전의 형식과 내용을 활용하여 만든 기계 가독형 사전이다. 핵심 사전으로 체언 사전과 용언 사전을 두었으며 조사/어미 사전, 부사 사전을 구축하였고 연어, 관용 표현, 특수어, 복합 명사구 사전 등을 포함하고 있다 (https://ithub.korean.go.kr/user/electronicDic).

최근 인공 지능 기술의 발전은 텍스트에 표현된 감성 또는 감정을 자동으로 인식하는 수준을 높였다. 감성 분석의 여러 방법이 있지만, 워드넷과 같은 의미 관계 사전을 활용하거나 국어사전에서 감정을 나타내는 명사, 형용사, 동사, 부사 등을 이용해 극성 사전을 만드는 방식 등이 있다.

6.5. 우리말 사전의 역사

국어사전의 역사를 알아보기 위해서는 편찬자, 편찬 대상, 표기 문자, 체제와 구성 등에 대한 이해가 필요하다. 외국인이 우리말을 이해하기 위해 만든 사전도 있고 한국인이 외국어를 학습하기 위해 만든 사전도 있다. 표제어가 외국 문자로 표기되었거나 반대로 뜻풀이가 외국 문자로 표기된 사전도 있다. 또한 '표제어-품사-뜻풀이-용례'로 구성된 익숙한 구성의 사전도 있지만, '표제어-대역어'로만 구성된 어휘집도 존재한다. 이렇게 다양한 기준 중 무엇을 중요한 기준으로 보느냐에 따라 우리말 사전사의 범위를 달리 볼 수 있다. 넓게는 외국인이 우리말을 이해하기 위해 만든 사전부터 좁게는 한국인이 한국어를 한국어로 풀이한 사전을 국어 사전 역사의 대상으로 아우를 수 있다. 여기에서는 한국인이 한국어 표제 어를 한국어로 풀이한 사전을 위주로 사전 편찬의 흐름을 살펴볼 것이다.

대역 어휘집/대역사전

12세기 초 중국인 손목이 당시의 고려말을 접한 뒤 중국어 어휘에 대응하는 고려의 말을 한자로 기록한 『계림유사』(1103)가 있다. 외국인이 귀에 들리는 대로 우리말을 받아쓴 대역 자료로서, 우리말이 수록된 사전적 형태로는 최초 의 기록이라고 할 수 있다. 개화기에 이르러 외국인이 편찬한 대역사전이 출간 된다. 『한불ᄌᆞ뎐』(리델, 1880), 『한영ᄌᆞ뎐』(언더우드, 1890) 등은 19세기 후반 외국 선교사들이 한국어 학습을 위해 표제어를 자모순으로 배열하고 해당 외 국어 대역어를 제시한 사전이다. 우리나라 사람이 만든 대역사전으로는 『국한 회화』(1895)가 있다. 『국한회화』는 우리말 표제어를 자모순으로 배열하고 대 역 한자나 한문 어구를 제시하였다. 현재 필사본만 남아 있고 출간되지는 못하 였다.

6.5.1. 해방 이전 사전

❑ 말모이

우리나라 사람이 우리말을 표제어로 삼고 우리말로 풀이한 최초의 사 전은 '말모이'이다. 1911년에 주시경과 그의 제자 김두봉, 이규영, 권덕규 등이 국권을 회복하려는 의도로 사전 편찬 작업에 매진하였다. 말을 모아 만든다 하여 이름도 '말모이'라고 하였다. 그러나 출간을 앞두고 1914년 에 주시경이 타계하고 김두봉이 중국으로 망명함에 따라 완성되지 못하 였다. 현재 표제어 'ㄱ'부터 '걀죽'까지 남아 있어 사전의 체제는 대강 알 수 있다.

(28) '말모이' 원고

일러두기에 해당하는 '알기'에 따르면 표제어는 고유어, 한자어, 외래
어 등 어종을 가리지 않았고 전문 용어도 포함하여 대종교, 불교, 야소

교[12]), 철학, 심리학, 윤리학, 논리학, 교육학, 경제학, 법학 등 총 19개 분야를 다루고 있다. 당시는 "한글 마춤법 통일안"(1933)이 발표되기 전이어서 표기법은 현재와는 상당한 차이가 있다. 위의 사진에서도 확인할 수 있듯이 띄어쓰기를 하지 않았다. 품사 표기는 주시경의 『국어문법』을 따르고 있다. 동사와 형용사는 어간을 표제어형으로 올렸다.

(29) 가 (심)[13] 어느 임을 다만 임이 되게 하는 홀소리 밑에 쓰는 토(배-뜨).
가 (안) ㉠저쪽으로 옮김 ㉡맘이 끌림 ㉢때가 지남 ㉣일이 틀림 ㉤죽음 ㉥일움(되어-) ㉦닿임(손-) ㉧높아짐(갑-).
x까스 [gas] (제) ㉠尋常한 狀態에서는 液化하기 難한 機體니 水素沼氣 따위. ㉡石炭까스 俗稱.
간질 (밖) 가렵은 곧을 긁음. --하(엇)가렵음. 또는 「-업」. -음 (제)가렵은 것.
+간청 [懇請] (제) 精誠스럽게 請하는 것.
감[‥][14] (엇) ㉠검은 빛에 붉은 빛이 섞임 ㉡검은 빛에 누른 빛이 섞임.

비록 출간되지는 못하였지만, 100여 년 전의 우리말 어휘를 우리말로 적고 풀이한 첫 사전이라는 점, 다방면의 어휘를 수집하여 수록하였다는 점, 그리고 어미와 조사를 포함한 토씨를 독립된 품사로 설정한 점, 그리고 음운, 형태, 통사적 정보를 사전의 구조 안에 비교적 세밀하게 수용하여 현대적 사전의 면모를 갖추었다는 점에서 의의가 있다.

---

12) '예수교'를 음역한 말로 기독교를 가리킨다.
13) '심'은 주격 조사를, '안'은 자동사, '밖'은 타동사, '제'는 명사, '엇'은 형용사를 가리킨다.
14) 말소리의 높낮이를 표시한 기호이다. 높은 소리에는 '·', 낮은 소리에는 '‥'를 표제어 표기 위에 두었다.

『보통학교 조선어사전』은 1925년에 보통학교 교사였던 심의린이 간행한 것으로,『보통학교 조선어독본』을 공부하기 위한 학습사전이며 한국인이 편찬하여 단행본으로 출간한 최초의 국어사전이다. 보통학교[15] 교사가 참고하도록 만들었으며 학생들의 학습상 편의를 위해 편찬하였다고 범례에 밝히고 있다. 또한 표제어는 초등학생들의 국어 교과서에 해당하는 조선어독본에 들어 있는 어휘를 빠짐없이 수록하였고, 신문이나 잡지에 쓰는 말도 보충해서 넣었다. 표제어 수는 총 6,106개이며 고유어와 한자어, 고유 명사, 일부 외래어를 등재하였다. 표기법은 교과서를 따랐으되 당시 서울말을 표준어로 삼았고, 소리나는 대로 표기하되 일정한 어법을 참고하였다고 밝히고 있다. 띄어쓰기는 단어 단위로 하였다.

(30) 심의린의『보통학교 조선어사전』

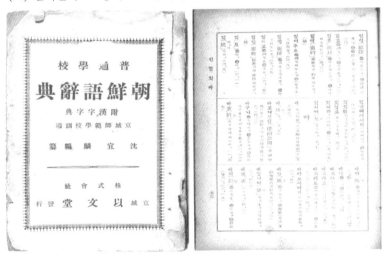

---

15) 오늘날로 보면 초등학교에 해당한다.

품사는 조사인 '토'를 제외하고는 따로 표시하지 않았는데, 이는 이용자인 학생의 수준을 고려한 것으로 보인다. 표제어의 단위는 단어 외에도 어절이나 구, 한자 성구와 한문 구절까지 범위가 넓다. 용언의 경우 사전 이용자인 학생을 위해 독본에 나오는 활용형을 표제어형으로 선정하였다. 뜻풀이는 유의어나 동의어를 제시하는 방식을 선택하였다. 전체적으로 간결한 풀이를 하고 있다.

(31) 가(邊 변) ❶여가리. ❷가장자리. [2,16][16]
    가 囝 終聲이 잇는 말밋헤는 '이'를 쓰고 中聲만 잇는 말밋헤는 '가'를 씀. [2,16]
    가두엇소(囚 슈) ❶나오지 못하게 집어너엇소. ❷獄에 넛는 것. [5,12]
    바고다공원[塔洞公園] 京城中央에잇는 公員이니 十二層의 塔이 잇소. [4,2]
    사다주시면 사서갓다주시면
    월야심경(月夜深更) 달 밝은 깁흔 밤. [5,6]
    이긔지못하얏소 ❶대단하얏소. ❷졋소. ❸엇지할수업섯소. [4,14]

경성사범학교 교사이면서 조선광문회, 조선어학회 회원이었던 국어학자 심의린은 편찬자의 입장보다는 당시 보통학교를 다니는 학생의 입장에서 사전 표제어형을 결정하고 풀이말도 간단명료하게 제시하였던 것이다.[17] 특히 국어 학습용 어휘가 6천여 개에 이르러 그 수가 적지 않고 사전의 구성과 여러 미시 정보를 수록하고 있다는 점에서 당대 학습사전으로서의 가치가 무척 크다.

---

16) 표제어 맨 끝에 제시된 두 개의 수는 표제어가 『보통학교 조선어독본』에서 처음으로 나오는 권수와 과를 표시한 것이다. 1923년에 발행된 독본을 기준으로 그 출처를 제시하였다.
17) 부록으로 한자 자전이 실려 있는데, 3,500여 개의 한자를 획수별로 배열하였다.

❑ 문세영의 『朝鮮語辭典』

1938년에 출간된 문세영 저 『조선어사전』은 언어 사전의 특징을 고루 갖춘 현대적 사전이다. 1938년의 초판은 표제어 81,000여 개를 수록하였으며, 1942년의 수정증보판은 표제어가 95,000여 개에 이르러 규모면에서는 당대 우리말을 종합한 사전이라 할 수 있다. 1933년 '한글 마춤법 통일안'을 표기의 기준으로 삼았고 1936년 '표준어 사정안'을 어휘 선정의 기준으로 삼았다. 또한 한글 전용 사전으로서 이용자가 이해하기 쉽게 기술하였으며[18] 특히 뜻풀이가 간명하게 제시되어 있다.

(32) 『조선어사전』의 표지와 본문

---

18) 황용주(2014)에서는 <조선어사전>이 1940년대부터 1960년대까지 대중적으로 각광을 받았던 사전이었음을 당시의 신문 자료 등을 통해 소개하고 있다.

이전의 국어사전은 주로 국한문 혼용으로 표기하였는데,[19] 문세영의 『조선어사전』부터 한글 표기로 바뀌었다. 문세영은 뜻풀이에서 한자어도 한글로 적었는데, 일부 필요한 경우 괄호에 한자를 병기했다. 혼종어 표제어의 경우에도 한글로 표기하고 참고가 될 만한 말에만 풀이 끝에 한자를 보였다.

약 10만 개에 이르는 표제어에는 고유어, 한자어, 외래어뿐만 아니라 옛말과 이두, 그리고 방언도[20] 포함하였다. 언어 단위로는 단어 외 조사와 접사(접두어·접미어), 어미, 구와 속담까지 두루 실어 현대의 국어사전과 다르지 않다. 학술 용어로는 문법, 동물학, 식물학, 광물학, 의학, 약학, 수학, 물리학, 화학, 법학, 철학, 심리학, 교육학, 윤리학, 논리학, 경제학, 천문학, 지문학(地文學)에 관한 어휘를 선별하여 수록하였다. 나라명, 지명, 종족명, 유물명, 기관명 등의 고유 명사도 일부 실었다.

사전의 미시 구조는 아래와 같이 우리말 어휘에 대한 주요 정보를 대부분 수용하였다.

(33) 『조선어사전』의 구조
    표제어/발음/원어/활용/품사/전문어/뜻풀이/관련어/부표제어

국어사전으로는 최초로 동사와 형용사의 불규칙 활용형 정보를 일관되게 제시하고 있다.

(34) 곱다 (ㅂ변) [고와·고운] 태 ①아름답다. 이쁘다. ②깨끗하다. ③부드럽다.…

---

19) 말모이 등 이전의 사전 집필은 한자어는 한자로 적는 국한문 혼용체였다.
20) 각 지방의 사투리도 될 수 있는 대로 많이 수용하여 표준말과 비교하여 실었다고 일러두기에 밝히고 있다. 그러나 해당 지역은 밝히지 않았다.

길다 (ㄹ변) [기니·긴] 혱 ①짜르지 않다. ②멀다. 오래다. 長.
나르다 (ㄹ변) [날라·나른] 턔 물건을 갑지에서 을지로 옮기다. 운반하
다. 운수하다.
듣다 (ㄷ변) [들어·들은] 턔 ①소리를 귀로 느끼다. ②이르는 말대로 하
다.…

사전에서 설정한 품사 정보는 아래와 같다. '지정사'를 두었으며 접두
사와 접미사를 포함하였다. 어미는 따로 제시하지 않았다.

(35) 『조선어사전』의 품사 정보
명사/대명사/자동사/타동사/지정사/접속사/부사/형용사/감탄사/조사/접
두어/접미어

사전의 표기법은 '한글 마춤법 통일안'(1933)에 따르고 있어 오늘의 사
전과 크게 다르지 않다. 아래 예시는 각각 방언, 비표준어, 고어, 외래어,
지명, 부표제어의 예이다.

(36) 가래기 명 '솔가리', '낙엽'(落葉)의 사투리.
겻눈-주다 턔 '곁눈주다'에 보라.
가마괴 명 <동> '까마귀'의 옛말.
라이쎈쓰(Ricence) 명 면허장(免許狀), 특허장(特許狀).
백제(百濟) 몡 조선 삼국시대의 한 나라.
상실(喪失) 몡 잃어버리는 것. 【-하다턔】

뜻풀이는 쉽고 간결한 표현으로 제시하였다. 특히 뜻풀이 문장의 형식
을 표제어의 품사에 따라 체언은 명사나 명사형 표현으로, 용언은 동작이
나 상태를 나타내는 표현으로, 부사는 부사어로 맞추었다. 이러한 풀이문
의 형식은 이후 국어사전에도 계승되어 공고히 지켜지고 있다. 다만, 어휘

사전에서는 표제어의 용법을 보여 주는 용례가 필수적인데, 이에 대한 고려가 없었다. 관련어로는 뜻풀이 끝에 유의어를 제시하거나 해당 의미의 한자를 두고 있다.

(37) 구석 몡 ①모퉁이의 안쪽. ②가장자리의 쪽. ③가로 깊은 곳.
마주 円 서로 똑 바로 향하여.
보다 죄 두 가지를 비교할 때에 쓰는 토. 보담. 버덤.
억지-쓰다 (으변) [-써•쓴] 타 자기의 주견을 고집하다. 시비를 불고하고 제 고집만 내세다.
오전(午前) 몡 밤 열두 시부터 오정까지. 오정전. 上午.

6.5.2. 해방 이후 사전

❑ 『큰사전』

『큰사전』은 1947~1957년에 걸쳐 출간되었다. 조선어학회 때 시작하여 한글학회에서 완성된 사전이다. 모두 164,125개의 표제어를 등재하여 양적으로 충실하고 사전의 형식이나 내용도 체계적으로 구성한 대사전이다. 일부 예문도 제시하여 실제 용법을 보였고 맞춤법과 표준어 등은 한글학회가 제정한 어문 규정을 충실히 적용하였다. 무엇보다 이 사전은 '조선어학회 사건'(1942), '6.25 전쟁'(1950), '한글 간소화 파동'(1953) 등의 역사적인 수난을 겪으면서 완성되었다.

(38) 『큰사전』의 표지와 본문

　규모면에서 기존 사전보다 월등히 많은 표제어를 수록하였다. 파생어와 복합어를 두루 등재하였고 전문어도 수록하였다. 미시 구조도 이전의 사전보다 훨씬 체계적으로 구성하였다. 표제어는 단어를 중심으로 배열하였고, '-하다' 등의 파생어, 관용구와 속담과 같은 구절 표현은 주표제어 아래 두어 뜻풀이를 보인 점 등이 그러하다. 그리고 불규칙 활용 정보를 빠짐없이 제시하고 있으며, 일부 불규칙 어간을 표제어로 등재하였다. 이는 우리말을 분석적으로 수용한 부분이라고 평가할 만하다. 또한 표제어의 관련어로 표준어와 방언, 현대어와 옛말, 원말과 변한말, 준말과 본말, 큰말과 작은말 및 센말과 거센말, 상대(반대)되는 말, 참고할 말 등을 제시하였다. 대사전에 걸맞게 표제어의 다양한 어휘 관계를 종합적으로 수용하였다.

(39) 『큰사전』의 구조
    표제어/발음/원어/품사/불규칙/전문어/뜻풀이/용례/관련어/부표제어

사전의 구조는 앞서 살펴보았던 『조선어사전』과 크게 다르지 않다. 그러나 미시 구조별로 훨씬 심화된 정보를 수용하였다. 외래어의 원어가 무엇인지 따로 표기하였고[21] 전문어도 무려 49개 분야로 다양한 영역을 포함시켰다. 품사 정보는 아래와 같다.

(40) 『큰사전』의 품사 정보
    명사/의존 명사/대명사/수사
    형용사/보조 형용사/자동사/불완전 자동사/타동사/불완전 타동사/피동사
    /사동사/보조 동사/지정사
    관형사/부사
    감탄사
    조사/어간/접미사/접두사/선어말 어미/어미/준말

아래 예에서처럼 표제어 표기형에 장음 정보와 형태 분석 정보를 제시하고 있다. 또한 원어 및 품사 정보와 불규칙 정보를 그 다음에 배열하였다. 뜻풀이도 말맛을 살려 세밀하게 풀이하고 있으며 화용 정보와 구절 단위의 용례를 제시하고 있다.

---

21) 영어를 비롯하여, 프랑스어, 독일어, 이탈리아어, 히브리어 등 20개의 언어를 표시하였다.

(41) 가. 감·사(感謝) [이]22) ① 고마움. ② 고맙게 생각됨. ③ 고마운 마음으로
　　　 사례함. --하다[어·제·남.여벗]23)

　　나. 가득-하다 [어. 여벗] 분량이나 수효가 범위 안에 차다.
　　　 (센말: 가뜩하다. 큰말: 그득하다).

　　다. 개- [머리] 풀이. [~꽃. ~머루. ~꿈. ~떡.]
　　　 -군 [발] 어떠한 일을 직업적으로, 또는 습관적으로 하는 사람이란
　　　 뜻으로 명사 밑에 붙이어 쓰는 접미어. [바느질~. 노름~]

　　라. 개맹이 [이] 똘똘한 기운. 소극적으로만 쓰는 말. [~가 없다. ~가 풀
　　　 어지다.]
　　　 차마 [엇] 속마음에서 우러나는 애틋하고 안타까운 정을 억눌러 참
　　　 고서 함을 뜻하는 말. [~ 못 보겠다.]

　　마. 단성(丹誠) [이] ((생)) 생물(生物)의 생식 기관이 암, 또는 수의 한쪽
　　　 으로만 됨.
　　　 수규(首揆) [이] ((고제)) =영의정(領議政).
　　　 이 상재(李商在) [이] ((사람)) 이십 세기 초엽의 정치가, 종교가, 지
　　사. 호는 월남.…

(41마)에서 볼 수 있듯이 전문 용어와 고유 명사를 상당량 수용하였다.
특히 이전 사전과 달리 전문 용어의 분야를 제시하고 있어 백과적인 정보
를 미시 구조로 수용하였다.24) 또한 식물이나 동물, 의류처럼 이미지가
필요한 경우 삽화를 추가하였다. 다양한 분야의 전문어 사전이나 백과사

---

22) 품사를 나타내는 용어를 순우리말로 표시하고 있다. '이'는 이름씨로서 명사
　　 를, '어'는 '어찌씨'로서 형용사를, '머리'는 접두사를, '발'은 접미사를, '엇'은
　　 부사를 뜻한다.

23) 파생어인 '감사하다'가 형용사, 자동사, 타동사의 용법을 가지며 여 불규칙 활
　　 용을 한다는 점을 표시한 것이다.

24) 동식물명의 학명을 제시하고 있는데, 이는 이후 국어대사전에 그대로 수용되
　　 었다.

전이 당시에는 없었기 때문에 국어대사전에서 사항에 대한 지식 정보를 수록하여 사전 이용자의 궁금함을 해결해 주려고 한 것이다. 당시 우리말을 일정한 어문 규범에 따라 통일하고 종합한 사전으로서 해방 전후 어문 생활의 기초를 다지는 데 중요한 역할을 하였다.[25][26]

> ### 조선어학회가 발간한 사전의 이름은?
>
> 　책의 첫 이름은 『조선 말 큰 사전』이었다. 이 명칭은 제1권(1947.10.9. 초판, 1949.7.1. 재판)과 제2권(1949.5.5.)까지만 쓰이고, 제3권(1950.6.1.)부터는 『큰 사전』으로 출간되었다. 제1권, 2권도 이후의 판은 『큰 사전』으로 발간되었다. 오늘날에는 이 사전을 보통 '큰사전'이라 일컫는다.

　1950년대는 새 시대의 교육과 언론·출판 등에 새로운 사전이 요구되는 시기였다. 특히 현대성과 실용성을 고루 갖춘 사전이 필요하게 되었다. 출판사를 중심으로 국어학자들의 사전 편찬이 본격적으로 이루어지게 된다. 이윤재가 짓고 김병제가 엮은 『표준 조선말 사전』, 유열이 편찬한 『현대 학생 우리말 사전』(1950)이 있으며, 한글학회에서는 1958년에 『중사전』을 출간하였다. 같은 해 국어국문학회에서도 15만 개 규모의 『국어 새 사전』을 출판하였다. 1959년에는 홍웅선·김민수 공편의 『새 사전』이 출간되기도 하는 등 학계와 학자들의 사전 편찬이 활발하게 이루어졌다. 1960년대에는 50년대의 중형·소형 사전을 넘어서는 큰 규모의 사전들이 출간되었다. 지난날의 대사전을 본격적으로 수정하고 보완한 제2의 대사전이라고 할 수 있다. 이들 중 주요한 사전을 살펴보자.

---

25)　반면 일반어보다 전문어에 대한 정보와 분량이 많다는 점에서 비판을 받기도 하였다.

26)　한글학회 홈페이지에서 『큰사전』의 내용을 확인할 수 있다. 스캔 이미지를 자모별로 제공하고 있다. https://www.hangeul.or.kr

□『국어대사전』

이희승이 1961년에 펴낸『국어대사전』은 당시의 어휘사전이면서도 백과사전적 성격을 띠고 있다. 표제어의 수록 범위도 표준어나 비표준어와 같은 일상어 외에도 속어나 곁말, 변말, 심마니말, 학생어, 궁중어, 고어, 이두 등 12종의 어휘 부류를 구분하여 수록하였다. 그뿐만 아니라 철학, 논리, 심리학 등 44개 분야의 백과사전적 항목을 설정하고 표제어로 수록하였다. 표제어의 수가 23만 개 규모로 확장되었고 1982년 증보판, 1994년 3판으로 갈수록 표제어 수가 늘었다. 사전의 구조는 다음과 같다.

(42)『국어대사전』의 구조
  표제어/원어/발음/품사/활용/전문어/뜻풀이/예문/관련어/부표제어

앞선 사전과 달리 표제어에 장음 표시와 형태소 분석 정보를 전체적으로 적용하였다. 전문 용어뿐만 아니라 일반어에도 백과적인 정보를 반영하여 풀이를 하고 있다. '-하다' 등 파생 용언은 어근 명사인 표제어에 부표제어 형식으로 처리하였다. 품사 정보는 아래와 같이 구분하였다.

(43)『국어대사전』의 품사 정보
  명사/의존 명사/인칭 대명사/지시 대명사
  자동사/불완전 자동사/타동사/불완전 타동사/피동사/사역 동사/보조 동사
  형용사/보조 형용사
  관형사/부사
  감탄사
  조사/어간/접두어/접미어/선어말어미/어미/준말

품사 구분은『큰사전』과 대동소이하다. 대명사를 둘로 나누어 제시한 것을 제외하고는 동일하다.

(44) 가:래-과【—科】[—랫—] 몡《식》〔Potamogetonaceae〕단자엽 식물에 속하
는 한 과.
방아1 몡 곡식을 찧는 틀. 땅에 절구 확을 묻고 긴 나무채의 한 끝에
공이를 끼고, 다른 한 끝을 눌렀다 놓았다 하여 찧게 됨. 디딜방아와 물
레방아의 구별이 있음. ¶~를 찧다.
색-칠 몡 색을 칠함. 또는 그 칠. —-하다 쟈「여변」
녀름1 몡 <옛> 여름. ¶녀름 하(夏)《字會 上 1》.
새옹지-마:【塞翁之馬】몡〔회남자(淮南子) 인간훈(人間訓)에 나오는 고사〕
…

『국어대사전』에 보인 용례의 형태는 복합어 또는 간단한 구이다. 그것
도 일부 표제어에만 제시하고 있다. 용례의 수는『큰사전』에 비해서는
많은 편이다.『큰사전』과 마찬가지로 조사와 어미에는 두루 보였고, 고어
는 현대어로 풀이한 다음에 출전이 있는 원문을 소개하고 있다. 고사성어
는 전거나 유래, 어원 등을 밝혔다.

❑『금성판 국어대사전』

1991년에 금성출판사가 출간한 대사전이다. 이후 1996년에 2판을 운평
어문연구소 편찬으로 출간하였다. 표제어 약 33만 개 규모의 사전으로
포괄적인 정규 대사전이다. 통일 시대를 대비해 북한어를 실었으며 주요
표제어의 어원을 제시하여 학계의 주목을 받았다. 사전의 구조는 아래와
같다.

(45) 사전의 구조
표제어/원어/발음/품사/어원/불규칙/전문어/용법/뜻풀이/용례/관련어/
부표제어

문법 용어와 체계는 당시 학교 문법 통합 교재로 편찬된 고등학교 문법 교과서를 따랐다. 품사 및 문법 요소의 정보가 최근의 국어사전의 그것과 거의 일치한다. 동사의 하위 품사를 세밀하게 나누어 제시하고 있는 것이 특징이다.

(46) 『금성판 국어대사전』의 품사 정보
　　명사/자립 명사/의존 명사
　　대명사/인칭 대명사/지시 대명사
　　수사
　　동사/자동사/불완전 자동사/타동사/불완전 타동사/피동사/사동사/보조 동사
　　형용사/보조 형용사
　　관형사/부사
　　감탄사
　　조사/접두사/접미사/어미/선어말 어미

당시로서는 기초 어휘를 비롯한 많은 어휘를 새롭게 풀이하였고, 어원을 재정비하였다. 국내 최초로 시도한 어원 표시 중 미비했던 점을 재검증하고 단어 형태가 바뀐 역사를 한눈에 알아볼 수 있게 형태 변화를 보였다. 그리고 첨단 과학 용어, 시사 정보어, 외래어 신어 등을 채집, 수록했다. 동구권 및 북구권 외래어 표기법에 따라 표제어형을 수정하여 당시 규범적 표기형을 제공하려고 한 부분으로 볼 수 있다.

(47) 가. 거꾸로 ㈜ 〔√거꿀=(<깃귤=:거꾸러지다)+-오〕 차례나 방향이 반대로 바뀌게. ¶신발을 ~ 신다 / 원숭이가 나무에 ~ 매달리다. <작>가꾸로.
　　나. 그러모으다 ㈅(타) <~모으니, ~모아> 〔√글=(∽√끌=)+-어+모으다〕 (흩어져 있는 것을) 거두어 한 곳에 모으다. ¶가랑잎을 ~ / 화로에 불을 쏟아 놓고 화젓가락으로 재를 그러모으며 앉았던 계집애는 젓가락을 든 손을 잠깐 쉬며 나를 치어다본다《廉想涉 萬歲前》.

다. 사이다【cider】圀〔본뜻은 사과술〕 탄산수에 당분과 향료를 섞어 만든
　　청량 음료.

　이 사전은 기존 사전과 달리 문학 작품에서 용례를 선별하여 출처까지
제시하였다는 점에서 언어 사전의 성격을 한층 더 강화했다고 할 수 있다.
근현대 문학은 물론, 구운몽, 심청전, 춘향전 등 고전 문학과 성서 등에서
폭넓게 예문을 수집하여 제시하였다. 읽는 방법만 보였던 이두에 그 풀이
를 제시하고, 언어생활 중에 틀리기 쉬운 표현을 바로잡는 어법 항목을
신설하였다. 유사어의 미세한 차이를 대비적으로 밝혀 혼동되는 말에 대
한 이용자의 이해를 돕고 있다. 정부가 다듬은 국어 순화어를 반영하기도
하였고, 일상에서 자주 쓰이는 외국의 격언, 속담 및 명언까지 수록하고
있다.

❏ 『우리말큰사전』

　『우리말 큰사전』은 『큰사전』(1947~1957)을 보완해서 편찬한 것으로,
1967년에 시작하여 1992년 초에 완간되었다. 누락된 어휘를 찾아 수록하
고 뜻풀이와 용례를 보완하는 등의 노력을 기울였다. 그러나 이 시기에
문교부가 새 '한글 맞춤법'과 '표준어 규정'을 고시하게 되었다. 당시 한
글학회에서는 20여 년간 집필하여 조판 직전에 있는 수십만 어휘의 사전
원고를 바뀐 규정에 따라 전체를 수정하기 어려웠고 1930년대에 우리말
의 규범을 처음으로 통일하여 광복 이후 널리 써오게 한 전통을 포기하기
어려웠다. 결국 맞춤법은 고치지 않고, 일부 새 표준어만 동의어로 적용하
는 방식으로 출간하였다. 결국 새 어문 규정을 따르지 않은 사전으로 평가
받아 독자로부터 외면받기도 하였다.27)

---

27)　대표적인 예가 한자 합성어의 사이시옷 적용에 관해서이다. '내과', '장미과'가

표제어 규모는 45만이라고 제시하고 있으나 부표제어를 포함한 수치로 보인다. 현대어를 3권으로 묶었고 옛말과 이두를 4권에 수록하였다. 백과 사전식의 어휘 늘리기를 피하고, 되도록 우리말 언어 사전을 집대성하는 데 힘썼다. 각종 언어 자료를 바탕으로 당시로서는 가장 많은 표제어를 등재하였다. 또한 겨레말의 통일을 생각하여 북한의 방언과 문화어도 일부 실었다. 사전의 구조는 아래와 같다.

(48) 『우리말 큰사전』의 구조
표제어/발음/품사/불규칙/전문어/뜻풀이/용례/관련어/부표제어/원어

품사 표시는 『큰사전』의 형태를 이어받았다.

(49) 『우리말 큰사전』의 품사 정보
이름씨(명사)/매인이름씨(불완전명사)/대이름씨(대명사)/셈씨(수사)
제움직씨(자동사)/남움직씨(타동사)/제움직씨와 남움직씨/도움움직씨(보조동사)/모자란제움직씨(불완전자동사)/모자란남움직씨(불완전타동사)/그림씨(형용사)/모자란그림씨(불완전형용사)/도움그림씨(보조형용사)/잡음씨(지정사)
매김씨(관형사)/어찌씨(부사)
느낌씨(감탄사)
토씨(조사)/줄기(어간)/도움줄기(보조어간)/앞가지(접두사)/뒷가지(접미사)/씨끝(어미)

표제어의 정의는 쉽고 간결하게 풀이하는 데 힘썼다. 예문으로 작성례 뿐만 아니라 인용례도 수용하였다. 특히 인용례에는 출처를 밝히고 있다.

아니라 '냇과', '장밋과'를 표준어로 보았다. '싃치(switch), 어나운서(announcer), 스티크(stick)' 등 일부 외래어의 표기를 규범과 달리 제시하였다.

7,000여 점의 그림과 사진을 국어사전으로는 처음 천연색으로 실어 표제어에 대한 정보력을 한층 높였다.

(50) 가. 교:육 [이] 지식과 기술 들을 가르치며 인격을 길러 주는 일. ¶~을 받다. ~에 힘쓰다. 〔敎育〕

교:육-하다 [이](남)(여불) => 교육.〔敎育-〕

나. ((게다1 [이] →왜나막신. 〔일. geda〕

위에서 보듯이 '-하다'나 '-되다' 파생 용언을 부표제어로 처리하지 않고 주표제어로 등재하였다. 그러나 뜻풀이는 따로 하지 않고 화살표를 사용하여 어근인 명사 표제어로 보내는 방식을 취하고 있다. 다른 사전과 달리 원어 정보를 미시 구조의 제일 마지막에 제시하고 있다. 비표준어의 경우 표제어 앞에 '반달표'를 추가하여 눈에 두드러지도록 하였다.

6.5.3. 최근의 사전

❑『연세한국어사전』

연세대학교 언어정보개발연구원이 1998년에 출간한 학습용 사전이다. 또한 국내에서는 코퍼스를 활용하여 편찬한 최초의 사전이다. 코퍼스에서 고빈도 표제어를 선정한 뒤 쉬운 풀이와 새로운 편집 방식으로 편찬, 출간하였다. 표제어 선정 기준을 명확히 제시한 사전으로서, 약 4,300만 어절의 코퍼스에서 사용 빈도가 높은 어휘를 표제어로 선정하였다.28) 또한 모든 표제어에 대해 코퍼스에서 추출한 용례를 보였으며, 표제어의

---

28) 박경리, 이어령 등 국내 작가의 작품과 여러 일간 신문과 잡지 등 1960년대 이후의 국어 텍스트 중에서 말뭉치 구성 원칙에 따라 18만 쪽을 선정하였다. 여기서 사용 빈도 14번 이상인 단어를 표제어로 선정하였다.

문법 정보도 상세하게 제시하였다는 점에서도 이전 사전과 차이를 보인다. 사전의 구조와 품사 정보는 다음과 같다.

(51) 사전의 구조
　　표제어/원어/발음/활용/품사/격틀/의미 부류/뜻풀이/용례/관련어/부가정보

(52) 『연세한국어사전』의 품사 정보
　　명사/대명사/수사/의존 명사
　　동사/보조 동사/형용사/보조 형용사
　　관형사/부사
　　감탄사
　　조사/접두사/접미사/어미/형성소/줄어든 꼴

이 사전의 품사 정보에는 기존 국어사전에서 볼 수 없는 '형성소'를 설정하였다. '간이, 국제, 원시' 등과 같이 자립적으로는 쓰이지 않지만, 단어나 구를 만드는 데 쓰이는 단어를 따로 구분하여 명명한 것이다. 아래 (53가)가 그 예이다.

(53) 가. 간이(簡易) [형성] (정규 시설이 아니라) 어떤 시설의 기능이나 목적
　　　을 위한 기본적인 요소만을 간단하게 갖춘. ¶… 간이 주점들 ….
　　나. 개별(個別) 몡 I. 풀이 ….
　　　　　　　　　　II. 〔관형사적으로 쓰이어〕
　　　내일(來日) 몡 I. 풀이 ….
　　　　　　　　　　II. 〔부사적으로 쓰이어〕
　　다. 괴로워하다 동 괴롭게 여기다. … ①이 (②를) 괴로워하다 ①사람명사
　　　깃들이다 동① (새가) 집을 짓고 그 속에 살다. … ①이 ②에 깃들이다
　　　①유정명사 ②장소명사
　　라. 눈 몡 … [연] ~을 감다/뜨다
　　　구미(口味) 몡 … [연] ~가 당기다, ~를 돋우다

(53나)에서 보듯이 하나의 품사가 다른 통사적 기능을 수행하는 경우를 따로 구분하여 기술하고 있다. (53다)처럼 용언이 취하는 논항 정보와 논항이 취하는 의미 부류 정보를 제시하고 있다. 그리고 (53라)의 예와 같이 표제어의 연어 정보도 따로 표시해 주었다. 이전 사전에서 기술한 바 없는 언어 정보를 체계적으로 보였다. 또한 조사와 어미처럼 문법 형태에 대해 상세하게 기술하여 국어 학습에 실질적인 도움이 되게 하였다.

『연세한국어사전』은 동·식물명이나 일상에서 널리 쓰이는 전문어 표제어에 대해 백과사전적 풀이를 하지 않고 쉬운 말로 풀어서 표현하였다.[29]

(54) 가. 개1「명사」 사람을 잘 따라서 귀염을 받고 냄새를 잘 맡고 귀가 매우 밝아 도둑을 쫓거나 사냥을 도우며, '멍멍'하고 짖는 집짐승.
　　나. 은행나무「명사」 주로 가로수나 정자나무로 심는데 암수딴그루이며, 잎은 부채 모양이고 서리를 맞으면 노랗게 단풍이 들고 가을에는 그 열매인 은행이 여는 나무.
　　다. 이산화탄소「명사」 (탄소와 산소의 화합물로) 탄소가 완전 연소할 때 생기는 빛깔과 냄새가 없는 기체.

❑『표준국어대사전』

우리나라 최초의 정규 규범 사전으로서 국책 연구 기관인 국립국어원이[30] 주도하여 편찬한 사전이다. 1999년에 출간된 『표준국어대사전』은 국민의 언어생활을 바르게 이끄는 데 목적을 둔 참조 사전이면서도 백과사전적 성격을 띤 국어대사전이다. 2008년에는 홈페이지를 통해 웹 서비

---

29) 연세대학교 언어정보연구원 홈페이지에서 스캔 이미지를 확인하거나 직접 검색할 수 있다. 주소는 https://ilis.yonsei.ac.kr/이다.
30) 당시 기관명은 '국립국어연구원'이었다.

스를 시작하였다. 표제어는 기존의 6개 대사전에 실린 어휘를 1차 대상으로 삼아 널리 쓰이는 표준어를 위주로 선정하였다. 또한 일상에서 널리 쓰이는 비표준어와 방언을 수록하였다. 전체적으로 일반어와 전문어, 북한어, 방언, 옛말 등을 표제어로 삼아 초판에는 509,076개의 표제어를 등재하였다. 2008년 개정판에서는 510,268개로 늘었다.[31] 사전의 구조는 아래와 같다.

(55) 사전의 구조
　　　표제어/원어/발음/활용/품사/문형/문법/뜻풀이/용례/관련어/어원/부표제어

사전의 품사 정보는 학교 문법에 따라 9품사로 나누어 표시하고 접사와 의존 명사, 보조 동사, 보조 형용사, 어미를 두었다. 자동사와 타동사는 따로 표시하지 않고 문형 정보를 통해 구분하고 있다.

(56)『표준국어대사전』의 품사 정보
　　　명사/대명사/수사
　　　동사/보조 동사/형용사/보조 형용사
　　　관형사/부사
　　　감탄사
　　　조사/접두사/접미사/어미

복합어 표제어에 대해 가장 나중에 결합한 성분을 기준으로 붙임표를 제시하여 형태 분석 정보를 보이고 있다. '표준 발음법'에 따른 표준 발음을 기초로 하여 복수 발음과 활용형의 발음을 표시하였다. 용언의 문형

---

31)　2019년 3월에 웹 서비스를 개선하면서 옛말, 방언, 북한어를 <우리말샘>으로 이전하였다. 이로 인해 전체 표제어 규모는 434,233개로 조정되었다.

정보를 대사전으로는 처음으로 적용하였다. 순환적 뜻풀이를 피하고 일반인들이 쉽게 이해할 수 있도록 쉬운 말을 사용하였다. 다양한 문헌 자료를 전산화하고 이를 토대로 용례를 추출하여 해당 표제어가 실제로 쓰인 문장을 제시한 점에서 코퍼스를 일부분 활용하였다고 할 수 있다. 일부 고유어에 대해 최초 출현형과 형태 변화 과정을 보여 주는 어원 정보를 제일 마지막에 제시하였다.

(57) 가. 백모래-밭(白모래밭) [뱅모래받] 〔백모래밭이[뱅모래바치], 백모래밭을[뱅모래바틀], 백모래밭만[뱅모래반만]〕 명 ….

나. 싸우다 〔싸우어[싸우어](싸워[싸워]), 싸우니[싸우니]〕 동 **1** 【(…과)】 (('…과'가 나타나지 않을 때는 여럿임을 뜻하는 말이 주어로 온다)) 「1」 말, 힘, 무기 따위를 가지고 서로 이기려고 다투다. ¶적과 싸우다 / 나는 철수와 서로 때리면서 싸웠다.

다. 불안-하다 〔불안하여[부란하여](불안해[부란해]), 불안하니[부란하니]〕 형 **1** 【…이】 「1」【-기가】 마음이 편하지 아니하다. ¶서동수는 이쪽이 다섯밖에 안 되는 것이 갑자기 좀 불안했으나 천연스럽게 다가갔다.≪송기숙, 암태도≫

라. 짐승 명 … 〖<즘승<즘싱<즁싱<용가><衆生〗
가난-하다 형 … 〖<가난ᄒ다<내훈> /간난ᄒ다<내훈><—간난(艱難)+ᄒ-〗

❑ 『고려대 한국어대사전』

고려대학교 민족문화연구원에서 2009년 출간한 사전으로 대학 연구 기관이 펴낸 최초의 대사전이다. 이 사전은 1억 어절 규모의 한국어 데이터베이스에서 빈도가 있는 말을 표제어로 선정하였다는 점에서 코퍼스에 기반하여 편찬된 최초의 국어대사전이다. 그래서 기존의 국어사전에 실리지 않은 표제어 4만여 개를 새롭게 등재하였다. 당대의 최신 텍스트와

각종 신어 자료를 수집하고 가공한 뒤 분석하여 언중들이 두루 쓰고 있는 미등재어와 신어를 찾아 실었다. 기존 국어사전과 달리 표제어로 선정한 어휘는 모두 주표제어로 등재함으로써 복합어를 부표제어로 제시하는 관습을 극복하였다. 사전의 구조는 다음과 같다.

(58) 사전의 구조
표제어/원어/형태 정보/발음/활용/품사/전문어/문법 정보/뜻풀이/용례/관련어/어원/부표제어/부가정보

이 사전의 특징 중 하나는 모든 복합어 표제어에 대해 가장 작은 의미 단위인 형태소로 분석하여 제시함으로써 한국어의 다양한 조어법과 조어 양상을 보여 주었다는 점이다. 아래 예에서 동일한 형태 '간'이 각각 어떻게 다른지를 한눈에 파악할 수 있다.[32]

(59) 간경화증 [+肝+硬化+症] 몡
간고등어 [+간+고등어] 몡
간곳없이 [+가_ㄴ+곳+없-이] 뷔
간두다1 [+간(<그만)+두_다] 동
간만에 [±간+만+에] 뷔
간석기 [+가(갈)_ㄴ+石器] 몡
간하다2 [±諫-하_다] 동

품사 표시는 학교 문법에 따라 9품사를 제시하되, 하위 품사 구분을 조금 더 세분하였다.

---

32) 기호 '+'는 완전 어근, '±'는 불완전 어근, '-'는 접미사, '_'는 어말 어미를 가리킨다.

(60) 『고려대 한국어대사전』의 품사 정보

    명사/일반 명사/고유 명사/자립 명사/의존 명사

    인칭 대명사/지시 대명사/ 수사

    동사/자동사/타동사/보조 동사/형용사/보조 형용사

    관형사/부사/감탄사

    조사/접두사/접미사

    어미/선어말 어미/종결 어미/연결 어미/전성 어미

뜻풀이부의 특징으로는 첫째, 표제어의 실제 용법을 코퍼스를 통해 확인하고 새로운 의미를 추출하여 뜻풀이에 반영하였다. 그리고 실제 사용 빈도에 따라 의미 내항을 배열하였으며 기본 의미는 검은 원문자(❶, ❷, …)로 구분하여 표시하였다. 용법이 있는 모든 용언 표제어에 대해 문형 정보를 밝혔다. 또한 문형과 의미역, 뜻풀이가 유기적으로 연결되어 자연스러운 문장으로 읽힐 수 있도록 제시하였다.

(61) 가. 갈림길 ⑲ ①앞으로의 갈 방향이 서로 다르게 나누어지는 지점을 비유적으로 이르는 말. ¶인생의 ~ / 지금 우리는 성공과 실패의 ~에 있다. ❷둘 이상의 갈래로 나누어진 길. ¶그들은 ~을 앞에 두고 어느 쪽으로 가야 할지 망설였다.

    나. 감히 ⑭ ③ ((주로 '못'이나 '못하다'와 함께 쓰여)) 크게 고민하거나 어려워하지 않고 쉽게. ¶그 앞에서는 누구도 ~ 고개를 들지 못했다. / 이 액자는 값이 엄청나게 비싸 보통 사람들은 ~ 살 엄두를 못 낸다.

    다. 졸업하다 ⑧타 ❶◀⑲이 ⑲을▶(학생이 학교나 학원을) 그 학업 과정을 마치다. ¶그는 천신만고 끝에 대학교를 졸업했다. ② ◀⑲이 ⑲을▶{비유적으로}(사람이 일을) 경험을 쌓아 통달하다. ¶그런 일은 이미 졸업한 지 오랩니다.

    라. 고릿적 [±고릿+적] ⑲ 썩 오래된 옛날의 때. … ⚲이 말은 '고리'와 '적' 사이에 사이시옷이 개재된 어형이다. '고려(高麗)'의 '麗'는 '아

름다울 려'로 읽히는 한자이지만 나라 이름의 의미로 쓰일 때는 '리'로 읽힌다. 이러한 사실을 고려하면 '高麗'는 나라 이름으로 읽을 때 본래 '고리'로 읽는 것이 바른 독법임을 알 수 있다. '고릿적'의 '고리'는 바로 이 나라 이름으로서의 '고리(高麗)'를 이르는 것이다. 이때의 '고리'는 중세 시대의 '고려(高麗)'가 아니라 '고구려' 이전에 있었던 나라인 '고리(藁離)' 혹은 '구려(句麗)'를 뜻한다. 다만 현대 국어에서는 이미 '고릿적'의 '고릿'에 대한 이러한 어원 의식을 상실한 것으로 보아 우리 사전의 형태 분석에서는 어근으로 처리하였다.

코퍼스에서 추출한 용례 중에서 표제어의 의미와 용법이 자연스럽게 드러나는 예문을 뽑았다. 이해하기 어려운 원문 용례는 그대로 쓰지 않고 적절하게 가공, 편집하였다. 유의어, 반의어 등 20종의 관련어 정보를 뜻풀이 단위마다 각각 제시하였다. 특히 본말-준말, 원어-약어, 큰말-작은말, 센말-거센말-여린말, 이형태, 유의어, 반의어, 주동사-사동사, 능동사-피동사, 높임말, 낮춤말, 참고어, 비표준어 등 약 18만 개의 표제어에 45만여 개의 관련어를 제시하였다. 또한 풍부한 부가 정보를 수록하여 표제어의 어원, 문법적 특징, 일상에서 혼동되는 말, 정서법 관련 사항 등에 대해 설명하고 있다.[33)]

□ <우리말샘>, <한국어기초사전>

국립국어원에서는 국어지식 정보화를 통해 우리말에 대한 언어 정보를 웹 사전으로 구축하여 이용자에게 서비스하는 노력을 해 왔다. 그러한 노력의 결과가 <우리말샘>, <한국어기초사전>이다.

<우리말샘>(http://opendict.korean.go.kr)은 국립국어원이 2010년에 시작하여 2016년까지 '개방형 한국어 지식 대사전 구축'이라는 사업명으로

---

33) 포털 사이트 네이버와 다음에서 『고려대 한국어대사전』을 검색할 수 있다.

구축한 국민 참여형 대규모 인터넷 사전의 이름이다. 이 사전은 크게 두 가지 의의를 보이는데, 그 하나는 표준어 중심의 『표준국어대사전』에 비하여 신어, 전문 용어, 지역어(방언) 등 실생활에서 쓰이고 있는 많은 어휘들을 대폭 등재함으로써 기록을 위한 기술 사전으로서 등재하는 말의 범위를 크게 확대하였다는 점이다. 또 다른 하나는 소수의 사전 편찬자만이 아니라 위키백과 사전처럼 일반인도 편집에 참여할 수 있게 하여 사전의 편집 참여 범위를 넓혔다는 점이다. 2016년에 처음 서비스될 당시에는 100만 개 항목으로 시작하였는데, 2022년 현재 일반인이 직접 집필한 표제어까지 합쳐 총 125만 개 항목에 이르렀다. 표제어 수가 증가할 수 있는 것은 신어와 유행어, 방언, 그리고 누락된 전문 용어가 추가되었기 때문이다. 사전의 미시 구조는 『표준국어대사전』과 거의 동일하다. 기존 국어사전과 차별화되는 부분은 첫째, 5천 개 고유어에 대한 어휘 역사 정보를 수록하고 있다는 점, 둘째, 어휘 의미 관계를 어휘망 형식으로 시각화한 결과를 보이고 있다는 점이다. 그 외에도 사전 통계나 검색 결과를 내려받기할 수 있는 기능을 추가한 점은 진일보한 부분이라고 평가할 만하다. 셋째, 삽화나 사진, 표와 같은 시각 정보에서 확장하여 동영상과 애니메이션과 같은 멀티미디어 정보를 제공하고 있다. 다양한 동작을 나타내는 명사나 동사뿐만 아니라 소리나 모습을 나타내는 부사의 의미를 쉽게 이해할 수 있도록 돕고 있다.

<한국어기초사전>(https://krdict.korean.go.kr)은 국립국어원에서 전 세계의 한국어 학습자와 한국어 교사를 위해 만든 한국어 학습용 웹 사전이다. 특히 한국어 학습 수요가 많은 지역의 언어로 번역하기 위해 저본으로 만든 사전이다. 2010년에 기획되어 현재 11개 외국어로 번역된 <한국어-외국어 학습사전>이 서비스되고 있다.[34] 거시 구조는 표제어 5만여 개의

---

34) 현재 중국어, 러시아어, 베트남어, 태국어, 인도말레이어, 영어, 일본어, 스페인

항목으로 구성되어 있다. 단어뿐만 아니라 어미, 접사 및 어간형이 표제어로 등재되어 있으며 다양한 문화 어휘도 수록하였다. 외국인이 우리말의 주요 의미와 용법을 이해할 수 있도록 쉽게 풀이하고 있으며 공기 정보, 제약 정보 등의 문법 정보를 상세하게 제시하였다. 특히 용례를 구 단위, 문장 단위, 담화 단위로 체계화하고 풍부하게 실어 실용성을 높였다.

❑ 『겨레말큰사전』

『겨레말큰사전』 편찬 사업은 분단 이후 최초로 남과 북의 국어학자가 공동으로 편찬위원회를 구성하여 진행하고 있는 사업이다. 남북의 사전 학자와 국어학자가 직접 만나 표제어 선정에서부터 뜻풀이와 용례에 이르기까지 합의를 통해 편찬하고 있다. 사전에 수록될 표제어는 총 33만 개를 목표로 하고 있으며 현재 30만여 개를 선정하였다. 남북의 기존 사전에 있는 올림말 중 사용 빈도수가 높은 단어 23만여 개를 선정하였고, 나머지 7만 7천여 개는 지역어와 문헌어를 조사한 뒤 선정하였다. 신어는 『표준국어대사전』과 『조선말대사전』에 실리지 않은 어휘를 대상으로 한다. 현재까지 남북, 해외 현지 조사를 통해서 조사하고 발굴한 신어가 21만여 개에 이른다고 한다. 주로 문학 작품, 교과서, 신문, 잡지 등 각종 문헌에서 쓰인 어휘와 남북 및 조선족, 고려인 등 해외 동포가 실생활에서 사용하는 지역어를 대상으로 하고 있다고 밝히고 있다. 특히 분단 이후 뜻이 갈라진 단어에 대해서는 상세한 뜻풀이를 하고 있다. 선정된 표제어 중 현재까지 12만 5천여 개의 단어에 대해 공동으로 집필하였다. 약 3억 어절의 말뭉치를 구축하여 편찬 자료로 활용하고 있다. 사전에 적용할 표기 규범 중 자모 배열 순서, 띄어쓰기, 외래어 표기, 문장 부호 등에

어, 불어, 아랍어, 몽골어 등 11개 외국어로 표제어와 뜻풀이를 번역하여 제시하고 있다.

대해 상당 부분 합의하였고, 남북 차이가 큰 두음 법칙, 사이시옷 표기 등에 대해서는 합의하지 못한 상태이다.

이 사전은 우리 겨레가 오랜 기간에 걸쳐 창조하고 발전시켜 온 민족어 유산을 조사, 발굴하여 집대성한 사전이다. 남북의 국어학자와 사전학자가 함께 편찬하는 대사전으로 향후 온 겨레가 함께 볼 대사전이 될 것이다. 특히 남북의 의미 차이를 세밀하게 풀이하였으며 우리 민족어의 현재를 실감나게 보여주는 인용례를 풍부하게 싣고 있어 민족어 기술 사전의 특징을 가질 것으로 예상된다. 향후 전자사전을 동시에 발행할 수 있도록 기획하고 있다.35)

사전의 구성은 아래와 같다.

(62) 『겨레말큰사전』의 구조
표제어/발음/활용형/원어/품사/전문어/품사/뜻풀이/용례/관련어/형태 분석/어원/순화어/붙임/갈래말

남북의 의미 차이가 있는 올림말의 뜻풀이는 아래 예시와 같이 '붙임' 정보를 통해 그 차이를 자세히 보여 주고 있다.

(63) 나비
①얇고 넓적한 두 쌍의 날개가 있고 주로 낮에 활동하는 곤충을 통틀어 이르는 말.~.
②<나비1①>과 <나방>을 아울러 이르는 말.
[붙임] 북에서는 <나비>와 <나방>을 구분하지 않고 모두 <나비>라고

---

35) 2005년에 남북공동편찬위원회가 결성되어 지금까지 25차례의 만남을 통해 집필 작업을 이어가고 있다. 최근에는 남북 간의 여러 사정으로 인해 공동 작업이 중단된 상태이다.

부르지만 남에서는 이 둘을 구분한다. 나비는 몸이 가늘고 주로 낮에 활동하는 데에 비해 나방은 몸이 통통하고 주로 밤에 활동한다. 앉을 때 나비는 날개를 곧추세우지만 나방은 날개를 편다.

용례는 남과 북의 코퍼스에서 추출한 인용례를 중심으로 제시한다. 각각 예문 뒤에 출처를 밝혀 준다. 예에서 보듯이 남한과 북한, 그리고 재중 동포의 문학 작품에서 예문을 따 왔다.

(64) 대홍수 ~. ¶{대홍수}가 일어나다. | 북관땅의 수천호의 집들을 쓸로 지나 갔던 {대홍수에} 선녀의 할아버지도 낟알이나 좀 건져보겠다고 물가에 갔다가 세상을 뜬 것이다. ≪지오: 한≫(중국) / 인환의 집도 {대홍수의} 난리 속에 소중히 간직하던 족보와 그 밖의 집기들이 모두 물에 잠기고 말았다.≪강원희: 그 사람 이름 박인환≫(남측) / 지금 거기는 지난 8월에 있은 몇 십년래 보기 드문 {대홍수로} 해서 대부분 지방이 물에 잠겨 흉년이 들었다.(≪빛나는 아침≫)(북측)

북한의 사전

북한에서 처음 사전이 나온 것은 1956년 『조선어소사전』부터이다. 사회주의 국가 건설에 필요한 교육, 출판, 언어생활의 규범을 위해 편찬하였다. 표제어는 41,000여 개를 수록하였다. 1960~1962년에 총 6권으로 출간된 『조선말사전』은 187,000여 개 표제어를 수록한 사전이다. 당대 우리말의 언어학적 규범적 성격을 갖춘 주석 사전이며, 참고 사전의 성격을 잘 갖추고 있다. 이 사전은 이후 북한의 국어사전의 준거가 되었다. 1969년에 초판이 나오고 1981년에 2판이 출간된 『현대 조선말사전』은 순한글로만 편찬된 소사전으로 그 성격은 문화어 중심의 통제 사전이라고 할 수 있다. 『조선말대사전』은 1992년에 사회과학원 언어학연구소에서 출간한 대사전이다. 총 33만 개 표제어를 수록하였으며, 2007년과 2017년에 개정판을 출간하였다. 문화어뿐만 아니라 다양한 방언형과 전문 용어를 수록하여 참고용 사전의 성격이 강하다.

연습 문제

1. 다음에 제시한 사전을 살펴보고 그 특징에 대해 생각해 보자.

   1) 『보리국어사전』
   2) 『일본어에서 온 우리말 사전』
   3) 『뉘앙스 풀이를 겸한 우리말 사전』
   4) 『백석 시의 물명고』
   5) 『17세기 국어사전』

2. 아래 제시된 어휘에 대해 〈표준국어대사전〉, 〈연세한국어사전〉, 〈고려대 한국어 대사전〉에서 표제어의 등재 여부, 품사 정보, 형태 정보 등을 어떻게 처리하였는 지 비교하고 그 차이점에 대해 설명해 보자.

   1) 훌륭/훌륭하다
   2) 오늘
   3) 당하다
   4) 비빔밥

3. 여러 시대에 출간된 사전을 통해 어휘의 생태를 고찰할 수 있다. 아래 제시된 표제어의 뜻풀이는 『조선어사전』(1938), 『큰사전』(1947~1957)에 수록된 내용 이다. 〈표준국어대사전〉(2019)의 뜻풀이와 비교한 뒤 각각 어떤 변화가 일어났 는지 생각해 보자.

   1) 자가용 명 자기집에서 전용하는 것. 『조선어사전』
   2) 장님 명 '소경'을 높이는 말. 『조선어사전』
   3) 가시밭 명 가시덤불이 얼크러진 곳. 『큰사전』
   4) 여자 명 여편네와 계집을 통틀어 일컬음. 『큰사전』

4. 최근에 유행하고 있는 신어를 선정하여 원어, 품사, 뜻풀이와 용례를 직접 작성 해 보자.

▮참고문헌▮

1. 논저류

강범모(2017), 『한국어 명사의 화제 의미관계와 네트워크』, 한국문화사.

강범모·김흥규(2004), 『한국어 형태소 및 어휘 사용 빈도의 분석 2』, 고려대 민족문화연구원.

강범모·김흥규(2009), 『한국어 사용 빈도』, 한국문화사.

구본관(2005), 「현대국어와 역사성-어휘의 변화와 현대국어 어휘의 역사성」, 『국 어학』(국어학회) 45, 337-375.

국립국어연구원(2002), 『「표준국어대사전」 연구 분석』, 국립국어연구원.

국립국어원(2007), 『21세기 세종계획 백서』, 국립국어원.

김광해(1989), 「유의관계의 성립 조건」, 『이화어문논집』(이화여자대학교 한국 어문학연구소) 10, 13-31.

김광해(1993), 『국어 어휘론 개설』, 집문당.

김광해(2003), 『등급별 국어교육용 어휘』, 박이정.

김광해(2009), 『국어 어휘론 개설』, 집문당.

김선철 외(2019), 『디지털 시대의 사전』, 한국문화사.

김양진·오새내(2010), 「민간주도형 백과사전식 국어대사전 편찬 특징에 대하 여」, 『한국사전학』10, 69-105.

김윤신(2006), 「한국어 동사의 사건구조와 어휘상」, 『한국어학』(한국어학회) 30, 31-61.

김윤희(2010), 「한국 근대 신어 연구(1920년~1936년): 일상·문화적 맥락을 중 심으로」, 『국어사연구』(국어사학회) 11, 37-67.

김일환 외(2010), 「SJ-RIKC Corpus: 세종 형태의미 분석 코퍼스를 넘어서」, 『민 족문화연구』(고려대 민족문화연구원) 52, 373-403.

김일환 외(2010), 「공기 관계 네트워크를 이용한 감정 명사의 사용 양상 분석」, 『한국어학』(한국어학회) 49, 119-148.

김일환 외(2013ㄱ), 『'물결21' 코퍼스의 구축과 활용』, 소명출판.

김일환 외(2013ㄴ), 『신문의 언어 사용 통계』, 소명출판.

김일환 외(2015), 「세종 현대 국어 코퍼스의 재발견: SJ-RIKS 코퍼스 확장판」, 『언어와 정보사회』(서강대 언어정보연구소) 24, 73-93.

김일환 외(2017ㄱ), 『디지털시대 인문학의 미래』, 푸른역사.

김일환 외(2017ㄴ), 『키워드, 공기어, 그리고 네트워크-신문 빅데이터가 보여주는 것』, 소명출판.

김일환(2009), 「단발어에 대하여-단발명사를 중심으로」, 『국어학』(국어학회) 55, 239-275.

김일환(2013), 「텍스트 유형과 어휘의 사용 빈도」, 『언어와 정보사회』(서강대 언어정보연구소) 19, 161-201.

김일환·이도길·강범모(2010), 「공기 관계 네트워크를 이용한 감정명사의 사용 양상 분석」, 『한국어학』(한국어학회) 49, 119-148.

김종훈 외 3인(1985/2005), 『은어·비속어·직업어(개정증보)』, 집문당.

김진해(2003), 「관용어의 직설의미와 관용의미의 관계 연구」, 『한국어 의미학』(한국어 의미학회) 13, 23-41.

김진해(2006), 「신어와 언어 '밖'-언어 주체의 다양성과 의미 설정을 중심으로-」, 『새국어생활』(국립국어원) 16-4, 5-18.

김진해(2010), 「관용어 수식과 해석」, 『한국어 의미학』(한국어 의미학회) 32, 79-93.

김태우(2016), 「역문법화에 대하여 -문법화와의 비교와 그 기제를 중심으로」, 『국어학』(국어학회) 80, 293-323.

김한샘(2005), 『현대 국어 사용 빈도 조사 2』, 국립국어원.

김흥규 외(1999), 『21세기 세종계획 국어 기초자료 구축 분과 보고서』, 국립국어원.

남경완(2008), 『국어 용언의 의미 분석』, 태학사.

남길임(2012), 「어휘의 공기 경향성과 의미적 운율」, 『한글』(한글학회) 298, 135-164.

도원영 외(2004), 「온톨로지에 기반한 한국어 동사 의미망 구축 시고」, 『한국어학』(한국어학회) 24, 41-64.

도원영(2008), 「국어사전 표제어의 사용역 정보에 대한 고찰」, 『우리어문연구』(우리어문학회) 30, 33-57.

도원영(2015), 「국어사전 수정 작업에 대한 검토」, 『한국어학회』(한국어학회) 61, 1-27.

도원영·박주원 편(2011), 『<고려대 한국어대사전>과 사전학』, 지식과교양.

모순영(2018), 「김정은 시대 ≪겨레말큰사전≫ 편찬 사업의 과제와 전망」, 『북한연구학회 추계학술발표논문집』, 349-364.

문교부(1956), 『우리말 말수 사용의 잦기 조사』, 문교부.

문금현(1999), 『국어의 관용 표현 연구』, 태학사.

문영호(2005), 『조선어 어휘통계학』 조선어학전서 15, 평양: 사회과학출판사.

박만규(2002), 「다의어의 의미 분할과 의미 부류」, 『한글』(한글학회) 257, 01-242.

박병채(1989), 『국어발달사』, 세영사.

박철우(2013), 「어휘부와 의미론」, 『국어학』(국어학회) 66, 445-485.

박형익(2004), 『한국의 사전과 사전학』, 도서출판 월인.

박형익(2005), 『심의린 편찬 보통학교 조선어사전』, 태학사.

배연경(2017), 「해외 온라인 사전의 현재와 미래」, 『한국사전학회 전국학술대회 발표자료집』 2017-2, 63-75.

배주채(2014), 『한국어의 어휘와 사전』, 태학사.

송민(2018), 「개화기 신문명과 신생한자어의 확산」, 『어문연구』(한국어문교육연구회) 46-4, 7-26.

심재기 외(2011), 『국어 어휘론 개설』, 지식과교양.

심재기(1982), 『국어어휘론』, 집문당.

심재기(2000), 『국어어휘론』, 집문당.

안의정·이종희(2008), 「국어 사전의 사용역 정보에 관한 연구-중사전을 중심으로-」, 『어문론총』(한국문학언어학회) 48, 27-40.

유현경·남길임(2009), 『한국어 사전 편찬학 개론』, 도서출판 역락.

이광호(2008), 「이항/다항 유의어의 분포와 생태적 특성」, 『국어학』(국어학회) 53, 229-256.

이기문(1991), 『국어 어휘사 연구』, 동아출판사.

이기문(1998), 『신정판 국어사개설』, 태학사.

이동혁(2004), 「의미 관계의 저장과 기능에 대하여」, 『한글』(한글학회) 263, 95-124.

이동혁(2011),「어휘 의미관계의 발현과 규범화에 대하여」,『우리말연구』(우리말학회) 29, 125-151.

이삼형(2017),『국어 기초 어휘 선정 및 어휘 등급화를 위한 기초 연구』국립국어원.

이상규(2004),『국어방언학』, 학연사.

이성헌(2001),「전자사전 구축을 위한 언어기술의 한 방법: 대상부류- 한국어 명사 기술에의 활용을 위하여-」,『언어학』(한국언어학회) 30, 185-206.

이익섭(1975),「국어 조어론의 몇 문제」,『동양학』(단국대 동양학연구원) 5, 155-165.

이주근(1992),『인공지능』, 청문각.

임지룡(1989),「국어 분류어휘집의 체제와 상관성」,『국어학』(국어학회) 19, 395-425.

임지룡(1991),「국어의 기초어휘에 대한 연구」,『국어교육연구』(국어교육학회) 23, 87-132.

임지룡(2009),「다의어의 판정과 의미 확장의 분류 기준」,『한국어의미학』(한국어의미학회) 28, 193-226.

임채훈(2009),「반의관계와 문장의미 형성 : 형용사, 동사 반의관계 어휘의 공기관계를 중심으로」,『한국어의미학』(한국어의미학회) 30, 231-256.

임채훈(2011),「유의 어휘관계와 문장의미 구성」,『한국어의미학』(한국어의미학회)34, 349-373.

임홍빈(1989),「통사적 파생에 대하여」,『어학연구』(서울대 언어교육원) 25-1, 167-196. 이병근·채완·김창섭 편(1993),『형태』, 태학사, 183-226 재록.

조남호(2002),『현대 국어 사용 빈도 조사-한국어 학습용 어휘 선정을 위한 기초 조사』, 국립국어연구원.

조남호(2003),『한국어 교육용 어휘 선정 결과 보고서』, 국립국어원.

조재수(1984),『국어 사전 편찬론』, 과학사.

최경봉(1993),「국어 관용어 연구」, 고려대 석사학위논문.

최경봉(2000),「관용어의 구성 형식과 의미 구조」,『한국언어문학』(한국언어문학회) 45, 649-667.

최경봉(2005),「물명고(物名考)'의 온톨로지와 어휘론적 의의」,『한국어의미학』(한국어의미학회) 17, 21-42.

최경봉(2005), 『우리말의 탄생』, 책과함께.

최경봉(2010), 「계열적 의미관계의 특성과 연구 목표」, 『한국어학』(한국어학회) 49, 65-90.

최경봉(2013), 「어휘 의미와 의미관계 정보의 구성과 작용」, 『한국어의미학』(한국어의미학회) 42, 27-55.

최경봉(2015), 『어휘의미론-의미의 존재 양식과 실현 양상에 대한 탐구』, 한국문화사.

최경봉(2017), 「한국어 단어 단위와 의미-의미 단위의 인지적 실체를 중심으로-」, 『한국어학』(한국어학회)77, 65-93.

최경봉·도원영(2005), 「한국어 동사 의미망 구축을 위한 상위 온톨로지 구성에 관한 연구」, 『한국어학』(한국어학회) 28, 217-244.

최재웅·이도길(2014), 「물결 21 코퍼스, 공유와 확산」, 『민족문화연구』(고려대 민족문화연구원) 64, 3-23.

한용운(2017), 「20세기 이후 편찬된 우리말 사전의 사회적 기능-≪겨레말큰사전≫을 중심으로-」, 『한국사전학회 전국학술대회 발표논문집』, 69-84.

한정한(2010ㄱ), 「관용구의 문법범주」, 『어문논집』(민족어문학회) 61, 315-349.

한정한(2010ㄴ), 「용언형 연어의 문법범주」, 『한국어학』(한국어학회) 49, 405-440.

한정한·도원영(2005), 「한국어 동사 의미망 구축을 위한 어휘의미관계 유형」, 『한국어학』(한국어학회) 28, 245-268.

허 발 편역(1985), 『구조의미론』, 고려대학교출판부.

허 발(2013), 『언어와 정신』, 열린책들.

홍사만(1990), 『국어어휘의미연구』, 학문사.

홍재성(2007), 『21세기 세종계획 전자사전 개발』, 국립국어원.

홍재성·전성기·김현권(1989), 『불어학개론』, 한국방송통신대학.

홍종선 외(2009), 『국어사전학개론』, 제이앤씨.

황용주(2014), 「문세영의 <수정증보 조선어사전>의 계량적 분석 연구」, 『한국사전학회 학술대회 발표논문집』 2014-8, 111-139.

황화상(2011), 「관용어의 문법 범주와 범주 특성: 용언형 관용어의 의미와 통사」, 『언어와 정보 사회』(서강대 언어정보연구소) 15, 27-51.

황화상(2011/2018), 『현대국어 형태론(개정2판)』, 지식과 교양.

황화상(2014), 「관용 표현과 어휘부, 그리고 문장의 형성」, 『한국어학』(한국어학회) 65, 295-320.

황화상(2016), 「어근 분리의 공시론과 통시론-단어 구조의 인식, 문장의 형성, 그리고 문법의 변화」, 『국어학』(국어학회) 77, 65-100.

황화상(2018), 「접사의 지배적 기능에 대하여-접사 결합에 대한 파생어 중심의 이해-」, 『국어학』(국어학회) 86, 33-61.

Cruse, A.(2011), *Meaning in Language*, Oxford: Oxford University Press.

Cruse, D. A.(1986), *Lexical Semantics*, Cambridge University Press. 임지룡·윤희수 옮김(1989), 『어휘의미론』, 경북대 출판부.

Ferguson, C. A. (1959), Diaglossia, *Word* 15:2, 325-340.

Geeraert, D.(2010), *Theories of Lexical Semantics*, Oxford: Oxford University Press. 임지룡·김동환 옮김(2013), 『어휘의미론의 연구 방법 -역사의미론에서 인지의미론까지-』, 경북대 출판부.

Hopper, P. and E. Traugott (2003), *Grammaticalization* (2nd edition), Cambridge: Cambridge University Press.

Kato, Y.(1985), *Negative Sentences in Japanese(Sophia Linguistica* 19), Tokyo: Sophia University.

Kittay, E. F.(1987), *Metaphor: Its Cognitive Force and Linguistic Structure*, Oxford University Press.

Lapointe, S.(1980), A Lexical Analysis of the English Auxiliary Verb System, in *Lexical Grammar*, T. Hoekstra, H. Hulst & M. Moortgat(eds), Dordrecht: Foris, 215-254.

Lyons. J.(1977), *Semantics1,2,* Cambridge: Cambridge University Press. 강범모 역(2011), 『의미론1-의미 연구의 기초』, 한국문화사. 강범모 역(2013), 『의미론2-의미와 문법, 맥락, 행동』, 한국문화사.

Murphy, M. L.(2003), *Semantic Relations and the Lexicon*, Cambridge: Cambridge University Press. 임지룡·윤희수 옮김(2008), 『의미관계와 어휘사전』, 박이정.

Norde, M. (2009), *Degrammaticalization*, Oxford: Oxford University Press. 김진수 외 역(2013), 『탈문법화』, 역락.

Ogden C. K. & Richards I. A.(1923), *The meaning of meaning: a study of the influence of language upon thought and of the science of symbolism*, San Diego: Harcourt Brace Jovanovich. 김봉주 역(1990), 『의미의 의미』, 한신문화사.

Pustejovsky, J.(1995), *The Generative Lexicon*, Cambridge: MIT Press. 김종복·이예식 역(2008), 『생성어휘론』, 박이정.

Singleton, D. (2000), *Language and the Lexicon: An Introduction*, London: Arnold. 배주채 역(2008), 『언어의 중심 어휘』, 삼경출판사.

Vendler. Z.(1967), *Linguistics in philosophy*, Ithaca, N.Y. : Cornell University Press.

2. 사전류

강현화(2006), 『베트남어/인도네이서아/몽골어 Korean Picture Dictionary』, 다락원.

고려대 민족문화연구소 중국어대사전편찬실(1989), 『중한사전』, 고려대학교 민족문화연구원 출판부.

고려대 민족문화연구원 국어사전편찬실(2009), 『고려대 한국어대사전』, 고려대 민족문화연구원.

고형진(2015), 『백석 시의 물명고』, 고려대 출판부.

국립국어원(1999), 『표준국어대사전』, 두산동아.

기세관(2015), 『광양방언사전』, 한국문화사.

김광해(1987), 『유의어 · 반의어사전』, 한샘.

김동언(1999), 『국어 비속어 사전』, 프리미엄북스.

김민수(1997), 『우리말 語源辭典』, 태학사.

김병균 편(2000), 『한국어 동음어사전』, 태학사.

김주석(2001), 『경주 속담 · 말 사전』, 한국문화사.

남광우(1997), 『고어사전』, 교학사.

남영신(1998), 『훈+국어사전』, 성안당.

두산동아 사서편집국 편(2005), 『동아새국어사전』, 두산동아.

문세영(1938), 『朝鮮語辭典』, 박문서관.

문영호 외(1993), 『조선어빈도수사전』 평양: 과학백과사전종합출판사.

박성종·전혜숙(2009), 『강릉방언사전』, 태학사.

박용수(1990), 『우리말 갈래사전』, 한길사.

박유희 외(2003), 『우리말 오류사전』, 경당.

서상규 외(2006), 『외국인을 위한 한국어 학습 사전』, 신원프라임.

소강춘 외(2019), 『전라북도 방언사전』, 전라북도.

손남익(2014), 『부사사전』, 역락.

신현숙 외(2000), 『의미로 분류한 현대 한국어 학습사전』, 한국문화사.

심의린(1925), 『普通學校 朝鮮語辭典』, 이문당.

연세대학교 언어정보개발연구원 편(1999), 『연세한국어사전』, 두산동아.

연세대학교 언어정보개발연구원 편(2002), 『동아 연세 초등국어사전』, 두산동아.

운평어문연구소 편(1991), 『금성판 국어대사전』. 금성출판사.

유창돈(2000), 『이조어사전』, 연세대학교 출판부.

이기문·조남호(2014), 『속담사전』, 집문당.

이상규(2000), 『경북방언사전』, 태학사.

이양혜(2002), 『한국어 파생명사사전』, 국학자료원.

이어령(1988), 『DESK 문장백과사전』, 금성출판사.

이현복(2002), 『한국어 표준발음사전-발음·강세·리듬-』, 서울대학교출판부.

이희승(1961), 『국어대사전』, 민중서관.

이희자·이종희(2001), 『한국어 학습용 어미·조사 사전』, 한국문화사.

임홍빈(1993), 『뉘앙스 풀이를 겸한 우리말 사전』, 아카데미하우스.

정석호(2007), 『경북동남부 방언사전-영천·경주·포항을 중심으로』, 글누림.

조재수(2007), 『남북한 말 비교사전』, 한겨레출판.

최경봉(2014), 『의미 따라 갈래지은 우리말 관용어 사전』, 일조각.

토박이사전편찬실 편(2008), 『보리국어사전』, 보리.

한국불어불문학회(2007), 『새한불사전』, 한국외국어대학교 출판부.

한글학회(1947-1957), 『큰사전』, 을유문화사.

한글학회(1992), 『우리말 큰사전』, 어문각.

홍윤표 외(1995), 『17세기 국어사전』, 태학사.

홍재성 외(1997), 『현대 한국어동사구문사전』, 두산동아.

3. 사이트

고려대 민족문화연구원(2019), <고려대 한국어대사전>,
　　　　https://dic.daum.net/index.do?dic=kor
고려대 민족문화연구원(2019), <고려대 한한중사전>, https://zh.dict.naver.com
국립국어원(2019), <우리말샘>, https://opendict.korean.go.kr
국립국어원(2019), <표준국어대사전>, https://stdict.korean.go.kr
국립국어원(2019), <한국어기초사전>, https://krdict.korean.go.kr
국립국어원(2019), <한국어-프랑스어 학습사전>, https://krdict.korean.go.kr/fra
연세대 언어정보연구원(2019), <연세 한국어사전>, https://ilis.yonsei.ac.kr
한글학회(2019), <조선말 큰사전>, https://www.hangeul.or.kr/modules/doc

찾아보기